# Laotse für Manager

*Werner Schwanfelder* war viele Jahre Einkaufsleiter bei einem international tätigen Unternehmen. Heute ist er freier Autor und hält Vorträge. Angeregt durch zahlreiche geschäftliche Reisen nach Asien beschäftigt er sich seit Jahren mit fernöstlicher Weisheit. Bei Campus erschienen von ihm unter anderem *Sun Tzu für Manager*, *Konfuzius im Management* sowie *Buddha und der Manager.*

Werner Schwanfelder

# Laotse für Manager

## Meisterschaft durch Gelassenheit

Campus Verlag
Frankfurt / New York

Alle im Buch zitierten Sprüche aus dem *Tao Te King* © Laotse: *Tao Te King. Eine zeitgemäße Version für westliche Leser,* erschienen 2003 in deutscher Übersetzung von Peter Kobbe im Wilhelm Goldmann Verlag, einem Unternehmen der Verlagsgruppe Random House GmbH.

Bibliografische Information der Deutschen Nationalbibliothek.
Die Deutsche Nationalbibliothek verzeichnet diese Publikation in der Deutschen Nationalbibliografie; detaillierte bibliografische Daten sind im Internet unter http://dnb.d-nb.de abrufbar.
ISBN 978-3-593-38269-2


Umschlaggestaltung: Hißmann, Heilmann, Hamburg
Bildmotiv © Li Kou-Vesper, Hamburg
Satz: Campus Verlag, Frankfurt am Main
Druck und Bindung: Freiburger Graphische Betriebe
Gedruckt auf säurefreiem und chlorfrei gebleichtem Papier.
Printed in Germany

Besuchen Sie uns im Internet: www.campus.de

# Inhalt

和

# Vorwort

Ich schreibe dieses Buch, weil ich der Meinung bin, dass wir im Management neue Ideen brauchen. Wir sind alle mit bestimmten Denkmustern groß geworden, haben sie uns zu Eigen gemacht und arbeiten nun so. Nach wie vor gibt es die Vorstellung von dem Kapitän, der sein Unternehmen durch eine unsichere See steuert. Der alles überschauende Firmenlenker mag ein reizvolles Bild sein, beruht aber auf einem Mythos. Es wird heute wohl niemand mehr ernsthaft glauben, dass ein einzelner Mensch einen ganzen Konzern leitet. Viele Manager, und nicht nur sie, haben daran ihren Anteil.

Im Management haben wir es mit äußerst komplexen Systemen zu tun. Es herrscht immer noch die Illusion, dass solche Systeme rational gesteuert werden können. In Wirklichkeit handeln wir dagegen oft eher intuitiv oder emotional. Erst hinterher suchen wir eine rationale Erklärung für unser Handeln, die dann der Öffentlichkeit präsentiert wird. Viele Manager gestehen sich das selbst nicht ein, weil sie an die Überlegenheit der Rationalität glauben. Daher fehlt vielen auch eine gewisse Experimentierkultur. Sie bleiben in ihren Denkstrukturen verhaftet und wenden eben nur das Standardrepertoire ihrer Logik an.

Ich glaube nicht, dass immer neue Methoden und neue Rezepte helfen, die komplexer werdenden Aufgaben zu bewältigen. Auch wenn es paradox scheint: Können wir uns stattdessen vorstellen, besser zu führen, indem wir weniger führen? Ein viel beachtetes Beispiel ist das Orpheus Chamber Orchestra in New York. Es arbeitet seit 1972 konsequent ohne Dirigenten und ist dennoch sehr erfolgreich.[1] Nun wird natürlich auch in diesem Orchester geführt und dirigiert werden, jedoch nicht zentral, sondern prozessorientiert und aus der eigenen Kraft heraus, selbstorganisiert. Das ist nicht das einzige Orchester, das so arbeitet. Auch das Sunday Night Orchestra in Nürnberg kommt häufig ohne Dirigenten aus, dennoch fügen sich selbst Interpretationen in eine Ordnung.

Andererseits frage ich mich oft, ob wir unsere Manager in der Wirtschaft nicht einfach überfordern. Unternehmen sind vielfach so komplex geworden, dass sie nur noch bedingt steuerbar sind. Gerade dies aber soll der Manager leisten. Wie sieht die Aufgabe des Managers aus? In welchen Strukturen hat er sich zu bewähren?

Organisationen entwickeln sich um ihren Marktauftrag und entfalten bedingt durch Arbeitsteiligkeit und Größe eine zunehmende Komplexität. Wie jedes lebende System werden auch Organisationen als sich selbst schaffende und sich selbst erhaltende Systeme verstanden. Das Funktionieren des Unternehmens wird sowohl von den Innenbeziehungen als auch von den Außenbeziehungen zu anderen Systemen bestimmt. Entsprechend komplex gestaltet sich die Führungsaufgabe.

Zu den Außenbeziehungen gehören die Beziehungen zu Kunden und Lieferanten. Hier muss der Führende einen Ausgleich der unterschiedlichen Interessen schaffen. Qualität von Führung bedeutet in diesem Zusammenhang aber noch viel mehr. Der Führende muss in der Lage sein, über die Organisation hinauszusehen, die relevanten Kunden- und Lieferantensysteme zu erkennen und die Organisation darauf auszurichten. Hierfür muss er die Organisation verändern und die Mitarbeiter in den Veränderungsprozess integrieren.

Die wichtigste Innenbeziehung scheint zwischen Mitarbeitern und Organisation zu bestehen. Auch hier gibt es unterschiedliche Interessen und Zielvorstellungen. Die Menschen wollen glücklich sein und gut leben. Die Organisation will ihre Aufgabe gewinnbringend erfüllen. Daraus entsteht ein Interessenkonflikt, der von der Führungskraft ausgesteuert werden muss.

Die Qualität der Führung kann man an ihren Ergebnissen ablesen. Wenn die Kopplung der Systeme nicht gelingt, ist die Wahrscheinlichkeit groß, dass Mitarbeiter mit Wissen die Organisation verlassen und damit der Organisation schaden. Führungskräfte vertreten beide Seiten. Sie vertreten gegenüber den Mitarbeitern die Interessen der Organisation, gleichzeitig vertreten sie aber auch das Interesse der Mitarbeiter an Anerkennung und Entwicklungsmöglichkeiten innerhalb der Organisation. Führungskräfte müssen in der Lage sein, die Spannung auszugleichen.

Zu den Innenbeziehungen gehört auch die Hierarchie: Spannungen zwischen den Hierarchieebenen sind anscheinend unvermeidbar. Sie sind oft sehr stark emotional geprägt. Führung erfordert hier einerseits die Positionierung der eigenen Person als Führungskraft in der Hierarchie, andererseits die permanente Reflexion über die Verbesserung der Organisation und damit auch über die Veränderung der Hierarchie.

Zum Innenbild der Organisation gehört darüber hinaus das Zusammenspiel zwischen Abteilungen, Bereichen und Projekten. Das optimierte Zusammenspiel ist die Voraussetzung für den Erfolg der Organisation. Die Aufgabe von Führung besteht darin, die Eigenheiten der einzelnen Teilorganisationen zu bewahren und gleichzeitig die Kooperation zu sichern. Die meisten Führungskräfte sind gleichzeitig auch Teil eines solchen Teilbereiches.

Qualität und Professionalität von Führung zeigen sich in einem klaren Bild von ihrer Rolle und in der Fähigkeit, die Einzelbereiche zu einer effektiven Kooperation zu bewegen. Ziele und Interessen der eigenen Abteilung müssen mit den Interessen der anderen Abteilungen und dem Gesamtinteresse der Organisation ausgeglichen werden.

Dazu kommt, dass sich Unternehmen entwickeln und verändern. Führung bedeutet Steuerung dieser Veränderungsprozesse. Dabei sind Dynamik und Stabilität auszubalancieren. Führungskräfte müssen die optimale Veränderungsgeschwindigkeit für ihre Organisation festlegen. Oder anders ausgedrückt: Sie müssen so viel Ruhe und Stabilität schaffen, dass das Funktionieren der Organisation stets gewährleistet bleibt. Sie müssen aber auch darauf achten, dass sich die Organisation rechtzeitig gemäß den Außenanforderungen entwickelt.

Hat man sich die vielfältigen Aufgaben des Managers in diesem Sinne klar vor Augen geführt, wird mancher sagen: So einen Komplex kann man gar nicht führen. Ich meine, auch in der Wirtschaft wird man zu einer neuen Art von Führung kommen. Es ist mehr Reflexion über die eigene Situation notwendig und eine Veränderung der Haltung, verbunden mit ein bisschen Mut, diese Haltung auch zu zeigen. Wichtig sind viel stärkere echte Bindungen zu Mitarbeitern, aber auch zu Kunden oder Lieferanten. Das sind Bindungen, die sozusagen an die Wurzel gehen und die man nicht technokratisch managen kann.

Deshalb nehmen wir Anleihe bei Laotse und seinem Konzept des Führens durch *Wu Wei,* durch Nicht-Handeln.

> Einen großen Staat regiert man so,
> wie man kleine Fische brät –
> mit zu viel Gestocher ruiniert man sie.
> [...]
>
> *Tao Te King, 60*

Wer soll mit der Veränderung beginnen? Der große Chef oder jemand anders? Jeder kann damit beginnen, jeder kann durch seine veränderte Haltung eben auch sein Umfeld verändern. Zu dieser neuen Erkenntnis gehört aber, dass man gegebenenfalls Enttäuschungen (wenn es sich doch nicht schnell genug ändert) akzeptieren kann.

Wie kommt man nun zu den notwendigen Erkenntnissen? Dieses Buch möchte dazu beitragen, indem es sich dem chinesischen Weisheitslehrer Laotse nähert, der die Kraft der Nichteinmischung lehrt. Vielleicht hilft es, sich auf ihn einzulassen.

# Eine Annäherung

Ich habe Freude daran gewonnen, mich mit alten chinesischen Weisheitslehren auseinanderzusetzen und sie auf meine Aufgaben in Management und Menschenführung anzuwenden. Ich habe mit Sun Tzu begonnen, dem alten Feldherrn und Strategen, der vor 2500 Jahren gelebt und ganz handfeste Empfehlungen niedergeschrieben hat, wie man Krieg erfolgreich führen soll, wenn man ihn nicht vermeiden kann. Vieles davon ließ sich übertragen auf das Management, auf Auseinandersetzungen mit Konkurrenten und Wettbewerbern. Dann habe ich mich mit Konfuzius beschäftigt, dessen Weisheit China geprägt hat. Er schuf die philosophische Grundlage des chinesischen Staats und kann als solcher auch als gutes Vorbild für Manager dienen. Kern seiner Lehre war die Bewahrung von Harmonie durch die Vermittlung der traditionellen Tugenden und die Rückbesinnung auf die sozialen Pflichten des Menschen.

Schließlich stieß ich auf Laotse, den legendären »Alten Meister«, der im 6./5. Jahrhundert vor Christus gelebt haben soll und als Begründer des Taoismus gilt. Anders als bei Konfuzius gibt es für die Existenz der historischen Person keine sicheren Belege. Der Legende nach könnte er ein älterer Zeitgenosse von Konfuzius, der ihm sogar begegnet sein soll, und von Sun Tzu gewesen sein.

Aber was kann ein Manager schon mit einer Empfehlung wie *Wu Wei* (nicht handeln) anfangen? Andererseits, wenn ich meine persönliche Managementarbeit ansehe, dann bemerke ich, dass ich mit einer Phase des Nicht-Handelns vor dem Handeln (das natürlich erforderlich ist) sehr gut fahre. Ich kann mich damit einfach besser auf Gegebenheiten einstellen, und viele Tatsachen ergeben sich, ohne dass ich eingreifen müsste. Ich merke, wie ich *Wu Wei* immer besser begreife.

Ich diskutiere meine Erkenntnisse insbesondere mit einem meiner chinesischen Freunde, der für mich ein zeitgenössischer chinesischer Weiser ist. Seine Ratschläge, Fragen und Hinweise werden mich durch dieses Buch begleiten.

Dieser Freund sagte mir: »Der Taoismus ist eigentlich nicht zu beschreiben. Du wirst es bemerken, wenn du Laotse liest. Er ist sehr eingängig, klingt gut. Aber die Bedeutung seiner Worte ist nicht so einfach zu ergründen.«

»Und ich dachte, der Taoismus hat China geprägt?«, fragte ich erstaunt.

Er nickte. »Das ist richtig. In China ist der Taoismus allgegenwärtig. Die meisten Chinesen haben Laotse zwar nicht gelesen, haben vermutlich nicht einmal eine Ahnung, wer das ist. Aber dennoch wächst jeder Chinese damit auf, er lebt damit, ohne es zu wissen. Also musst du eigentlich nur versuchen, die Chinesen zu begreifen, dann wirst du auch den Taoismus begreifen.«

»Es ist aber schwer für einen Europäer, die Chinesen zu begreifen. Wenn du mir nicht helfen würdest, hätte ich gar keine Chance.«

»Gut, ich helfe dir. Aber setze deinen Anspruch nicht zu hoch. Du wirst nur einen kleinen Zipfel zu fassen bekommen. Nicht mehr.«

»Lass uns doch gleich beginnen. Kannst du mir den Taoismus kurz beschreiben?«

Er lachte: »Ich sehe, du hast nicht verstanden.«

Was er dann sagte, klang wie ein Gedicht, und ich hörte einfach zu.

Ein Taoist ist wie Wasser.

Ein Taoist hat kein Problem mit dieser Welt, wie sie ist.

Ein Taoist fließt in diese Welt hinein und lässt die
Weisheit des *Tao* durch all seine Taten fließen
und erfüllt diese Welt im Kern damit.

Für den Taoisten ist alles taoistisch, auch diese Welt.
Alles folgt seiner Natur.
Alles folgt seinem Fluss.
Alles folgt seinem *Tao.*[1]

»So einfach ist es«, meinte mein Freund und lächelte.

Ich lauschte seinen Worten nach und überlegte, was dies nun für mich bedeuten könnte, was ich davon für Manager und also auch für mich ableiten möchte. Ich erinnere mich, was man mir vor vielen Jahren am Beginn meiner Managerlaufbahn beigebracht hat: Es gibt keine Probleme, nur Herausforderungen. Auch Laotse hat keine Probleme mit dieser Welt, wie sie ist. Aber er weiß natürlich, dass sie nicht in Ordnung ist. Auch für ihn gibt es Herausforderungen. Er nimmt die Herausforderungen jedoch mit Gelassenheit, Geduld, Abstand. Ich habe gelernt, mich mit aller Tatkraft um die Herausforderungen zu kümmern. Widerspricht dies nun den Aussagen von Laotse? Ich war mit meiner Art von Management erfolgreich. Aber vielleicht wäre ich mit mehr Gelassenheit noch erfolgreicher gewesen, hätte zumindest Kraft gespart.

»Du hast behauptet, der Taoismus ist Teil des chinesischen Lebens. Wo kann ich ihn finden, was ist taoistisch?«

Er stand auf und trat ans Fenster. Wir sahen hinunter auf die Straße. Sie war breit, dreispurig in beiden Richtungen für die Autos und dann noch je eine Spur für die Fahrradfahrer. Die Radlerspur war brechend voll. Radfahrer hinter Radfahrer. Alle fuhren sie gleich schnell. Nicht schnell, eher langsam. Aber zügig. Sie kamen gut voran, weil sie sich alle gleichmäßig und wie abgestimmt bewegten.

»Das ist praktischer Taoismus«, sagte mein Freund. »Sie fahren im Gleichklang. Sie bewegen sich wie das Wasser eines Flusses.

Keiner schwimmt schneller oder gar gegen den Strom. Kein Radfahrer stört den Fluss – und alle kommen sie gut an.«

Ich überlegte mir, wie man in Deutschland Rad fährt. Jeder Radfahrer ist ein Individualist, kämpft für sein Vorwärtskommen. Wäre so ein Radfahrer unter den chinesischen Radfahrern, würde er ein Chaos hervorrufen. Vielleicht käme er schneller vorwärts, aber die Masse der Radfahrer hinter ihm würde im Chaos versinken, und irgendwann würde das Chaos ihn einholen.

Ich schlussfolgerte, dass dies auch das Geheimnis für den Manager sein könnte. Manchmal ist es vielleicht auch für den Manager besser, nicht einzugreifen und stattdessen »nur« dafür zu sorgen, dass der Strom fließen kann.

## Laotse – Legende und Überlieferung

Um mir die Unbegreiflichkeit und die Dimension des *Tao* anschaulich zu machen, erzählte mein Freund die folgende Geschichte. Sie wird so oder so ähnlich immer wieder erzählt, von Generation zu Generation.

*Die Legende von dem Herrn am Gelben Fluss*

Ein Einsiedler lebte am Ufer des Gelben Flusses in einer einfachen Strohhütte und beschäftigte sich mit Meditation und den Weisheiten des *Tao*. Man nannten ihn He Shang Gong, den »Herrn am Gelben Fluss«. Die Lehre vom *Tao* stand im Land in hohem Ansehen. Und so hatte auch der Kaiser Han Wen Di so manche Sprüche und Verse von *Tao* und *Te* gehört. Sie klangen gut in seinen Ohren, aber er hatte sie nicht verstanden. Also suchte er unter den Weisen und Adeligen seines Volkes nach einem Kundigen, der ihm die Geheimnisse des *Tao* erklären könnte. Zufällig hörte er auch von jenem Einsiedler, von dem es hieß, er sei sehr vertraut mit den Weisheiten des *Tao*. Der Kaiser sandte Boten aus, die den Einsiedler befragen sollten. Sie fanden ihn auch, stellten ihm viele Fragen und wurden zudringlich. Aber der Einsiedler sagte lediglich: »Folgt einfach *Tao* und *Te* – mehr müsst ihr gar nicht tun!« Zu weiteren Auskünften ließ er sich nicht bewegen. Als die Boten dem Kaiser das berichteten, wurde dieser ärgerlich. Er ließ anspannen und machte sich mit einem großen Gefolge selbst auf den Weg, um dem Einsiedler den gebotenen Respekt beizubringen. Als He Shang Gong vor ihm stand, fuhr der Kaiser ihn ungehalten an: »Alles Land, das unter dem Himmel ist, gehört dem Kaiser. Und alle Menschen auf diesem Land sind die Untertanen des Kaisers. Auch du, Einsiedler, bist einer meiner Untertanen, auch du gehörst zu meinem Volk und bist von meiner Gnade abhängig. Es steht dir nicht zu, so stolz und überheblich aufzutreten. Daran erkenne ich auch, dass du vom *Tao* keine Ahnung hast.«

Der Einsiedler aber drehte sich um, setzte sich mit gekreuzten Beinen auf den Boden und erhob sich nach einiger Zeit wie eine Wolke ganz langsam vom Boden. Schwebend wandte er sich dem Kaiser zu und sagte zu ihm: »Wie du siehst, berühre ich den Boden nicht. Daher bin ich auch nicht dein Untertan und gehöre nicht zu deinem Volk. Wie kannst du dann mein Kaiser sein? Ich habe mich schon lange von allen irdischen Bedürfnissen entfernt. Es gibt nichts, was du mir geben könntest.«

So erkannte der Kaiser, dass der Einsiedler nicht mehr von dieser Welt war, sondern ein Unsterblicher. Da verbeugte sich der Kaiser vor ihm, entschuldigte sich für seine hochfahrenden Worte. Er gestand sich und dem Einsiedler ein, dass er noch sehr wenig verstehe von der Welt und ihren Geheimnissen. Weil der Einsiedler nun sah, dass der Kaiser es ehrlich meinte, war er bereit, ihn zu unterrichten. Er führte ihn in die Weisheit von *Tao* und *Te* ein, sodass der Kaiser einen kleinen Zipfel zu fassen bekam. Zum Abschied schenkte der Einsiedler dem Kaiser die Aufzeichnung von 81 Sprüchen zu den Weisheiten, die er selbst angefertigt und kommentiert hatte. Der Kaiser bedanke sich vielmals und nahm die Schrift in Ehrfurcht entgegen. In den Chroniken ist zu lesen, dass der Kaiser von nun an gerecht regierte. Die Legende will, dass der Einsiedler in Wahrheit der alte weise Geschichtsschreiber des Staates Zhou gewesen sei, der sich in die Einsamkeit zurückgezogen hatte und den wir als Laotse kennen.[2]

Man kann sich Laotse über seinen Namen nähern. Der bedeutet übersetzt der »Alte Meister«; mitunter wird er auch der »Gute Alte« genannt. Es handelt sich also um eine weise Person mit viel Erfahrung. Er hat viel gesehen, erlebt und gedacht. Erst im Alter hat er sich zurückgezogen, und aus dieser Perspektive spricht er. Manches wirkt dunkel und widersprüchlich, manches ist auch im Lauf der Jahrhunderte an den Texten geändert worden. Seine Empfehlung, »nicht zu handeln«, ist eine mögliche Anregung zur Erlangung von Harmonie, die einem Gleichgewicht zwischen Bedürfnissen und Gütern, zwischen Aktivitäten und Ruhe entspricht. Seine Empfehlung führt zum ausgeglichenen Manager. Das ist doch nicht schlecht.

Laotse gilt als einer der beiden wichtigsten Vertreter (neben Dschuang Dsi) der erst sehr viel später Taoismus genannten Lehre der Naturphilosophen.

*Die Legende vom Leben des Laotse*

Es geschah einige Jahrhunderte vor unserer christlichen Zeitrechnung. Damals gab es auch noch nicht das China, das wir heute kennen, sondern zerstrittene Kleinstaaten. Daher kennt man diese Zeitepoche des Chaos in der Geschichte auch als das Zeitalter der »Streitenden Reiche«. Diese Epoche brachte die wichtigsten chinesischen Philosophen hervor, vielleicht nicht zufällig, denn sie suchten alle einen Weg aus dem Chaos heraus.

In einem dieser Reiche mit dem Namen Zhou gab es einen Geschichtsschreiber. Er war beim König angestellt und musste alle offiziellen Dokumente kopieren und archivieren, um somit die Staatsgeschäfte und natürlich auch die Verdienste des Königs für die Nachwelt zu sichern. Das Archivieren hätte eigentlich eine befriedigende Arbeit sein können. Der Archivar hätte sich an dem stetigen Wachstum und Weiterkommen des Staates freuen können, das den Dokumenten zu entnehmen war. Aber so war es leider nicht. Die Zeiten waren chaotisch, und so kamen auf den Schreibtisch des Archivars Erlasse, Widersprüche, Ankündigungen und Abkündigungen, Dokumente über Kriegserklärungen und Niederlagen, die das widerspiegelten. Manchmal seufzte er, entsetzte sich, überlegte, machte sich seine Gedanken. Er hatte die Möglichkeit, auch all die alten Dokumente einzusehen, die schon vor seiner Zeit erstellt worden waren. So eignete er sich viel Wissen an. Er wurde zu einem weisen Philosophen. Draußen schien in den kriegerischen Zeiten die Welt unterzugehen, drinnen im Archiv wurde der Philosoph älter, weiser und auch ruhiger. Seine Weisheit jedoch sprach sich im Königreich herum und auch darüber hinaus.

Eines Tages meldete sich ein Besucher an. Es war der noch junge Konfuzius. Er begrüßte den Älteren respektvoll und fragte ihn dann nach Sitten und Gebräuchen und Riten aus. Konfuzius wollte wissen, wie sie in der Vergangenheit gehandhabt wurden und wie sie sich veränderten. Für Konfuzius war dies wichtig, denn er wollte damit das Chaos besiegen. Der alte weise Archivar seufzte. Er wollte den jungen Kollegen nicht enttäuschen, aber er konnte ihn auch nicht ermutigen weiterzumachen. Die Einhaltung von Riten, so die Überzeugung Laotses, führte nicht zum Erfolg und zum Frieden. Der Alte mochte nicht mehr diplomatisch sein, und so gab er dem jungen Konfuzius eine ehrliche und barsche Antwort. Er erklärte ihm, dass Sitten, Gebräuche und Riten nicht zur Regelung der Staatsgeschäfte und des Lebens taugten. Seine Antwort war ganz anders als von Konfuzius erwartet ausgefallen, jedenfalls verabschiedete der sich sehr schnell und verließ den Archivar. Die beiden sahen sich nie wieder. Sie kannten sich nun und das genügte beiden.

Irgendwann wurden die Zeiten so schlimm, dass der Archivar keine Hoffnung auf irgendeine Besserung mehr hatte. Deshalb bat er den König um seine Entlassung, die ihm nach einiger Zeit auch gewährt wurde. So schwang er sich auf einen Wasserbüffel und zog nach Westen. Er wollte in seinem Inneren das behalten, was im Äußeren, in der Welt schon lange abhanden gekommen war, den Frieden.

So kam Laotse eines Tages an den Grenzpass und wurde dort von dem Grenzwächter aufgehalten. Da dieser in ihm den Weisen erkannt hatte, beharrte er darauf, dass er sich nicht einfach so davonstehlen könne, ohne der Nachwelt die Einsichten seines Lebens zu überliefern.

Seufzend nahm sich Laotse einen Tag Zeit und brachte mit dem Pinsel seine weisen Ratschläge zu Papier. Er schrieb und schrieb, bis ihm die Tusche ausging. Dann überreichte er das Schriftstück von mehr als fünftausend Zeichen dem Grenzwächter, und der ließ ihn passieren.

Laotse bestieg wieder seinen Wasserbüffel, ritt hoch zum tibetischen Bergland, dann hinunter in die Ebene des Ganges. Die Chinesen glauben zu wissen, dass Laotse noch sehr alt geworden sei. Manche Quellen sprechen von 160, manche sogar von 200 Jahren.[3]

So weit also die Legende vom Leben des Laotse, für dessen Existenz es keine sicheren Belege gibt. Auch die Begegnung mit Konfuzius ist nicht bezeugt. Die Konfuzianer jedenfalls bestreiten sie mit aller Heftigkeit.

Der erste historisch verbürgte Bericht, der Angaben über das Leben des Laotse bietet, stammt von dem berühmten chinesischen Geschichtsschreiber Sima Qian (145 bis 79 vor Beginn der Zeitrechnung), der in seinen »Historischen Aufzeichnungen« um 104 vor Christus das Wissen der damaligen Zeit weitergab. Aber auch Sima Qian ist sich nicht sicher, ob es Laotse gegeben hat, schließlich sei er ja ein im Verborgenen lebender Edler gewesen.

Angeblich wurde Laotse im Königreich Chu geboren, im Dorf Qu Ren. Sein Sippenname war Li, sein Vorname Er, sein persönlicher Name Dan. Er war Archivar am Königshof der Zhou. Den Zeitraum des Wirkens von Laotse gibt man um das 6. Jahrhundert vor Christus an.

Die neuere Forschung legt nahe, dass es keinen historischen Laotse gegeben hat und die Legende auf drei verschiedene historische Figuren zurückgeht.[4] Wir wollen uns hier mit der Legende begnügen.

Im Westen machten die Jesuiten (neben dem Konfuzianismus)

auch Laotse und den Taoismus bekannt. Damals erschien ihnen diese Gruppe eher als eine obskure Sekte. Obwohl die Jesuiten den Taoismus eigentlich nicht ernst nahmen, ist ihnen die erste Übersetzung des *Tao Te King* zu verdanken.

Neben Laotse muss man auch noch einen anderen sehr bekannten Vertreter des Taoismus nennen. Es ist Dschuang Dsi (oder Zhuangzi nach der neueren Umschrift). Seine Popularität verdankt er der Art, wie er seine Überzeugungen weitergibt, nämlich in Form von Parabeln und Anekdoten. Er lebte im 4. Jahrhundert vor Christus. Er stammte aus Meng im heutigen Shandong und hatte dort ein Amt inne. Sein Hauptwerk ist *Das wahre Buch vom Südlichen Blütenland* (eigentlich *Das wahre Buch von Nanhua* nach dem Herkunftsort von Dschuang Dsi). Es gehört zu den berühmtesten Texten des alten China. Es ist zunächst einfach zu lesen, da es vor allem aus Zitaten, Gleichnissen und Parabeln besteht. Europäer empfinden es häufig als sehr eindrücklich. Dennoch ist auch dieses Werk nicht so einfach zu interpretieren. Die wichtigste und wohl auch schönste Parabel ist die folgende.

*Die Geschichte vom Schmetterlingstraum*

Einst träumte Dschuang Dschou, dass er ein Schmetterling sei, ein flatternder Schmetterling, der sich wohl und glücklich fühlte und nichts wusste von Dschuang Dschou. Plötzlich wachte er auf: da war er wieder wirklich und wahrhaftig Dschuang Dschou. Nun weiß ich nicht, ob Dschuang Dschou geträumt hat, dass er ein Schmetterling sei, oder ob der Schmetterling geträumt hat, dass er Dschuang Dschou sei, obwohl doch zwischen Dschuang Dschou und dem Schmetterling sicher ein Unterschied ist. So ist es mit der Wandlung der Dinge.[5]

Die Lehren des Dschuang Dsi haben einige Gemeinsamkeiten mit den Gedanken des *Tao Te King*. Auch er geht von dem Begriff *Tao* aus, den er aber auch *Qi* oder »lebendige Kraft« nannte. Diese Kraft besteht ewig und ist Quelle jeglicher Energie.

Er behauptet weiterhin, dass auf der Erde alles in Bewegung ist. Der Mensch ist dieser Bewegung von der Geburt bis zu seinem Tod ständig ausgesetzt. Daher gibt es auch keine festen Traditionen. Er konzentriert sich darauf, die konventionellen Werte zu diskutieren oder auch nur bloßzustellen. Er entwickelt sich in seiner Welt zum Skeptiker. So hält er Intelligenz und Wissen zum Beispiel für nutzlos, weil es relativ und nicht übertragbar ist. Und sie dienen nur dem Zweck, Leuten beizubringen, sich gegenseitig zu betrügen. Dschuang Dsi teilt die politischen Zielsetzungen Laotses nicht, der sich auch als eine Art Leitfaden für die Haltung des Herrschers und die Entwicklung des Staates lesen lässt, und gerade deshalb für Manager interessant ist.

## Kernbegriffe der Philosophie bei Laotse

Wenn wir uns heute mit Laotse und den 81 Spruchkapiteln des *Tao Te King* beschäftigen, geht es uns wie dem Kaiser in der Legende. Wir sind konfrontiert mit einer Gedankenwelt, die sich uns nicht gleich erschließt. Schon bald, nach den ersten Versen, begegnet dem Leser die charakteristische Aufforderung zum »Nicht-Handeln«, in dem sich der Berufene üben soll.

Was soll man damit anfangen? Soll das eine Maxime für Manager sein? Soll es die Aufgabe von Managern sein, nicht zu handeln? Dabei hat man gar nicht den Eindruck, dass Laotse sich vom tätigen Leben abgewandt hatte, dass er ein Aussteiger war, den das Leben um ihn herum nicht interessierte. Nein, die ihm zugeschriebene Textsammlung *Tao Te King* weist ihn durchaus als aktiven Menschen und Denker aus. Umso mehr müssen wir uns mit seiner Empfehlung »Übe dich im Nichttun, und alles fügt sich zum Guten« auseinandersetzen.

Das Weltbild von Laotse umfasst Himmel und Erde. Auf der Erde agieren die Menschen. Eigentlich herrscht in diesem System eine natürliche Ordnung, aber das Handeln der Menschen richtet die Ordnung zugrunde, wenn es ihr zuwiderläuft. Das entspricht der Erfahrung des Laotse in der »Zeit der Streitenden Reiche« im 6. Jahrhundert vor Christus; das passt auch in unser heutiges Geschehen. Wir versuchen zu korrigieren, indem wir zum Beispiel die, die das Chaos anrichten, bestrafen oder sogar kasernieren, soweit wir ihrer habhaft werden können. Laotse geht einen anderen Weg, er richtet sich nicht an die Übeltäter, sondern er konzentriert sich auf die Handlungen. Die Handlungen verursachen das Chaos, wenn sie den natürlichen Fluss der Dinge stören. Daraus schlussfolgert er, Nicht-Handeln bringe Harmonie. Er lehnt jedoch nicht alle Handlungen ab. Da liegt der Gedanke nahe, dass es unterschiedliche Arten des Handelns gibt.

Laotse versucht zu erklären, dass Harmonie und Balance durch den Ausgleich der Gegensätze entstehen, die einander bedingen. Sehr gut kann man seine Gedanken in dem folgenden Text erahnen:

Wenn gewisse Dinge als schön gelten,
werden andere Dinge hässlich.
Wenn gewisse Dinge als gut gelten,
werden andere Dinge schlecht.

Sein und Nichtsein erzeugen einander.
Schwierig und leicht stützen einander.
Lang und gut bestimmen einander.
Hoch und niedrig sind abhängig voneinander.
Vorher und nachher folgen einander.

Daher handelt der Meister,
ohne irgendetwas zu tun,
und lehrt, ohne irgendetwas zu sagen.
Die Dinge erscheinen, und er lässt sie kommen;
Die Dinge verschwinden, und er lässt sie gehen.

Er hat, besitzt aber nicht,
handelt, erwartet aber nicht.
Wenn sein Werk getan ist, vergisst er es.
Ebendarum währt es ewig.

*Tao Te King, 2*

Die Auffassung Laotses, dass alle Gegensätze sich gegenseitig bedingen, führt dazu, dass jede Aktion eine Reaktion auslöst. Laotse leitet davon ab, dass eine verhinderte oder nicht ausgeübte Aktion auch keine Reaktion provoziert.

Daraus ergibt sich bei Laotse so etwas wie die Lehre vom »Wirken ohne Handeln«. Der »Meister« – in anderen Übersetzungen ist von dem »Berufenen« oder dem »weisen Herrscher« die Rede – handelt nicht, wirkt aber dennoch. Er lehrt auch, indem er nicht redet. Aus diesen Worten wird ersichtlich, dass er natürlich aktiv ist. Er verweigert sich nicht, er wirkt, aber er behält nicht und er verharrt nicht. Laotse-Texte sind nicht ganz leicht zu verstehen. Sie sind auch nicht eindeutig und lassen daher Raum für Interpretation. Um sie für uns zu nützen, bleibt uns nichts anders übrig, als darüber nachzudenken, was sie für uns bedeuten.

Ein Kernbegriff des Taoismus ist das *Tao (Dao)*. Der Begriff findet sich in allen Richtungen der chinesischen Philosophie, wird hier aber im Sinne eines umfassenden Prinzips gebraucht. *Tao* ist die Quelle des Lebens, der Urgrund der Welt, das alle Erscheinungen bestimmende Weltgesetz. *Tao* ist unfassbar und gleichzeitig die höchste Vernunft. Es befindet sich im Kern aller Dinge und bestimmt die kosmische Ordnung. Die Menschen machen sich Gedanken darüber und entwickeln Vorstellungen, die allerdings nur Hilfskonstruktionen sein können.

Den Begriff *Tao* kann man auch nicht einfach übersetzen und ausdrücken. So ist es unzähligen Übersetzungen (z. B. als »Sinn«, »Weg« oder auch »Leben«) und Deutungen ausgeliefert, die uns die Bedeutung klarmachen wollen.

Vielleicht ist der Blick in einen klassischen chinesischen Text hilfreich, den der Taoismus aufnahm und der fast tausend Jahre älter ist als das *Tao Te King*: das *Buch der Wandlungen*, das *I Ging*. Bereits hier findet sich die Grundidee von der Ausgewogenheit der Gegensätze (*Yin* und *Yang*) und des ständigen Wandels als Prinzip. Die Welt wird als ein Ganzes beschrieben, dessen ständiger Wandel durch die beiden polaren Prinzipien *Yang* (das Schöpferische, Männliche, Himmel) und *Yin* (das Empfangende, Weibliche, Erde) bestimmt wird. Der »Edle« kann lernen, die kosmische Ordnung in allen Dingen zu spüren und sich der jeweiligen Situation gemäß zu verhalten und zu verändern. Aus dieser Position der Ausgewogenheit heraus kann er seine Ziele im Einklang mit der kosmischen Ordnung erreichen.

Es gab etwas Formloses und Vollkommenes,
bevor das Universum entstand.
Gelassen ist es und leer.
Einzig und unverständlich.
Grenzenlos und ewig verfügbar.
Es ist die Mutter des Universums.
In Ermangelung eines besseren Namens
nenne ich es das *Tao*.

Es fließt durch alle Dinge,
innen und außen, und kehrt zurück
zum Ursprung aller Dinge.

Das *Tao* ist groß.
Das Universum ist groß.
Die Erde ist groß.
Der Mensch ist groß.
Das sind die vier großen Mächte.

Der Mensch folgt der Erde.
Die Erde folgt dem Universum.

Das Universum folgt dem *Tao*.
Das *Tao* folgt nur sich selbst.

*Tao Te King, 25*

Oft wird das Wort *Tao* auch gar nicht übersetzt, wahrscheinlich kommt es auf das Wort nicht an. Vielleicht ist der Sinn des Wortes auch gar nicht intellektuell begreifbar. Geeigneter scheint der Versuch, das *Tao* zu erfahren.

Am Anfang war das *Tao*.
Alle Dinge entspringen ihm;
alle Dinge kehren zu ihm zurück.
Willst du den Ursprung finden,
dann verfolge die Spur der Erscheinungen.
[…]

*Tao Te King, 52*

Das *Tao* befindet sich mitten im Leben. Es fordert nicht auf zur Weltflucht und auch nicht zur Askese. Gemäß der Philosophie des *Tao* soll der Mensch mitten in der Welt stehen und wirken, aber er darf sich nicht an die Welt verlieren. Der Mensch soll die Welt beeinflussen, gleichzeitig muss der Mensch bedenken, dass er nicht zu stark von der Welt beeinflusst wird. In diesem Sinne bevorzugt der Taoist auch eher das einfache Leben. Er ist genügsam, damit er nicht der Begierde erliegt.

Der Taoismus basiert auf drei Grundbegriffen, die jedoch eine Gesamtheit darstellen.

- *Tao*, der Ursprung aller Dinge;
- *Te*, das Leben oder die Wirklichkeit;
- *Wu Wei*, das Handeln im Sinne von »geschehen lassen«.

Aus dem *Tao* gehen die Gegensätze hervor, die aber gleichzeitig eine Harmonie bilden, symbolisiert im Prinzip von *Yin* und *Yang*, der beiden kosmischen Grundkräfte.

Der Begriff *Te* steht für das Leben, für die Realität, für alle materiellen Erscheinungen. Dabei geht man davon aus, dass sich unsere Welt selbst organisiert. Sie besteht aus eine Vielzahl von Prozessen. Diese haben zum Beispiel die Artenvielfalt hervorgebracht, aber auch die Staatenbildungen, alle soziologischen Strukturen, und auch alle kulturellen Strömungen, die Menschenrassen und die Klimabildung. *Te* beschreibt das gesamte Leben. In diesem Sinne kann man sagen, dass unser Leben, das *Te* ein Teilaspekt des *Tao* ist. Im Rahmen von *Te* wird unser Leben organisiert. Im Taoismus wird zwar anerkannt, dass wir die Freiheit zur Gestaltung des Lebens haben, diese aber dennoch nur im Rahmen von *Te* geschieht. Weiterhin besteht die Auffassung, dass jedes Ereignis auf der Welt mittelbar mit jedem anderen zusammenhängt.

Wie kann man dies verstehen? Dass jeder Mensch mit jedem anderen über eine Kette von durchschnittlich nur 6 Kontaktpersonen verbunden ist, ist bekannt, seit Stanley Milgram im Jahr 1967 das Kleine-Welt-Phänomen formulierte und experimentell belegte.

In den Tagen, in denen ich dies schreibe, kommt gerade der Film *Babel* in die Kinos. Dieser Film zeigt uns die weltweiten Zusammenhänge.

*Die Geschichte von Babel*

Die beiden Brüder Ahmed und Yussef werden von ihrem Vater beauftragt, die Ziegenherde der Familie zu hüten. Dieser hat aber gerade ein Jagdgewehr von einem Nachbarn gekauft, der dies von einem japanischen Großwildjäger geschenkt bekommen hat. Die beiden Jungen nehmen das Gewehr mit, weil sie die Ziegen vor den Schakalen schützen sollen. Aber statt aufzupassen, schießen sie mit dem Gewehr in der Gegend herum. Sie wollen ausprobieren, was das Gewehr kann, und so zielt der junge Ahmed auf einen weit entfernten Touristenbus. Er trifft die Frau eines amerikanischen Ehepaars, die auf dieser Reise wieder zueinanderfinden wollten. Nun ist die junge Frau stark verletzt, wird in ein Dorf gebracht. Man wartet dort auf Hilfe. Die amerikanische Botschaft geht von einem terroristischen Anschlag aus und verzögert die Rettung.

Die Kinder des Ehepaars sind in San Diego zurückgeblieben. Die illegal in den USA lebende mexikanische Haushälterin wird informiert. Sie sucht jedoch nach einem Babysitter für die beiden Kinder, weil sie zu einer Hochzeitsfeierlichkeit ihres Sohnes nach Mexiko will. Als sie niemanden findet, beschließt sie, die Kinder mit über die Grenze in ihr Heimatdorf zu nehmen. Auf der Rückfahrt legt sich ihr betrunkener Neffe mit den Grenzbeamten an. Er durchbricht die Grenze, fährt in die Wüste, lässt seine Tante und die Kinder aussteigen und flieht. Diese werden gerade noch rechtzeitig von einer Grenzkontrolle gefunden und vor dem Tod gerettet. Die Haushälterin wird sofort ausgewiesen.

In Tokio sucht die Tochter des japanischen Großwildjägers nach ersten Liebesbeziehungen. Sie ist aber taubstumm, deshalb ist dieser Prozess für sie sehr schmerzlich.

In dieser Geschichte werden unterschiedlichste Orte angesprochen, die durch Gemeinsamkeiten verbunden sind, ohne dass die Beteiligten dies auch nur ahnen. Handlungsstränge an unterschiedlichen Plätzen in der Welt stehen zueinander in Beziehung. Es ist ersichtlich, dass wir zwar Handlungsfreiheiten haben, wir können also in die Diskothek gehen oder nicht, wir können ein Gewehr verkaufen oder nicht, wir können zu einer Hochzeit gehen oder nicht, und trotzdem steht der Gesamtzusammenhang all dieser Handlungen nicht zu unserer Disposition.

Nach taoistischer Meinung bringt die Einsicht in das Wesen von *Tao* und *Te* dem Menschen Auskunft über seine eigene Position in der Welt.

Fragt man nun, welche Handlungen sich daraus ableiten, kommt man zum dritten Grundbegriff, dem *Wu Wei*. Dieses Nicht-Handeln ist schwer zu verstehen, eine Interpretation wie Nicht-Zwingen dürfte wohl treffender sein. Auf keinen Fall darf man *Wu Wei* mit Trägheit, Faulheit oder Passivität verwechseln. Es beschreibt eher einen Zustand des aktiven Empfangens. Es setzt eine besonders ausgeprägte Sensibilität voraus und bedeutet, die Ereignisse wahrzunehmen und dem Lauf des Wassers, dem Lauf des Geschehens dorthin zu folgen, wohin es fließt. Dabei tritt der Geist und Intellekt zurück und überlässt dem Empfinden, dem Gefühl den Vortritt. Theo Fischer beschreibt dies in *Lass dich vom Tao leben* folgendermaßen: »*Wu Wei* ist wie Autofahren mit Chauffeur. Sie haben den Platz am Steuer aus freiem Willen abgetreten und lassen sich hinbringen, wohin Sie möchten. Wo Sie sonst äußerst konzentriert nur das unmittelbare Geschehen längs der Straße mitbekamen, haben Sie so die Muße, die Welt ringsherum ohne den Stress des Fahrers zu genießen. Und sie kommen ebenso rasch und müheloser voran als die anderen, die selber aufs Gaspedal treten.«[6]

Der Taoismus kann gut Gegensätze aufnehmen. Es ist also durchaus möglich, im Einklang mit dem *Tao* spontan zu handeln, und selbstverständlich ist es nicht verboten, intellektuell und analytisch zu handeln. Wir werden nur immer wieder mit der These konfrontiert, dass es Situationen gibt, in denen man besser nicht handelt. Dabei wird in der chinesischen Literatur immer die Parabel von Kiefer und Weide in Sturm und Schnee angeführt. Wenn ein Sturm über das Land rast, biegt sich die Weide im Wind, die Kiefer dagegen stemmt sich gegen den Sturm und läuft damit Gefahr, entwurzelt zu werden. Hat es stark geschneit, lasten Schneemassen auf den Zweigen, dann gibt die Weide dem Gewicht des Schnees nach und biegt ihre Zweige. Die Kiefer dagegen versucht, der Last standzuhalten. Dies gelingt bis zu einem gewissen Grad, dann brechen die Zweige.

## Der Taoismus als Teil der chinesischen Tradition

Der wichtigste Grundzug der chinesischen Philosophie ist das Streben nach Harmonie. In diesem Sinne ist alle Einseitigkeit verpönt. Die chinesische Philosophie war darüber hinaus immer praxisorientiert. Sie wollte ihren Beitrag leisten, die Welt und das Leben zu gestalten.

Die beiden einflussreichsten traditionellen chinesischen Philosophierichtungen sind der Konfuzianismus und der Taoismus. Später trat die Lehre des Buddhismus hinzu, die zur gleichen Zeit auf dem indischen Subkontinent entstanden war.

Konfuzius und Laotse haben beide die Kultur Chinas geprägt, jedoch auf jeweils eigene Weise. Über die beiden historischen Autoren gibt es viel Literatur, beide sind vor allem in Legenden fassbar, die ihnen zugeschriebenen Texte sind jeweils erst nachträglich von ihren Schülern aufgezeichnet worden.

Gemeinsam ist beiden Weisheitslehrern beziehungsweise den überlieferten Texten, dass sie in einer Zeit der Wirren und kriegerischen Auseinandersetzungen, der »Zeit der Streitenden Reiche«, nach Orientierung für einen idealen Herrscher suchen.

Konfuzius ist der Auffassung, dass ursprüngliche Ordnung und Harmonie wiederhergestellt werden können, indem man sich auf die traditionellen Tugenden und sozialen Pflichten des Menschen zurückbesinnt. Er war der Überzeugung, dass sich die Menschen durch Lernen bessern können. Das Lernen ist deshalb ein Grundbegriff seiner Philosophie. Als wandernder Lehrer zog er durch das Land, um einen Fürsten zu finden, der bereit war, seine Lehren in der Regierungsarbeit umzusetzen. In dieser praktischen Hinsicht scheiterte Konfuzius zu seiner Zeit. Aber es gelang ihm als Erstem in der Geschichte des chinesischen Denkens, eine Art Schule zu gründen. Die Gespräche *(Lunyu)* zwischen Konfuzius und seinen Schülern sind uns durch deren spätere Aufzeichnung überliefert.

Laotse dagegen meint, dass der chaotische Zustand von Volk, Staat und Gesellschaft nicht durch Moral und Gesetze der Vergangenheit heilbar wären. Die Menschen lebten inmitten von Unruhen, waren aussichtslos den schlimmen Zeiten preisgegeben. Die Landesherren beherrschten mit wechselndem Kriegsglück die freudlose Welt. Auch früher hatte es schlechte Zeiten gegeben. In dieser heillosen Zeit aber war die Welt von Grund auf schlecht, und es gab niemanden, der in seiner Weisheit oder Güte herausragte. Es gab keine Kraft, keine Kreativität, sich aus dem Sumpf zu befreien. Nach außen hielt man sich zwar an die alten Traditionen, die aber nur als Krücken dienten, weil das Bewusstsein für den Sinn des Lebens, den rechten Weg *(Tao)* verloren gegangen war. Laotse begann gar nicht zu ordnen und zu verbessern. Er überlegte, dass es besser sei, den Körper, der vor Schlechtigkeit krank zu Boden lag, erst in Ruhe zu lassen und einen Selbstheilungsprozess abzuwarten. Für Laotse besteht der rechte Weg – anders als für Konfuzius – nicht in der Rückkehr zu Tugend und Tradition, da sie das Leben im harmonischen Einklang oft nur stören. Stattdessen solle sich der Mensch auf den natürlichen Prozess des Wandels der Gegensätze einlassen und nicht unnötig eingreifen. So könne man in Harmonie mit einer Welt der ständigen Veränderung leben. Vor allem für den Herrscher gilt, er solle mit Weisheit und Zurückhaltung handeln. Seine Aufgabe wäre es vor allem, den natürlichen Kräften in seinem Verantwortungsbereich den nötigen Freiraum zu gewähren.

Im Vergleich zu Laotse besaß und besitzt Konfuzius eine höhere Anerkennung in China. Dies liegt natürlich auch daran, dass man die Lehren von Konfuzius verwenden konnte, um Herrschaft abzusichern, um Menschen zu unterrichten und zu formen. Die Nachfolger von Konfuzius und vor allen Dingen die Herrscher des alten China haben aus seinen Gedanken, aus seiner Lehre eine vorzügliche Herrschaftslehre entwickelt. Was konnte man dagegen schon mit Laotse anfangen, der das Geschehen eher dem freien Spiel der Kräfte überließ, der eher abwartete als einschritt.

Doch verwunderte bereits in der Vergangenheit, dass so mancher treue Schüler von Konfuzius nach Abschluss seines Arbeitslebens eine Art Metamorphose durchmachte und zu einer gewissen Art von Neuerkenntnis kam. Er gab alle weltliche Pracht und Mühsal dahin für einen stillen Winkel im Gebirge oder an einem See. Dann widmete er sich den taoistischen Schriften, insbesondere dem *Tao Te King* und suchte Deutung und schließlich Orientierung für sein Leben.

Viele Geschichten werden erzählt von gescheiterten Beamten oder von Bürgern im Ruhestand, also Menschen mit Zeit, die sich zurückzogen in die Berge, in die entlegenen Klöster, um dort zu einem neuen Selbstverständnis zu kommen.

## Laotse als Wegbegleiter für den modernen Manager

Inwiefern aber können Manager, die sich noch im wirtschaftlichen Alltag befinden, von Laotse profitieren? Spricht Laotse nicht nur die Rentner, Pensionisten, Vorruheständler an?

Bei Konfuzius können wir uns gut vorstellen, dass er manche Anregung bieten kann. Immerhin ist das Lernen ein zentraler Begriff bei ihm. Die Forderung nach »lebenslangem Lernen« ist heute allgegenwärtig. Lernen ist eine Voraussetzung für Spitzenleistungen, die wir fordern und wollen.

Laotse dagegen nähert sich den Anforderungen einer sich stetig wandelnden Gesellschaft anders. Für Laotse ist die Einsicht in Gegebenheiten, Zustände, Bedingungen wichtiger. Er plädiert dafür, zu erkennen, zu analysieren und dann die Erkenntnisse für die eigenen Absichten zu nutzen. Er sorgt sich eher, dass alle zusammen das Ziel erreichen. Und ich denke an die Fahrradfahrer, die mir mein Freund von seinem Fenster aus gezeigt hat. Ein Fahrradfahrer, der Spitzenleistungen erbringt, hätte zumindest kurzfristig sehr wohl schneller sein können. Aber er hätte dies auf Kosten der anderen getan. Er hätte deren Rhythmus gestört. Wenn es darauf ankommt, dass alle ans Ziel kommen, muss der Einzelne die Entwicklung der Gesamtsituation und die Folgen seines Handelns mit im Blick haben.

Wichtig für den Manager ist die Einsicht in Gegebenheiten, Zustände, Bedingungen. Er hat zuerst zu erkennen, zu analysieren und dann die Erkenntnisse für Strategien und Maßnahmen zu nutzen.

Man könnte damit die Botschaft Laotses für den Manager folgendermaßen artikulieren: Achte sensibel auf Situationen und integriere sie in den Entscheidungsprozess. Handle, aber denke über die Folgen nach. Es geht dabei nicht um dich, sondern um die Aufgabe, die zu lösen ist. Und schließlich: Akzeptiere, dass sich alles wandelt – halte also nicht fest, sondern öffne dich.

Das *manager magazin*[7] stellt fest, dass der Chefsessel in Deutschland für erfolglose Topmanager oft ein Schleudersitz sei. So mussten neben Kai-Uwe Ricke (Telekom), Bernd Pischetsrieder (VW) und Achim Egner (Rewe) zwei Drittel aller Vorstände 2006 unfreiwillig ihren Posten räumen. Auch bei Traditionskonzernen, so stellt Erich Riemann in dem Artikel fest, »schwinden die Hemmungen, den Mann an der Spitze auszuwechseln, wenn er die in ihn gesetzten Erwartungen nicht erfüllt«. Was aber waren die Erwartungen? Wie beschreibt man Erfolg oder Nichterfolg? Welche Gründe gab es für die Ablösung?

»Der ehemalige Telekom-Chef Kai-Uwe Ricke konnte zwar auf beträchtliche Erfolge bei der Sanierung des bei Amtsantritt hoch verschuldeten Telekommunikationsriesens verweisen. Doch gelang es dem Manager in seinen vier Jahren an der Spitze der Telekom nicht, den Kurs der T-Aktie nachhaltig nach oben zu drücken.«[8]

Der Erfolg misst sich für die Manager an der Spitze immer nach dem Börsenkurs. Ist dies aber wirklich ein angemessenes Kriterium? Gute Führung ist viel mehr. Natürlich muss gute Führung das Unternehmen erfolgreich machen, und natürlich hat der Aktienkurs etwas mit einem erfolgreichen Unternehmen zu tun. Der Aktienkurs ist aber auch von vielen Beeinflussungen abhängig, die nichts mit guter Führung zu tun haben.

Bei VW-Chef Pischetsrieder lagen die Gründe wohl mehr in persönlichen und zwischenmenschlichen Disharmonien, in seinem unterkühlten Verhältnis zur grauen Eminenz des Wolfsburger Autobauers, dem Aufsichtsratschef Ferdinand Piëch. Ein legitimer Grund? Vielleicht noch mehr als der Aktienkurs.

Beim Chef von Rewe, Achim Egner, könnte dagegen eher der Führungsstil den Ausschlag gegeben haben. »Allzu selbstbewusst setzte sich der konzernfremde Manager bei seinen Reformplänen über Hierarchien und Einwände in dem genossenschaftlich geprägten Haus hinweg. Schließlich hätten sich ein Dutzend hochrangiger Rewe-Manager bei Aufsichtsratschef Klaus Burghard beschwert, berichtete die *Lebensmittel-Zeitung*. Egner musste gehen.«[9]

Die geschilderten Fälle fanden ein großes Medieninteresse. Aber man kann davon ausgehen, dass sie nur die Spitze des Eisbergs sind. Einer Studie der Unternehmensberatung Booz Allen Hamilton zufolge ist das unfreiwillige Ausscheiden für Unternehmenslenker im deutschsprachigen Raum inzwischen nicht mehr die Ausnahme, sondern eher die Regel. Bei mehr als jedem zweiten Führungswechsel 2005 seien mangelnde Leistungen des Konzernchefs die Ursache gewesen, heißt es in der Untersuchung. Natürlich stellt sich gerade bei einer solchen Aussage wieder die Frage, was »mangelnde Leistungen« eigentlich sind.

Das *manager magazin* erkennt gravierende Folgen für die Managerkarrieren: »Sie verlaufen stürmischer und kürzer. Im deutschsprachigen Raum sank das Durchschnittsalter der Topmanager beim Amtsantritt zwischen 2003 und 2005 von 52 auf 45,8 Jahre. Und das Alter beim Ausscheiden verringerte sich von 58,6 auf 54,9 Jahre. Der neue Telekom-Chef René Obermann scheint diesen Trend noch weiterzuführen. Er war beim Wechsel an die Spitze des größten deutschen Telekommunikationskonzerns gerade 43 Jahre alt.«

Welche Voraussetzungen müssen Manager erfüllen, um langfristig erfolgreich zu sein? Das *Tao Te King* des Laotse lässt sich als eine

Art Leitfaden für die Persönlichkeitsentwicklung und für die Haltung des »Berufenen«, des »weisen Herrschers« oder des »Meisters« – je nach Übersetzung – lesen.

Der wichtigste Unterschied zu einem Macher-Manager ist vielleicht die Eigenschaft, dass man Herausforderungen (welcher Art auch immer) nicht sofort annehmen, entscheiden und lösen muss, sondern sich Zeit nehmen kann, Entwicklungen zu erkennen, zu hinterfragen und sie bei der Problemlösung zu nutzen. Dahinter steckt die Vermutung, dass mit dieser Art Probleme wesentlich effektiver gelöst werden können.

Die Überlegungen setzen also auf Manager, die bereit sind, dem Nachdenken einen großen Stellenwert einzuräumen, die nicht auf schnelle und spektakuläre Aktionen aus sind, die unter Umständen nur den rasenden Stillstand fördern.

Manchmal ist es besser, sich im Sturm zu beugen, als unbelehrbar auf Positionen zu bestehen, die im Moment nicht durchsetzbar sind. Die Erfahrungen Laotses können dem Manager dabei nur helfen: Wenn ein Wasserlauf auf ein Hindernis trifft, umspült er es und setzt seinen Weg fort. Und nochmals anders ausgedrückt: Der Mensch des *Tao* stellt sich der Schwierigkeit sehr wohl, aber er stemmt sich nicht gegen sie.

*In der Fahrradfabrik AG hat sich ein Manager besonders für den Aufbau des Geschäftes in der Schweiz engagiert und zweifelsohne auch erfolgreich gearbeitet. Dennoch hat die Geschäftsleitung in einer Vorstandssitzung beschlossen, den Markt Schweiz nicht weiter zu bedienen. Dem Manager wurde dies nicht persönlich mitgeteilt, er erfuhr es nur durch ein Protokoll. Er war der Meinung, dass diese Entscheidung falsch war. Er versuchte daraufhin ein Gespräch mit seinem Vorgesetzten zu führen, indem er durchaus emotional die Situation darstellte, erklärte und argumentierte. Der Manager bemerkte, dass er keine Chance hatte, die Entscheidung zu revidieren. So zog er sich aus dem Geschäft Schweiz zurück, verstärkte je-*

*doch die Filialen in Deutschland an der Schweizer Grenze und bediente von dort aus die Bedürfnisse seiner Schweizer Kundschaft sehr erfolgreich.*

## Weisheitslehren für das 21. Jahrhundert

Manager haben es nicht einfach. Viele scheinen einseitig auf Erfolg und Karriere programmiert zu sein. Sie wollen im Beruf immer mehr erreichen. Sie rennen von einem Ziel zum anderen und sind vielfach erfolgreich. Sie klettern die Hierarchieleiter nach oben und sind letztendlich doch die Verlierer. Sie wissen es nur nicht. Unsere Wirtschaft ist auf Wachstum ausgelegt; das gilt entsprechend für die Karrieren unserer Manager. Sie gehen steil nach oben, wenn das Unternehmen wächst. Damit wächst die persönliche Bedeutung, die Macht und das Einkommen. Und selbstverständlich ist es angenehmer, oben zu sein als unten. Vielleicht kann man sich dem gar nicht entziehen, wenn man einmal auf der ersten Stufe der Karriereleiter angetreten ist. Die Manager rennen, weil sie nicht aussteigen können. Sie müssen Geld verdienen, um den gewachsenen Lebensstandard zu halten. Es ist besser, für mehr Geld zu arbeiten als für weniger Geld. Also »muss« man alles daransetzen, in der Hierarchie zu steigen. Nur ist dies weise?

Es gibt Manager, die verdienen (beziehungsweise bekommen) Unsummen. Die könnten sich mit fünfzig gut zur Ruhe setzen, machen dies aber nicht. Warum? Weil das Leben, das sie führen, natürlich auch wie eine Droge wirken kann. Sie wollen auf Anerkennung, Macht und Geld nicht verzichten. Dies ist nicht weise.

Ich stelle die Frage auch an mich persönlich: Ob es idealistische Manager gibt? Es mag Ausnahmen geben, aber ich befürchte, dass vielen Managern das Wohlergehen von Unternehmen und Mitarbeitern eher gleichgültig ist. Es ist höchstens ein Nebeneffekt des Bemühens um die eigene Karriere. Viele Topmanager definieren sich über ihr Gehalt. Dabei geht es gar nicht darum, ob sie das Geld benötigen oder nicht, sondern darum, wer in den vergleichbaren Kreisen am meisten verdient. Da der Verdienst häufig an den Börsenwert geknüpft ist, scheint es am einfachsten, zu verkaufen, Fabriken zu schließen, Mitarbeiter zu entlassen. Was treibt einen Manager dazu? Ist das die Weisheit?

Warum baut ein intelligenter Mensch als Manager einen Konzern so um, dass er das Vertrauen der Mitarbeiter, der Öffentlichkeit und schließlich auch der Managerkollegen verliert, wie das bei vielen Unternehmen geschah und geschieht? Nicht-Handeln kann man ihm nicht vorwerfen. Das kann doch nicht Weisheit sein.

Gibt es einen weisen Manager? Ich kenne Manager, die Macher sind, ich kenne Manager, die Charismatiker sind. Ich kenne Manager, die Raubtiere sind. Ich denke sehr intensiv darüber nach, ob ich einen Manager kenne, den ich als weise bezeichnen würde. Weisheit stand lange Zeit nicht unbedingt im Fokus der Managementphilosophie. Doch, ich kenne einige Manager, die ich als weise bezeichnen könnte. Sie haben es nicht auf die höchste Etage der Managementkarriereleiter geschafft. Aber sie haben ihr Umfeld weise beeinflusst. Sie haben die Kultur ihres Unternehmens geprägt, ohne dabei im Rampenlicht der Öffentlichkeit zu stehen. Vielleicht ist das die Spur, auf der man zur Weisheit gelangt.

Es stellt sich natürlich als Erstes die Frage, was Weisheit eigentlich ist und welche Rolle sie spielt. Konfuzius meint, dass »der Edle«, die ideale Führungskraft, sich durch die Balance zwischen Natur und Bildung, Natur und Sittlichkeit auszeichnet.

> Konfuzius sprach: »Wenn die Natur den Sieg über die Bildung davonträgt, dann ergibt das einen Barbaren. Wenn die Bildung den Sieg über die Natur davonträgt, dann ergibt das einen Pedanten. Nur wenn Bildung und Natur harmonieren, ergibt das einen Edlen.«[10]

Für Konfuzius hat Bildung einen hohen Stellenwert. Aber die Bildung allein genügt wohl nicht, erst in der Harmonie mit der Natur ergibt sich die Weisheit.

Dies stimmt mit Laotse überein, wenngleich Laotse den Wert der

Übereinstimmung mit der Natur (dem *Tao*) für wesentlich wichtiger hält als jedes Wissen, jede Bildung. Weisheit bedeutet Ausgleich und Harmonie. Vereinfacht ausgedrückt, ist ein weiser Manager jemand, der ausgleichen kann, der zur Harmonie führen kann.

Auf meinem Schreibtisch steht eine alte Karte, die mir vor Jahren jemand schenkte. Darauf steht das populäre Gelassenheitsgebet von dem deutsch-amerikanischen Theologen Reinhold Niebuhr. Obwohl es nichts mit Laotse zu tun hat, scheint es mir die Grundhaltung doch sehr gut wiederzugeben:

Gott gebe mir die Gelassenheit,
Dinge hinzunehmen, die ich nicht ändern kann,
den Mut, Dinge zu ändern, die ich ändern kann,
und die Weisheit, das eine vom anderen zu unterscheiden.

Selbstverständlich gibt es viele Aussagen zu Weisheit. Wir wollen uns hier aber auf Laotse konzentrieren. Worin drückt sich Weisheit bei den alten Meistern aus? Am eindrücklichsten beschreibt er es mit diesen Versen:

Die Meister aus alter Zeit waren tiefschürfend und scharfsinnig.
Ihre Weisheit war so unergründlich,
sie lässt sich gar nicht beschreiben;
das Einzige, was wir beschreiben können,
ist das Erscheinungsbild jener Alten.

Sie waren vorsichtig, wie jemand,
der einen zugefrorenen Bach überquert.
Wachsam wie ein Krieger in Feindesland.
Höflich wie ein Gast.
Wandlungsfähig wie schmelzendes Eis.
Formbar wie ein Holzblock.
Aufnahmefähig wie ein Tal.
Klar wie ein Glas Wasser.

Hast du die Geduld zu warten,
bis dein Schlamm sich setzt und das Wasser klar ist?
Kannst du regungslos verharren,
bis die richtige Handlung sich von selbst ergibt?

Die Meister streben nicht nach Erfüllung.
Ohne Streben, ohne Erwartung
Sind sie immer bereit und heißen alle Dinge willkommen.

*Tao Te King, 15*

Laotse beschreibt die Weisheit, die er meint. Weisheit ist für ihn eine Bereitschaft zur Offenheit für alles, was ist und was kommen wird. Ein Manager ist weise, wenn er sich auf die Dinge vorbehaltlos einlässt, die auf ihn zukommen.

Den Weisen zeichnet Bescheidenheit aus. Er nimmt sich selbst zurück. Dennoch hört man ihn, sieht man ihn. Das heißt, er beeinflusst, er weiß seinen Gedanken Gehör zu verschaffen. Vielen Managern geht diese Eigenschaft ab. Manager stehen häufig im Vordergrund. Sie bestimmen und sie dominieren. Vordergründig setzen sie sich damit gut durch. Dennoch bleibt die Frage, ob nicht ruhigere Töne manchmal entscheidendere Töne sein können.

Die Weisheit wächst – in dem, der die Weisheit sucht. Natürlich gibt es auch Grenzen der Weisheit. Der Weise erkennt und akzeptiert, dass Weisheit nicht vor allem Unglück bewahren kann. Der Anspruch der taoistischen Denker ist realistisch.

Wir meinen, dass man das *Tao Te King* als einen Leitfaden lesen kann, der die Lehren Laotses für die Persönlichkeitsentwicklung und die Haltung des Herrschers darstellt und damit für Manager sehr konkrete Denkanstöße und Handlungsalternativen vermitteln kann. In diesem Licht bietet sich die Möglichkeit, einige geläufige Vorstellungen und Verhaltensmuster einer Prüfung zu unterziehen. Wenn jemand bereit ist, sich damit auseinanderzusetzen, kann er sein Verhaltensrepertoire als Mensch und Manager erweitern.

## Die zehn Lehren der Weisheit

Der Text des *Tao Te King* ist in 2 Bücher eingeteilt, wie es der dualistischen Weltsicht entspricht. Aus kabbalistischen Gründen enthält es insgesamt 81 (3 × 3 × 3 × 3) Texte.

Da Laotse sehr viel interpretiert worden ist und selbst die einzelnen Übersetzungen äußerst unterschiedlich sind, haben wir uns entschieden, die Texte und Weisheiten zum besseren Verständnis zehn Aspekten zuzuordnen, die uns für den Manager von heute wichtig schienen. So entstanden die zehn Lehren der Weisheit Laotses – aus unserer Sicht. In jedem Kapitel dieses Buches beschäftigen wir uns mit einem dieser Aspekte. In jedem Kapitel finden Sie Zitate und Texte Laotses. Von ihnen lassen sich die Weisheiten ableiten, sie sind die Anregungen zu praktischen Empfehlungen für Manager.

Um diese Lehren zu veranschaulichen, durchzieht die Geschichte der fiktiven Fahrradfabrik AG die Kapitel. Jedes Kapitel schließt mit Zitaten und Fragen zum jeweiligen Kapitelthema, die Sie zum Weiterdenken und zur persönlichen Reflexion einladen.

# I

# Die größte Kraft ruht im Menschen selbst

Mein chinesischer Freund hat die Kapitelüberschriften formuliert. »Die größte Kraft ruht im Menschen selbst. Sie liegt im *Tao*, das jeder Mensch in sich trägt.«

»Jeder Mensch?«

»Eigentlich ja. Aber der Mensch muss es natürlich erst wecken. Er muss sich damit auseinandersetzen. Das ist wie eine Software, die erst dann funktioniert, wenn man sie aktiviert.«

»Und dann läuft diese Software automatisch weiter?«

»Nein. Sie ist von meiner Wahrnehmung abhängig. Ich nehme Dinge wahr, wenn ich aufmerksam bin, doch sie entgehen mir, wenn ich unaufmerksam bin. So ist es mit dem Leben und mit dem *Tao*.«

Das *Tao* liegt in uns und ist doch keine Selbstverständlichkeit. Nicht jeder Mensch, und auch nicht jeder Manager, hat diese innere Kraft ein Leben lang. Wenn wir den Kontakt zu unserer inneren Kraft verloren haben, empfinden wir das als eine Krisensituation, die eine Veränderung erfordert. Dann müssen wir uns in einer Phase der Neuorientierung wieder auf die Suche nach unserer inneren Kraft begeben, auch wenn wir das meist nüchterner benennen.

## Die eigenen Kräfte strategisch einsetzen

In der Literatur findet man vielerlei Aussagen über Persönlichkeitstypen. So wird auch untersucht, wie diese unterschiedlichen

Persönlichkeitstypen Strategien entwickeln. Sie unterscheiden sich in verschiedenen Fragen: Welche Mittel setzt jemand ein, um seine Ziele zu erreichen? Oder anders gesagt: Ist jedes Mittel recht oder erlaubt, um das Ziel zu erreichen? Ich kenne viele Manager, die diese Frage durchaus bejahen. Und ich stelle fest, dass sie auch erfolgreich sind – zumindest kurzfristig. Eine eng damit verbundene Frage: Geht es um die Karriereziele des Managers oder um die Unternehmensziele?

Welche Manager prägen mit ihren Ansichten unsere Managementkultur. Wie viele solche Manager verträgt unsere Kultur, unsere Gesellschaft?

In Managementseminaren ist es seit geraumer Zeit populär, Klassiker der politischen und militärischen Strategie von Sun Tzu über Seneca und Machiavelli bis hin zu Clausewitz zu befragen. [1]

Im Kreis der historischen Strategen findet man zum Beispiel Sun Tzu, einen chinesischen General, der im 5. Jahrhundert vor Christus lebte. Seine *Kunst des Krieges* gilt als das erste Strategiebuch der Geschichte. Sun Tzu legte großen Wert auf eine gründliche Vorbereitung, das Nachdenken ist für ihn ein wichtiger Faktor der Strategie. Der Schlüssel zum Erfolg ist die Einschätzung der eigenen Kräfte. Für Sun Tzu ist der beste Sieg der, welcher ohne Gefecht errungen wird. Kooperation hält er für besser als jeden Krieg.

Auch Laotse stellt sich der Frage, wie der Herrscher möglichst sinnvoll handeln kann, wie er seine Kräfte einsetzen soll. Während Konfuzius rät, sich an den Gesetzen und Traditionen der alten Reiche zu orientieren und durch fortgesetztes Lernen von den Ahnen sein Handeln zu verbessern, hält Laotse Wissen, Traditionen und Gesetze der Vergangenheit nicht für eine taugliche Orientierung.

Er empfiehlt, sich von allen Autoritäten frei zu machen und damit eine Strategie aus der eigenen Mitte heraus zu ermöglichen. Je unabhängiger ein Manager ist, desto eher kann er einer Strategie der Mitte, einer Strategie des Ausgleichs folgen.

Laotse befindet sich und agiert vollständig in der Gegenwart. Er bevorzugt das Gefühl und stellt den Verstand zurück. Er hält es meist für besser, den Geschehnissen ihren Lauf zu lassen und nur indirekt einzugreifen. Laotse ist davon überzeugt, dass die Kraft, die unsere Umwelt bestimmt, in uns selbst liegt, in jedem einzelnen Menschen und natürlich auch in jedem Manager. Aus dieser inneren Kraft heraus muss er wirken. Die Aufgabe des Managers ist es, diese Kraft zu aktivieren. Der Mensch, der über diese Kraft verfügt und sie zu nutzen weiß, ist ein »berufener« Manager.

Und vor allem: Der Berufene wirkt mit Zurückhaltung und Bescheidenheit. Das Ergebnis ist wichtig, nicht die Person des Managers.

Knapp formuliert, könnte man von Laotse folgende, vielleicht etwas ungewöhnliche Regeln für Managern ableiten:

- Wer an Äußerlichkeiten hängt, schadet seinem Inneren.
- Wer seine Größe und seine Zierde zur Schau stellt, verbirgt seine Wirklichkeit.
- Wer seinen Intellekt nicht zeitweise beiseite lassen kann, belastet den Kern seiner Persönlichkeit.
- Wer niemals vergisst, den Schein zu wahren, schadet unweigerlich seinem physischen Körper.
- Extravagantes und maßloses Verhalten ist zerstörerisch für das Individuum und für die Gesellschaft als Ganzes. Verfall und Untergang sind die Folge. Die treibende Kraft der Ausbeutung und Zerstörung der Welt ist die Begierde.
- Wenn die Könige sich in ihrem Land bereichern und es zu ihrem eigenen Nutzen ausbeuten, so ist dies die Wurzel zu Ungerechtigkeit und Ehrgeiz. Das Volk lernt daraus und ist ab sofort auch auf den eigenen Vorteil aus.

Für Laotse ist klar: Nicht auf die Person des Managers kommt es an, er hat lediglich dafür zu sorgen, dass sein Unternehmen »groß« wird. Dafür hat er seine Kraft mit einer natürlichen Selbstverständlichkeit einzusetzen. Er leistet seinen Beitrag und tritt hinter sein Werk zurück. Er weiß genauso selbstverständlich, dass er erfolgreich sein wird und dass er auch davon profitieren wird. Es ist für ihn aber nicht der Antrieb zum Tun. Der Antrieb ist seine innere Kraft.

## Die Übereinstimmung von Schein und Sein

Unsere Manager und Führungskräfte, unsere Entscheidungsträger strotzen vor Kraft, so will es das Vorurteil. Sie sind belastbar, sie stehen wie eine Eiche im Wind. Sie dürfen zumindest keine Zweifel aufkommen lassen. Ihre Entscheidungen sind unfehlbar. Und da sie unfehlbar sind, muss das prognostizierte Ergebnis stimmen. Das Image und die Überzeugungskraft sind wichtig. Je überzeugender ein Manager auftritt, je glaubwürdiger er wahrgenommen wird, desto größer ist sein Wirkungsgrad. Dazu kommt die Überzeugung, dass sich viele Menschen eine starke Führungspersönlichkeit wünschen. Je chaotischer es in der Wirklichkeit zugeht, desto ausgeprägter scheint dieser Wunsch.

Die Politik gibt uns tagtäglich die besten Beispiele. Viele Menschen wählen keine Programme, viele Menschen wählen nicht einmal Parteien. Sie wählen Persönlichkeiten. Viele wünschen sich dabei einen durchsetzungsfähigen Macher, von dem sie die Lösung der Probleme erwarten. Es ist aber gleichzeitig fatal, wenn die dann nicht halten, was sie versprochen haben.

Dieser Mechanismus funktioniert auch bei Managern von großen Unternehmen. Sie sollen Leitfiguren sein, den Kurs ihres Unternehmens bestimmen, ihr Unternehmen repräsentieren. Das ist eine hohe Kunst, die viele Topmanager nicht beherrschen. Und was sich auf der hohen öffentlichen Ebene abspielt, wiederholt sich natürlich auch auf allen anderen funktionalen Ebenen eines Unternehmens. Dies ist Teil der gelebten Unternehmenskultur. Dort, wo der äußere Eindruck dominiert, gibt es Manager, die sogar Schauspielunterricht nehmen. Dort lernen sie, wie sie sich am besten darstellen können, wie sie echte und vermeintliche Überzeugungen präsentieren können. So werden nicht nur Schauspieler Politiker, sondern es werden auch Manager zu Schauspielern.

Sind das die Manager, die unsere Unternehmen durch dieses Jahrtausend führen werden?

Anscheinend reicht fachliche Qualität allein nicht aus, um nach ganz oben zu kommen. Mittlerweile lässt man sich trainieren und coachen, um Bauch, Beine und Po zu präsentieren, um sich selbst und seine Inhalte optimal darzustellen, um sich »gut verkaufen« zu können. Dazu gehört, dass man »fotogen« auftritt, dass Körpersprache und Stimme perfekt zu den Inhalten passen, die zu verkünden sind. Das Wechselspiel zwischen Rationalität und Emotionalität trainieren immer mehr Manager. Sie üben, mit der Stimme zu spielen, die Lautstärke zu wechseln und die Sprechgeschwindigkeit zu variieren, mit der Stimme zu führen.

Natürlich ist all das wichtig. Das Publikum sollte etwa die Begeisterung für ein Konzept, an dem man monatelang gearbeitet hat, mitbekommen. Bedeutend ist aber vor allen Dingen, dass zwischen Inhalt und Person Einklang besteht. Wichtig ist die Authentizität des Vortragenden.

Auch ich habe gelernt, wie man richtig präsentiert. Anfangs habe ich mit vielen detaillierten Schaubildern gearbeitet. Heute beschränke ich mich auf wenige, erläutere die wichtigsten Punkte frei sprechend und gewinne damit die nötige Klarheit, Geradlinigkeit und Souveränität. Ich bin einfach durch Erfahrung zu der Einsicht gekommen, dass dies mein Stil ist.

Je mehr man auf Äußerlichkeiten Wert legt, desto mehr muss man sicher sein, dass auch die Inhalte dazu passen. Laotse empfiehlt eine andere Reihenfolge: Zuerst die Inhalte klären. Dann überprüfen, ob ich mit meiner ganzen Person, mit meiner Intuition, mit Geist und Gefühl dahinterstehe. Dann kann ich mich an die professionelle Präsentation machen. Aber dies ist gar nicht mehr so bedeutsam, weil sie aus meiner inneren Kraft kommt. Sie kommt aus meiner Persönlichkeit und wird daher authentisch sein. Die wichtigste Hilfe bei jeder Präsentation ist meine Persönlichkeit.

Natürlich kann man sich zusätzlich professionelle Unterstützung holen, ob im Rhetorikkurs, einem Präsentationslehrgang oder eben durch Schauspielunterricht. Aber: Was immer man tut, es muss zur eigenen Persönlichkeit passen. Ich muss mit Taten hinter meinen Worten stehen und meine Worte über viele Monate, vielleicht auch Jahre leben. Die Form sollte also nicht den Inhalt ersetzen, sondern ihn lediglich unterstützen.

Manchmal fällt ein grelles Licht auf falsches Image. Wenn ein perfekt auftretender Saubermann etwa der Korruption bezichtigt wird. Dann nützen peinliche Rechtfertigungsversuche nichts. Wenn die Wurzel vom Wurm befallen ist, geht die Eiche langfristig zugrunde.

*In der Fahrradfabrik AG gab es einmal einen Manager, der auffiel, weil er gute und flammende Reden halten konnte. Er schaffte es stets, seine Zuhörer in seinen Bann zu schlagen. Man hörte ihm gerne zu, und man glaubte ihm seine Botschaft. Er hatte ständig drei Assistenten, die unter anderem seine Reden vorbereiten mussten. Er schickte sie aber auch mit Sonderaufträgen in die einzelnen Profitcenter, um immer gut informiert zu sein. Die Leiter der Profitcenter bemerkten schon bald, dass sie von den Assistenten ausgefragt wurden, und versuchten diese Art der Informationsbeschaffung einzudämmen. Die Assistenten kamen damit in eine schwierige Position, weil ihr Chef äußerst unangenehm wurde, wenn sie keine Informationen ablieferten. So kam es, dass die Assistenten ihren Job nicht lange ausüben konnten. Sie ließen sich nach kurzer Frist entweder selbst versetzen, und manchem wurde dies auch nahegelegt. Das sprach sich schnell herum, und es fanden sich keine Freiwilligen mehr, die diese Funktion übernehmen wollten. Deshalb mussten die einzelnen Profitcenter nun abwech-*

*selnd junge Leute für diese Tätigkeit abstellen. Die Führungsschwäche des Managers wurde immer offenkundiger, und auch seine Reden wurden schließlich unglaubwürdig. Nach jeder Rede, die eigentlich hätte aufmunternd sein sollen, wurden hinter vorgehaltener Hand hämische Kommentare laut. So verspielte der Manager sein Renommee, das er eigentlich in der Öffentlichkeit hatte. Seine Reden wurden immer seltener.*

Die Konzentration auf Wirkung und Selbstdarstellung kostet Energie, die für das Wesentliche fehlt.

## Mit der eigenen Kraft sorgsam umgehen

Viele Manager klagen irgendwann über nachlassende Energie, ein Zeichen dafür, dass sie in der Vergangenheit zu viel Kraft investiert haben. So mancher Manager, der nicht mehr über ausreichend Kraft verfügt, versucht dies zu verschleiern, versucht durch perfekte Selbstinszenierung von der Leere abzulenken.

Als Burnout-Syndrom ist das Phänomen längst in aller Munde. Ständige Frustration, Nichterreichen von Zielen, zu hohe Erwartungen an die eigenen Leistungen sind mögliche Ursachen. Als Symptome werden Depressionen, Schlafstörungen, Kopfschmerzen, Magenkrämpfe oder andere körperliche Störungen genannt. Auch Schuldgefühle kommen hinzu, dass man sich nicht ausreichend eingebracht hat. Der Ausgebrannte erlebt seine Umwelt als nicht mehr kontrollierbar, und er zieht sich zurück. Mit Burnout verbunden ist eine gewisse Desillusionierung in Bezug auf die eigenen Lebensziele und das eigene Engagement. Man stellt sich die Frage, ob es richtig ist, sich für diese oder jene Sache eingesetzt zu haben.

John Steinbeck wird der Ausspruch zugeschrieben: »Die Managerkrankheit ist eine Epidemie, die durch den Uhrzeiger hervorgerufen und durch den Terminkalender übertragen wird.« Manager sind häufig Treiber. Sie sind jedoch manchmal viel mehr Getriebene der eigenen Prozesse. Sie haben einen Zug bestiegen, den Zug zur Fahrt gebracht, und nun können sie nicht mehr vom fahrenden Zug abspringen.

Psychologen sind sich heute darüber einig, dass es nur wenigen Managern gelingt, vom Stress der Arbeit wirklich abzuschalten. Viele empfinden den Hauptdruck durch häufig unklare Ziele sowie durch eine Nichtübereinstimmung von Zielen und Ressourcen. In diesem Sinne kann man durchaus den anscheinend hohen Grad der Entscheidungsfreiheit auch als Druckmittel zur Selbstausbeutung bezeichnen. Um sich davor zu schützen, kann man sich bemühen, einen gewissen Abstand von der Berufsrolle zu finden. Hierzu gibt es unterschiedliche Möglichkeiten. Eine davon ist auch eine Art von taoistischer Lebenseinstellung, einmal etwas »gehen lassen zu können«. Abstand zu haben bedeutet, zu einem bestimmten Zeitpunkt »nicht engagiert zu sein«. Kriminalkommissare scheinen es da besonders schwer zu haben, denn wenn man Fernsehkrimis glauben will, sind sie Tag und Nacht gefragt, können sie nie abschalten. Und tatsächlich gibt es in den Krimis kaum einen Kommissar, dem es gelingt, eine intakte Beziehung zu pflegen.

Burnout ist ein Zustand von innerer Lehre, der seelischen Verausgabung, sozusagen ein Infarkt der Seele. Dabei leidet nicht nur die Seele, sondern auch der Körper. Burnout ist nicht auf Manager beschränkt. Häufig trifft es hoch begabte Menschen, die sich in ihrem Beruf mit hoher Intensität engagieren. Was kann man dagegen tun?

In Anlehnung an Laotse ließen sich Leitsätze formulieren:

- Kein Manager ist stets unentbehrlich. Er muss nicht alles selbst tun, sondern zur Verfügung stehen, wenn es darauf ankommt.
- Der Manager sollte darauf achten, dass er im Kontakt mit sich selbst, seiner inneren Kraft, seinen Wünschen und Möglichkeiten bleibt.
- Der Manager nimmt nicht nur seine Verantwortung wahr, er vertraut auch darauf, dass andere das ebenso tun.

- Nur wenn es gelingt, die nötige Distanz zu wahren, kann das Wesen von Erscheinungen verstanden werden.
- Jedes Übermaß ist schädlich, und alles hat seine Zeit: Essen und Schlafen, Arbeit und Erholung, Aktivität und Ruhe …
- Wenn die Kräfte nicht im Gleichgewicht sind, führt das zu Störungen in seelischen und körperlichen Funktionen.
- Der Manager tut seine Arbeit und tritt dann zurück. Mit mehr Gelassenheit fügt sich alles zum Guten.

Wenn Alarmsignale zeigen, dass die Balance nicht mehr gewahrt ist, sollte man rechtzeitig darauf reagieren. Laotse kann uns hier durchaus einen geeigneten Weg aufzeigen.

*In der Fahrradfabrik AG gab es einen jungen tüchtigen Manager. Er stellte hohe Anforderungen an sich – im Beruf und in seiner Freizeit. Wenn schon Alpen, dann mussten es die Viertausender sein, mit weniger gab sich der Freizeitkletterer gar nicht erst ab. Auch seine Berufsentwicklung verlief rasant. Er absolvierte seinen Diplomabschluss in vier statt in den üblichen fünf Jahren. Nebenbei arbeitete er noch und kam unmittelbar nach seinem Studium in einem Consultingbüro unter. Er erhielt interessante Projekte, die ihn auch ins Ausland führten. Nebenbei promovierte er. Dann stieg er bei der Fahrradfabrik AG ein und leitete die Marketingabteilung. Natürlich hatte er eine weltweite Verantwortung. Er nannte sich gerne »mobile intelligence worker«. Er war stets rund um die Uhr zu erreichen und kannte kaum Grenzen: zwischen Ländern, Zeitzonen sowie Arbeit und Privatem. Er war schnell sehr erfolgreich, stieg die Karriereleiter hoch. Aber nach sieben hektischen Jahren fühlte er sich auf einmal ausgebrannt und leer. Der immer gutgelaunte Manager mit Lufthansa-Senator-Status war plötzlich müde, unkonzentriert und reizbar. Wenn er am Flughafen beim Einchecken fünf Minuten warten musste, machte er dem Personal eine Szene. Seine Kreativität war weg, die Arbeitsergebnisse wurden schlechter. Die Gelenke schmerzten, jeder Infekt warf ihn aus der Bahn.*

*Die Fahrradfabrik AG war ein modernes und aufgeschlossenes Unternehmen. Trotzdem gab es auch in diesem Unternehmen, gerade unter den jungen Managern, die zueinander in einer gewissen Konkurrenz standen, gewisse Verhaltensmuster: Man muss immer gut drauf sein, alles geben und alle störenden Gefühle wegschieben. Der Marketingmanager hatte sich dem unterworfen, und er hörte es gern, wenn man ihm signalisierte, dass er unersetzbar sei.*

*Der Manager hatte das Glück, dass er einen sehr erfahrenen Vorgesetzten hatte. Der erkannte die Symptome und schickte ihn zum Arzt. Schließlich nahm er das Angebot des Unternehmens für ein Sabbatical an. Seine Vorgesetzten stehen hinter seiner Entscheidung und unterstützen ihn weiterhin.*

Unter Managern ist Burnout ein Tabuthema. So kann man auch gar nicht schätzen, wie viele Personen unter den Symptomen leiden. Man geht davon aus, dass in Deutschland ungefähr eine halbe Million Menschen betroffen sind. Ändern kann man dies nur, wenn man bereit ist, darüber zu sprechen und seine Einstellung zu ändern. Es sollte einem zu denken geben, wenn man zu viele Überstunden und Urlaub ansammelt und diese nicht mehr abbauen kann. Oder wenn man den ganzen Tag mit Meetings verbringt und die eigentliche Arbeit erst nachts bewältigt werden kann. Kranke Manager helfen weder sich noch dem Unternehmen.

## Sich auf die Gegenwart konzentrieren, Ballast abwerfen

Es gibt viele Methoden, mit der eigenen Energie sinnvoll umzugehen. Ein wichtiger Hinweis von Laotse wäre: Wir müssen wieder die Kraft in uns selbst entdecken. Aber wie macht man das? Viele Unternehmen ermöglichen heute ihren Managern, und nicht nur denen in der obersten Etage, ein Coaching. Damit soll der Manager in sich gefestigt werden.

Wichtige Hinweise für die Veränderung der inneren Haltung finden sich auch bei Laotse. Der alte Meister lehrt, dass man sich auf das *Tao* konzentrieren soll. Wenn man den Kontakt zu sich selbst und die Wahrnehmung für die eigenen Stärken und Möglichkeiten pflegt, kann man sich sinnvoll in der Gegenwart engagieren. Er vergleicht nicht mit der Vergangenheit, er macht auch keine Ableitungen für die Zukunft. Es gibt für alles die richtige Zeit. Zunächst einmal geht es darum, zur eigenen Harmonie zu finden.

Nicht immer sind uns angesammeltes Wissen und unser Verstand geeignete Hilfen für die Lösung gegenwärtiger Probleme. Oft nehmen wir so nicht den tatsächlichen Zustand wahr, sondern nur das, was wir darüber wissen. Wir vergleichen mit früheren Erfahrungen und machen Prognosen für die Zukunft. Das Vergleichen verstellt uns aber auch den Weg für neue Lösungsmöglichkeiten. Nun kann man sich nicht verbieten, zu vergleichen. Aber allein die Einsicht, dass uns Vergleiche nur auf ausgefahrene Spuren bringen, kann uns bereits weiterhelfen. Laotse empfiehlt, Ruhe zu bewahren, Abstand zu suchen, den Dingen ihren Lauf zu lassen. Irgendwann wird man die Gegenwart vollständig erfassen.

Der Manager muss sich in seiner Gesamtheit und in der Gegenwart erkennen. Er sollte darauf achten, dass er nicht ausschließlich dem Verstand, sondern auch der Intuition und seinen Gefühlen Raum gibt.

Ich habe dies selbst erlebt. Ereignisse habe ich immer rational bewertet. Die Erfahrungen aus der Vergangenheit ließen sich gar nicht abstellen. Und automatisch folgte der nächste Gedanke zur Bedeutung für die Zukunft. Ob ich das Problem in den Griff bekommen würde? Ich wusste genau, wie ich in ähnlichen Situationen in der Vergangenheit umgegangen war. Dieses Mal hatte der Schwierigkeitsgrad sogar noch zugenommen. Ich wusste, dass mir viel weniger Zeit blieb, die Lösung zu finden. Ich hatte diese und jene Termine …

Einmal war ich so erschöpft, dass ich gar nicht an die Vergangenheit und Zukunft denken konnte. Und als ich die Situation auf mich wirken ließ, ohne viel zu denken, kamen mir neue Ideen, die mich auf eine ganz neue Lösungsmöglichkeit brachten. Ich habe daraus gelernt, dass ich loslassen muss, um Platz für neue Ideen zu schaffen.

Der Taoist versucht, die Schönheiten des Lebens zu erkennen und zu genießen. Er versucht aber nicht, den Augenblick festzuhalten, sich daran festzuklammern, sondern lässt den Augenblick auch wieder ziehen.

Zu dieser Situation passt ein alter Witz: Ein Bus fährt mit Touristen an einer wunderbaren Küste entlang. An einem Aussichtspunkt hält der Bus. Die Touristen steigen aus und fotografieren die Gegend ausgiebig. Nur ein einziger Fahrgast steht da und blickt die Küste intensiv an. Der Fahrer fragt ihn: »Sie fotografieren wohl nicht?« Der Fahrgast sagt: »Ich seh' es mir gleich hier an.«

Welche Empfehlungen können wir dem Manager mitgeben?

Wer Ballast abwirft, kann sich um das Wesentliche kümmern. Was heißt das? Damit meinen wir, den Intellekt in die Schranken zu weisen, sich nicht in jeder Situation mit den vorgefertigten Lösungsmustern, mit Vergangenheit und Zukunft gleichermaßen auseinanderzusetzen.

Sich auf das Wesentliche zu konzentrieren, heißt, sich um die tatsächliche Situation zu kümmern; die Situation in der Gegenwart zu betrachten und sich auf sie einzulassen.

*Ein Projektleiter der Fahrradfabrik AG hatte sich sein Team mit Fachleuten zusammengestellt. Er hatte den Auftrag, ein Design-to-Cost-Projekt durchzuführen: Wie können wir das Fahrrad besser, billiger, einfacher gestalten. Er hatte Fachleute aus allen Bereichen zusammengebracht: Technologen, Marketingleute, Kalkulatoren, Werkstoffwissenschaftler. Zur ersten Sitzung kamen alle zusammen. Alle waren auch pünktlich zur Stelle, nur der Kalkulator fehlte. Der Projektleiter ärgerte sich. Es war ihm in der Vergangenheit schon ein paarmal passiert, dass gerade jemand aus der Kalkulation nicht gekommen war.*

*Er war sich sicher, dass er damit auf eine wesentliche Kompetenz verzichten musste und stellte bereits das ganze Projekt infrage. Er versuchte sich dennoch auf die jetzige Situation zu konzentrieren. Da kam ihm plötzlich ein Gedanke. Wenn der Kalkulator zunächst nicht mit im Team arbeitete, dann würde sich auch niemand um die Kosten kümmern. Sie könnten einfach erst mal Ideen entwickeln, ohne sich von Kostenüberlegungen und -bedenken eingeschränkt zu fühlen. Erst hinterher würde er das Ergebnis kalkulieren lassen. Vielleicht war er mit diesem Ansatz erfolgreicher. Das Team arbeitete also zunächst, ohne die Kostenschere im Blick zu haben. Sie fanden aber faszinierende technische Lösungen, die alle begeisterten – und wie sich bei der nachträglichen Kalkulation herausstellte, waren auch Ideen dabei, die den gewünschten Kostenvorsprung generierten.*

## Gegensätze akzeptieren, den Geschehnissen ihren Lauf lassen

Wir sind häufig darauf trainiert, zwischen Gegensätzen zu wählen, nach dem Entweder-oder-Muster zu bewerten und zu entscheiden. Wir tun uns schwerer damit, Gegensätze auszuhalten, stehen zu lassen und sie sogar anzuwenden.

Ganz anders das traditionelle chinesische Denken, das ausgeprägt dualistisch ist. Es nimmt die Gegensätze auf, lässt sie nebeneinander bestehen und begreift sie als Quelle der beständigen Veränderung. Auch Laotse weiß, dass nur Harmonie zum langfristigen Erfolg führen kann. Harmonie ergibt sich, wenn die Gegensätze ausbalanciert sind.

Der Manager ist gut beraten, die jeweilige Konstellation zu erfassen und nicht durch unnötiges Eingreifen zu stören. Er kann seine Ziele am ehesten erreichen, wenn er die Kräfte der jeweiligen Situation nutzt, statt sich ihnen entgegenzustemmen.

Wählt er nur einen Pol aus, bevorzugt er ihn, so wird die Balance instabil. Im Verständnis von Laotse handelt der Manager in solchen Augenblicken lieber nicht und lässt dabei nichts ungetan. Selbst im Nicht-Handeln, so ist anzuerkennen, ist das Handeln manifestiert. Er ist vor allem ohne jeglichen egoistischen Hintergrund. Er drängt sich nicht vor und kommt dabei leichter voran, weil die Handlungen zur Harmonie kommen.

Viele Manager verstehen diesen Gedankengang nicht. Sie müssen ständig entscheiden, stehen unter Zeitdruck und glänzen vor Selbstvertrauen – zumindest nach außen. Vielfach haben wir es aber auch nur mit Überheblichkeit zu tun. Denn unsere Unternehmen leiden unter gravierenden Managementfehlern. Wir befinden uns teilweise in einem Teufelskreis. Die Gier nach dem schnellen Geld, der Zwang, den Kapitalmärkten zu Diensten zu sein, treiben Manager und Unternehmen in den Abgrund.

Das vorschnelle Handeln beginnt mit Kleinigkeiten.

*In der Fahrradfabrik AG gibt es eine junge Managerin. Sie ist temperamentvoll, agil, intelligent. Sie hat eine schnelle Auffassungsgabe. Mit einem Wort, sie ist gut. Da sie schneller ist als so mancher ihrer Mitarbeiter und sie sich auch nicht zu fein ist, Hand anzulegen, geschieht es durchaus, dass sie zum Beispiel ein Protokoll selbst verfasst. Auch das macht sie schnell, aber nicht vollständig. Sie braucht die Unterstützung ihrer Mitarbeiter. Daher versendet sie das Protokoll als Entwurf mit der Bitte um Vervollständigung. Ihre Mitarbeiter machen sich daran, vielleicht nicht so schnell, wie die Chefin möchte. Aber plötzlich ist eine Vielzahl von Protokollen in Umlauf. Niemand weiß so richtig, welche Fassung Gültigkeit hat. So müssen alle Protokolle zurückgerufen, überprüft und vereinheitlicht werden. Das Resultat: Viel unsinnige Arbeit, Aufwand, Kommunikationspannen, Ärger und Konflikte. Es wäre einfacher und weiser gewesen, den Dingen Zeit zu lassen, auch einmal abzuwarten. Die junge Managerin ist, wie gesagt, temperamentvoll, agil und intelligent. Sie hat ihre Lektion gelernt.*

## Mit Bescheidenheit und Vertrauen in die eigene Kraft führen

Laotse setzt auf das einfache Leben und die persönliche Bescheidenheit. Gibt es bescheidene Manager? Nicht nur im Gehaltsanspruch, sondern auch in der ganzen Persönlichkeit? Der Manager auf der Suche nach dem *Tao* sollte Gewinn und Selbstsucht hintanstellen. Gewinn stellt sich ein, wenn man das *Tao* gefunden hat, ohne dass man selbst danach streben muss – vielleicht anders, als man es erwartet hätte. Auch Klugheit und Wissen stören bei der Suche nach dem *Tao*, sie können den Weg verstellen.

Und wer glaubt, ausschließlich aufgrund des eigenen Wissens ein Unternehmen lenken zu können, der wird Schiffbruch erleiden. Wer erkennt, dass er vielfältige Mithilfe benötigt, wer sich aus dieser Erkenntnis heraus eher bescheiden gibt, dem wird Unterstützung zuteil.

Solche Gedanken werden nicht nur im Taoismus gepflegt, auch die Bibel ist voll davon.

> »Niemand kann zwei Herren dienen: [...] Ihr könnt nicht Gott dienen und dem Mammon. Darum sage ich euch: Sorgt nicht um euer Leben, was ihr essen und trinken werdet; auch nicht um euren Leib, was ihr anziehen werdet. Ist nicht das Leben mehr als die Nahrung und der Leib mehr als die Kleidung? Seht die Vögel unter dem Himmel an: sie säen nicht, sie ernten nicht, sie sammeln nicht in die Scheunen; und euer himmlischer Vater ernährt sie doch. [...] Trachtet zuerst nach dem Reich Gottes und nach seiner Gerechtigkeit, so wird euch das alles zufallen. Darum sorgt nicht für morgen, denn der morgige Tag wird für das Seine sorgen. Es ist genug, dass jeder Tag seine eigene Plage hat.«[2]

Was kann man als Manager mit solchen Aussagen anfangen? Ist dies die Aufgabe der eigenen Existenz? Schließt man hier die Augen vor den Schwierigkeiten? Gibt sich der Manager mit so einer Einstellung selbst auf?

Ich frage meinen weisen Freund: »Wie kann ich das verstehen? Ich muss in meinem Berufsalltag handeln, ich muss Entscheidungen treffen. Ich muss letztendlich mein Unternehmen vorwärtsbringen. Wie soll ich das machen, wenn ich nichts tue?«

»Ich dachte, du hast das schon begriffen. In deinem Text ist das schon ganz treffend formuliert.« Er lächelt. »Es geht nicht um die Einseitigkeit von Nicht-Handeln. Es geht um die Harmonie zwischen Handeln und Nicht-Handeln.«

Er sah mich aufmerksam an. »Im Nicht-Handeln steckt auch das Handeln. Im Handeln steckt auch das Nicht-Handeln.«

Ich wage eine Interpretation: »Dann bedeutet dies, einfach ausgeglichen zu agieren.«

»So kann man es sagen.« Er nickte. »Du weißt, ich habe lange Zeit auch in Deutschland gelebt. Deshalb ist mir die westliche Kultur nicht unbekannt. Es gibt auf der philosophischen Ebene viele Gemeinsamkeiten. Auch im Äußerlichen gibt es Gemeinsamkeiten. Die Deutschen sind fleißig, und die Chinesen sind bekanntlich recht quirlig. Aber die Chinesen – natürlich nicht alle – handeln aus der Harmonie heraus. Nicht-Handeln ist auch ein Teil ihres Handelns. Interessant ist dies, wenn man Verhandlungen zwischen den Kulturen beobachtet. Die Deutschen kommen (heute haben sie natürlich auch schon dazugelernt), wollen kurz und knackig verhandeln, Fakten austauschen und dann unterschreiben. Die Chinesen dagegen haben alle Zeit der Welt. Das zermürbt die anderen. Die Chinesen machen dies nicht einmal vorsätzlich oder bewusst. Es ist einfach ihre Art.«

Laotse gibt uns einige Beispiele mit auf den Weg: Der Fürst lässt das Volk werkeln und bleibt weitgehend unbemerkt. Er hat lediglich den Rahmen geschaffen. Nun greift er innerhalb dieses Rahmens nicht mehr ein. Das könnte man auch einem Manager ins Stammbuch schreiben.

Der Fürst führt auch möglichst keinen Krieg, sondern holt sich die Anerkennung anderer Staaten durch diplomatisches Geschick, durch Kooperation und Bescheidenheit.

*Einer der Topmanager der Fahrradfabrik AG hat schon seit vielen Jahren einen Jahresprogrammpunkt in sein Leben eingefügt, den er immer wieder wahrnimmt. Und er lässt sich nicht beirren. Dieser Programmpunkt hat für ihn die höchste Priorität. Er geht in ein Kloster und meditiert. Er behauptet dann, in dieser Woche auf der Suche nach dem Kern seines Seins zu sein, sich auf seine Mitte zu besinnen und Aufschluss zu finden über sein Leben, seine Kraft und seine Vitalität. Er ist noch nicht am Ziel, er ist immer noch auf der Suche. Aber er behauptet, zu fühlen, dass er dieser Kraft immer näher kommt.*

»Ich würde dir gerne eine Weisheit aus dem *Tao Te King* mitgeben.«

> […]
> Öffnest du dich dem *Tao*,
> so bist du eins mit dem *Tao*
> und kannst es vollständig verkörpern.
> Öffnest du dich der Einsicht,
> so bist du eins mit der Einsicht
> und kannst sie vollständig anwenden.
> Öffnest du dich dem Verlust,
> so bist du eins mit dem Verlust
> und kannst ihn vollständig hinnehmen.
> Öffne dich dem *Tao*
> Und vertraue auf deine natürlichen Reaktionen;
> Dann fügt sich eins ins andere.
>
> *Tao Te King, 23*

»Eigentlich ist die Schlussfolgerung ganz einfach: Öffne dich, lass dich ein, akzeptiere die Tatsachen, vertraue auf dein natürliches Können, dann bist du auch erfolgreich.«

»So einfach kann es sein!« Ich war sprachlos.

Mein Freund schüttelte sanft den Kopf. »Was heißt ›so einfach‹? In Wirklichkeit ist das schwer. Die Manager, die Schauspielunterricht genommen haben, um eine Botschaft herüberzubringen, haben es nicht verstanden. Und davon gibt es viele – natürlich auch in China.

Also: Vertraue auf deine natürlichen Reaktionen. Sei, wer du bist. Habe Vertrauen in dich selbst. Und nicht die Schlussfolgerung vergessen: Dann fügt sich eins ins andere.«

Das ist auch die Aufgabe der Psychologen beim Coaching von Managern. Sie führen die Persönlichkeit des Managers zu neuer Stärke, zu Bescheidenheit und Überzeugung gleichermaßen. Sie versuchen das Gegensätzliche ins Bewusstsein zu holen.

»Es bedarf aber auch noch einer Basis«, sagte mein Freund. »Das darfst du nie vergessen. Ich zitiere noch einmal das *Tao Te King*.«

> [...]
> Frei von Begierde, erkennst du klar das Geheimnis.
> In Begierde verstrickt, siehst du nur die Erscheinungsformen.
> Doch Geheimnis und Erscheinungsformen
> entspringen aus derselben Quelle.
> Diese Quelle bezeichnet man als Dunkelheit:
> Das Dunkel inmitten von Dunkelheit, das Tor zu allem Verstehen.
>
> *Tao Te King, I*

Wie »leicht« haben es Menschen, die in sich gefestigt sind. Wie »schwer« haben es viele Manager, die überfordert sind und mit ihrer Tätigkeit nicht zurechtkommen. Wie problematisch ist es für die Mitarbeiter, die solchen Managern ausgeliefert sind.

Jedem Manager ist es zu wünschen, dass es ihm geht wie dem chinesischen Steinmetz, von dem in einem alten Märchen die Rede ist.

*Der chinesische Steinmetz*

Es war einmal ein Steinmetz. Er ärgerte sich Tag für Tag über den Kaiser, den Kaiser von China. Er trieb die Steuern in die Höhe und behandelte jeden, der nicht seiner ebenbürtig war, wie Dreck. Der Steinmetz verdiente nicht viel Geld mit seiner Arbeit. Darum hatte er nicht viel Geld für sich selbst.

Eines Tages wünschte er sich, mächtiger zu sein als der Kaiser. Ihm sollte dieser Wunsch erfüllt werden. Er wurde zur Sonne, die mächtiger war als der Kaiser. Doch es gab noch etwas, das mächtiger war als die Sonne: die Wolken. Sie nehmen der Sonne das Licht. So wurde er zur Wolke. Es gab aber etwas, das noch mächtiger war: der Wind. Er kann die Wolken vertreiben. Der Wind war aber nicht so mächtig wie der Stein. Er hält dem Wind stand. Das Einzige, was noch stärker war als ein Stein, ist ein Steinmetz. Er kann den Stein zerschlagen. Und so wurde der Steinmetz wieder zu dem, was er war. Mit einem kleinen Unterschied: Er war glücklich.[3]

Und wenn es eine Moral von dieser Geschichte gibt, dann ist diese zutiefst taoistisch geprägt. Es ist zunächst wichtig, sich selbst zu erkennen und zu akzeptieren, und zwar mit allen Möglichkeiten und Grenzen. Dann ist auch der Manager in der Lage, in der richtigen Art und Weise seiner Tätigkeit nachzukommen und sein Leben zu managen.

Der Manager wird stark aus der Erkenntnis seiner Persönlichkeit. Erst wenn er sich selbst akzeptiert hat, kann er auch nach außen wirken.

Wenn ein großer Mensch vom *Tao* hört,
beginnt er sofort danach zu leben.
Wenn ein Durchschnittlicher vom *Tao* hört,
so glaubt er halb, halb zweifelt er.
Wenn ein Törichter vom *Tao* hört,
lacht er laut heraus.
[...]

Demgemäß sagt man:
Der Weg ins Licht scheint dunkel zu sein,
der Weg nach vorn scheint zurückzuführen,
der kürzeste Weg scheint lang zu sein,
[...]
die größte Kunst scheint ungekünstelt zu sein,
die größte Liebe scheint gleichgültig zu sein,
die größte Liebe scheint kindisch zu sein.
Das *Tao* ist nirgendwo zu finden.
Doch es nährt und vollendet alle Dinge.

*Tao Te King, 41*

Neue Erkenntnisse führen nun zu einer Änderung der vorherrschenden Denkmuster. Das ist der so viel beschriebene Paradigmenwechsel. Ein Paradigmenwechsel in unserem Sinne wäre der Wechsel des Managers von einer Ideologie der Rationalität und Machbarkeit hin zu einer sensibleren Strategie der Ausgewogenheit und Bescheidenheit.

In den Unternehmen meint man mit Paradigmenwechsel meistens die Veränderung von einer statischen Ausrichtung zu einer dynamischen. Veränderungen, denen der Mitarbeiter aufgrund von Globalisierung und dem Egotrip mancher Topmanager ausgesetzt werden, gelten dann als Wert an sich. Was zunächst durchaus gut klingt – Veränderungen muss man sich stellen – kann in der Praxis jedoch zum Veränderungschaos führen. Dabei wird oft vergessen, dass Veränderungen per se ja nicht unbedingt ein Allheilmittel sind.

## Unabhängigkeit gewinnen durch innere Freiheit

Mein Freund behauptet immer, es sei ganz einfach, den Gedanken Laotses zu folgen. Wenn der Manager im Einklang mit sich selbst ist, wenn er seine Möglichkeiten und seine Grenzen kennt, wenn er mit seinen Schwächen und Stärken gleichermaßen umgehen kann, dann wird er zwangsläufig richtig handeln. Er hat dann die nötige Ruhe und muss sich nicht mit Äußerlichkeiten und Ritualen in den Vordergrund drängen.

Laotse beschreibt dies in seinen Versen sehr anschaulich:

Wer auf Zehenspitzen steht,
steht nicht sicher.
Wer vorauseilt,
kommt nicht weit.
Wer zu glänzen versucht,
verdunkelt sein eigenes Licht.
Wer sich selbst definiert,
kann nicht erfahren, wer er wirklich ist.
Wer Macht hat über andere,
kann sich selbst keine Macht verleihen.
Wer sich an sein Werk klammert,
wird nichts schaffen, was von Dauer ist.

Willst du eins mit dem *Tao* sein,
so tu deine Arbeit und dann lass los.

*Tao Te King, 24*

»Solche Gedanken sind uns Chinesen in Fleisch und Blut übergegangen«, meinte mein Freund. »Wir leben sie – mehr oder weniger jedenfalls. Wir versuchen uns zurückzunehmen und andere in den Vordergrund zu rücken. Wenn das deutsche Verhandlungsteam beim chinesischen Partner den Chef so schnell gar nicht ausfindig machen kann, so liegt dies auch daran. Es kann durchaus sein, dass der ruhigste, der unscheinbarste Chinese der Chef und Entscheidungsträger ist.«

In der Tat haben viele Unternehmen, die in China aktiv sind, Lehrgeld gezahlt, weil sie ihr Gegenüber nicht richtig einschätzen konnten. Ihre Ungeduld und ihre mangelnde Bescheidenheit, ihr Mangel an Sensibilität, ihr egozentrisches Auftreten, das in Europa durchaus verstanden worden wäre, führte in China zu Fehlern und Missverständnissen.

Wer in sich selbst ruht, aus der eigenen Mitte lebt, ist freier von äußeren Bedürfnissen und den Bewertungen anderer. Wie kann man sich dies vorstellen? Selbstverständlich zeigt er Achtung vor anderen, vor seinen Vorgesetzten, aber auch vor seinen Mitarbeitern. Er ist aber nicht abhängig von ihnen. Er hat sich aus dem Spiel der Sanktionen entfernt. Bekommt er keine Erfolgsbeteiligung, so bekommt er eben keine. Bekommt er keinen Dank und keine Anerkennung, so steht er darüber. Und schließlich: Entlässt man ihn, so geht er zu einem anderen Unternehmen.

Zunächst einmal könnte man vermuten, das sei leicht dahergesagt. Aber es ist paradox: Es zeigt sich nämlich, dass jemand, der nicht auf Lob und Beförderung aus ist, eher gelobt und befördert wird. Warum? Weil seine Persönlichkeit diese Unabhängigkeit ausstrahlt.

Alles geben für die Karriere? Das ist für einen Taoisten unverständlich. Warum sollte er sich für etwas mehr Gehalt, für die Berechtigung, in der Business-Class fliegen zu dürfen, für einen Sessel mit Armlehne die Harmonie seines Lebens zerstören lassen?

Manchmal erfährt man erst im Scheitern, in einer Krise, was wirklich von Bedeutung ist für das eigene Leben.

Schluss mit der Aufschneiderei nach dem Motto »Mein Haus, mein Auto, mein Boot«. Besser den Tatsachen ins Auge sehen. Man kann davon ausgehen, dass kein Lebensweg, keine Berufskarriere geradlinig verläuft. Jeder kennt die Knicke in seiner Entwicklung. Meistens sind sie tabu – völlig zu Unrecht. Über solche Veränderungen kann man mit Offenheit wesentlich besser hinwegkommen.

Mit beruflichen Nackenschlägen muss man heute rechnen. Wohl auch kein Erfolgreicher ist ohne Rückschläge vorwärtsgekommen. In einer Phase der wirtschaftlichen Unsicherheit wird auch der

Ehrgeizigste nicht verschont. »Einmal Siemens, immer Siemens« gilt für Karrieren schon lange nicht mehr. Es passiert Millionen von Menschen, dass sie ihren Job verlieren. Wie ein Autounfall, wie eine Grippe, wie ein Einbruch. In solchen Fällen schaltet man die Versicherung, den Arzt oder einen Berater ein. Anders ist das oft noch beim Thema Jobverlust und Arbeitslosigkeit, besonders bei erfolgsgewohnten Managern. Berufliche Niederlagen – selbst verschuldet oder nicht – werden häufig als persönliche Kränkung empfunden. Und das macht krank.

Nach einer gescheiterten Beziehung gleich loszurennen, um sich einen neuen Partner zu suchen, ist ebenso wenig sinnvoll wie sich nach einer Kündigung sofort auf die nächstbeste Stelle zu bewerben. Mancher, der zu schnell losrennt, vergisst Abschied zu nehmen, Altes bewusst zurückzulassen. Mitten in der Krise, liegt die berühmte Chance, sich weiterzuentwickeln: Ausgetretene Pfade führen ins Leere; neue wollen ausprobiert werden. Das kann auch heißen, sich von gelernten Denkmustern zu lösen. Vielleicht gerade von jenen, die zum Karriereknick geführt haben.

Als erste Weisheit des Taoismus können wir festhalten: Es kommt auf uns selbst an. Die größte Kraft wohnt im Menschen selbst. Es muss nur gelingen, sie zu entfalten. Der Taoismus beschreibt diese Kraft als das *Tao*. Erst wenn wir Kontakt zu dieser inneren Kraft haben, können wir nach außen wirken.

> […]
> Könnten große Männer und Frauen
> im *Tao* zentriert bleiben,
> wären alle Dinge im Einklang.
> Die Welt würde zu einem Paradies werden.
> Alle Menschen lebten in Frieden,
> und das Gesetz wäre in ihre Herzen eingeschrieben.
> […]
>
> *Tao Te King, 32*

## Inspirationen und Denkanstöße zum Thema *Tao*

> Frei von Begierde, erkennst du klar das Geheimnis.
> In Begierde verstrickt, siehst du nur die Erscheinungsformen.
>
> *Tao Te King, 1*

Es geht um das Verstehen, Begreifen, Erfassen. Je tiefer man sich in ein Problem hineinziehen lässt, desto weiter entfernt ist die Lösung. Es könnte besser sein, überlegter zu handeln.

Ist Karriere mein Lebenselixier, oder finde ich auch ohne Karriere Erfüllung in meiner Arbeit?

Kommen meine Strategien aus mir selbst heraus? Sind sie authentisch, ein Teil von mir, oder schaue ich sie bei anderen Vorbildern ab?

> Das *Tao* folgt nur sich selbst.
>
> *Tao Te King, 25*

Das *Tao* ist alles und einzig. Erst wenn man das *Tao* begriffen hat, wird man mit ihm und in ihm leben können. Das *Tao* dient als Wegweiser.

Kenne ich meine wahren Talente, meine wirklichen Begabungen und setze sie auch ein?

Erkenne ich meine Denkmuster und kann ich mich daraus befreien?

Bin ich offen für Veränderungen?

> Die eins mit dem *Tao* sind,
> können gefahrlos gehen, wohin sie wollen.
>
> *Tao Te King, 35*

Wenn man das *Tao* in seinem Inneren verstanden hat, kann man unabhängig und frei auf das Leben zugehen. Es stört nichts mehr.

Von wem oder was bin ich abhängig?

Wie kann ich mich von diesen Abhängigkeiten befreien?

> Rückkehr ist die Bewegung des *Tao*,
> Nachgeben ist der Weg des *Tao*.
>
> *Tao Te King, 40*

Das Leben ist Wandel und Wiederkehr. Man kehrt zum Zentrum des Lebens zurück, wenn man nachgibt. Man soll sich der Führung des *Tao* überlassen.

Ist es für mich selbstverständlich, Hilfe anzunehmen, oder muss ich alle Probleme selbst meistern?

Gehe ich meine Aufgaben mit dem Kopf an oder folge ich auch meiner Intuition?

> Wer fest im *Tao* verankert ist,
> kann nicht leicht entwurzelt werden.
>
> *Tao Te King, 54*

Das *Tao* ist die wahre Kraft. Aus ihr kommt die Kraft des Lebens zum Leben. Hat man das *Tao* verinnerlicht, kann man auch gestärkt durch das tägliche Leben gehen.

Kann ich ein Problem von allem unnötigen Ballast befreien und mich nur auf den Kern konzentrieren?

Gelingt es mir, in Phasen der Entscheidungsfindung die nötige Ruhe zur Vorbereitung zu schaffen?

> Öffne dich dem *Tao*
> und vertraue auf deine natürlichen Reaktionen;
> dann fügt sich eins ins andere.
>
> *Tao Te King, 23*

Wenn man sich auf das *Tao* verlässt, wird man selbst erfüllt mit Stärke. Man wird sich dann auf die eigenen natürlichen Ressourcen konzentrieren, also auf die eigene Persönlichkeit. Hieraus wird man erfolgreich agieren.

Halte ich nach außen den Schein der Selbstsicherheit aufrecht oder bin ich authentisch in meinem Auftreten?

Kann ich auch mal dem Geschehen freien Lauf lassen, ohne einzugreifen, oder müssen alle Aktionen meinen Stempel tragen?

> **Willst du eins mit dem *Tao* sein,**
> **so tu deine Arbeit und dann lass los.**
>
> *Tao Te King, 24*

Wenn man das *Tao* verinnerlicht hat, kann man mit Zuversicht seine tägliche Arbeit tun. Man kann sicher sein, dass sie gelingt.

Konzentriere ich mich auf die Gegenwart, wenn ich versuche, ein Problem zu lösen?

# 2

# Die eigene Souveränität ist die Basis für den Erfolg

Andere zu erkennen zeugt von Intelligenz;
sich selbst zu erkennen zeugt von wahrer Weisheit.
Herr zu sein über andere bedeutet Stärke;
Herr zu sein über sich selbst bedeutet wahre Kraft.
[...]

*Tao Te King, 33*

## Wenn die Motivation auf der Strecke bleibt

Die Frustration bei deutschen Beschäftigten wächst seit längerer Zeit kontinuierlich. Viele fühlen sich emotional nicht mehr an ihre Firma gebunden, ein erheblicher Anteil von ihnen soll sogar die Interessen ihres Arbeitgebers sabotieren. Das belegen diverse Studien (u. a. Gallup).[1] Die Verantwortung für diese Situation liegt oft bei den Chefs. Was müsste sich hier also verändern?

Der Anteil der Arbeitnehmer, die eine hohe emotionale Bindung an ihre berufliche Aufgabe und gegenüber ihrem Arbeitgeber aufweisen, ist nur noch gering, angeblich sind es gerade 13 Prozent.

Es ist bekannt, dass Mitarbeiter, die keine emotionale Bindung zu ihrem Unternehmen haben, qualitativ schlechter arbeiten, nicht über ihren Tellerrand hinaussehen, eine geringere Produktivität haben und auch häufiger krank sind. Daraus resultiert ein immenser gesamtwirtschaftlicher Schaden. Eigentlich müsste man meinen, dass Unternehmer und Manager alles daransetzen, die Mitarbeiter emotional an ihr Unternehmen zu binden. Doch es geschieht nicht viel …

Hierzu Gerald Wood, Geschäftsführer der Gallup GmbH: »Die emotionale Bindung der Arbeitnehmer in Deutschland an ihren Arbeitsplatz ist immer noch erschreckend niedrig. Betrachtet man die erheblichen negativen Auswirkungen auf die Produktivität der Unternehmen und die hieraus resultierenden wirtschaftlichen Schäden, müssen die Unternehmen endlich reagieren. Aus unserer Forschung sowie unserer Arbeit für eine Vielzahl von Unternehmen wissen wir, dass sich die Produktivität von Unternehmen durch entsprechende Maßnahmen zur Steigerung der emotionalen Mitarbeiterbindung nachweisbar und erheblich verbessern lässt.«[2]

Die Gewinne steigen wieder, dennoch hat sich die Stimmung bei den Beschäftigten deutscher Unternehmen auch 2006 nicht verbessert. Im Gegenteil: Laut Gallup-Studie ist der Anteil derer, die sehr unzufrieden mit ihrem Job sind, noch gestiegen.

Gallup[3] hat drei Gruppen definiert: Die erste Gruppe sind Mitarbeiter, die keinerlei emotionale Bindung zu ihrem Arbeitgeber haben. Sie arbeiten sogar aktiv gegen die Interessen des Unternehmens. Sie haben die innere Kündigung vollzogen und sind häufig (durchaus nicht immer) mit der Arbeitssituation unglücklich. Angeblich sind dies knapp 20 Prozent. Das sind kleine Bomben mit Zeitzünder in diesen Unternehmen.

Die Mitarbeiter der zweiten Gruppe haben eine nur geringe emotionale Bindung an das Unternehmen. Sie machen ihren Job, aber nur nach Vorschrift und ohne Engagement. Sie richten zwar vordergründig keinen Schaden an, aber ihnen ist alles »wurst«.

Lediglich die dritte Gruppe von Beschäftigten, nämlich diese 13 Prozent der Befragten haben eine hohe emotionale Bindung und bringen sich bei ihrer Arbeit ein. Dies hat für die Unternehmen auch finanzielle Auswirkungen: Mitarbeiter mit hoher emotionaler Bindung fehlen seltener, setzen sich für die Firma besser ein und empfehlen und kaufen sogar die Produkte des eigenen Unternehmens.

Nach den Erfahrungen der Gallup-Berater lässt sich der Grund für diesen Mitarbeiterfrust leicht ausmachen. Es sind die Vorgesetzten. Sie sind für die emotionale Bindung der Mitarbeiter an das Unternehmen verantwortlich. Und wer ist für den Frust der Vorgesetzten verantwortlich? Deren Vorgesetzte – also letztendlich der Vorstandsvorsitzende.

In der Tat erwarten viele Mitarbeiter, dass der Arbeitgeber ihnen hilft, an ihren Aufgaben zu wachsen und ihr wahres Potenzial zu entwickeln. Die Vorstellung, dass Menschen im Unternehmen sich um ihre Mitarbeiter sorgen, ist zwar schön, gehört heute aber wohl nicht mehr zu den Gegebenheiten. Viele Vorgesetzte sind überfordert; viele Mitarbeiter überfordern ihre Vorgesetzten mit ihren Erwartungen und Wünschen. Nicht immer kann man die Situation selbst ändern – wohl aber die Sichtweise auf diese Situation.

Vielleicht sollten Vorgesetzte und Mitarbeiter einen Schritt zurücktreten und sich frei machen von Abhängigkeiten und Erwartungen für die Zukunft. Und schon sind wir bei Laotse. Wir lassen uns auf die gegenwärtige Situation ein und kümmern uns zunächst nur darum. Dazu gehört, dass wir eine Situation oder Aufgabe akzeptieren, statt sie mit Erwartungen, die wir aus der Vergangenheit beziehen oder für die Zukunft hegen, zu überfrachten.

Manche Enttäuschungen und Unzufriedenheit lassen sich vermutlich auch vermeiden, wenn alle, die Manager und die Mitarbeiter, die Arbeitsaufgabe pragmatischer sehen würden. Muss eine Arbeitsaufgabe immer gleich den Sinn des Lebens bieten? Genügt es nicht, wenn sie einigen Spaß macht und vernünftig entlohnt wird?

Und jeder muss sich auch selbst darüber klar werden und nach Alternativen suchen, wenn die Arbeit keinen Spaß macht und wenn sie nicht ausreichend honoriert wird.

*In der Fahrradfabrik AG gab es seit vielen Jahren einen Meister, der sich gut mit seinen Mitarbeitern verstand. Jeden Morgen begrüßte er sie und hatte ein individuelles Wort für jeden. Bei Problemen half er, und er hörte sich auch ab und zu die Kümmernisse aus dem Familienalltag an. In seiner Mannschaft gab es kaum Fehlzeiten. Er hatte den niedrigsten Krankenstand in der ganzen Abteilung. Alle seine Mitarbeiter hatten im Belegschaftsverkauf Fahrräder gekauft. Und viele dieser Mitarbeiter besorgten immer wieder Fahrräder für Bekannte und Verwandte. Sie identifizierten sich mit ihren Produkten. Und noch einen weiteren Rekord hatte die Gruppe um diesen Meister aufgestellt. Sie hatten die höchste Anzahl von Verbesserungsvorschlägen. Vor einiger Zeit wurde der Manager vom obersten Management dafür belobigt. Dies sei vorbildliches Führungsverhalten.*

## Die Aufgaben lösen, wie sie sich stellen

> Der Meister widmet sich allem
> was der Augenblick gerade bringt.
> [...]
>
> *Tao Te King, 50*

Der Taoist widmet sich den Aufgaben, die die Gegenwart ihm stellt. Mit unseren Vorstellungen von zielorientiertem Vorgehen lässt sich das nur schwer verbinden.

Um komplexe Aufgaben zu bewältigen, gehört dazu auch, Ziele für den Bereich abzustecken, in dem man arbeitet. Der Manager sollte sich aber bewusst sein, dass die Ziele sich in übergeordnete Konstellationen einordnen, dass sie der Lösung einer Aufgabe (und nicht in erster Linie der eigenen Profilierung) dienen.

Im heutigen Berufsalltag werden häufig Ziele vorgegeben, die das Topmanagement erarbeitet hat und die den vermeintlichen Erfordernissen der Börse und des Aktienkurses Rechnung tragen. Solche Ziele werden immer weiter durch die Hierarchie nach unten gegeben, und jeder muss sie annehmen. Eine Diskussion über solche Ziele ist kaum gegeben. Zu allem Überfluss werden solche Ziele auch noch modisch »Zielvereinbarungen« genannt, womit der Anschein von Demokratie geweckt werden soll. Solche Zielvorgaben haben höchstens administrativen Charakter. Sie motivieren nicht und spornen auch nicht an.

Auch für den Taoisten ist es wichtig, Ziele zu haben. Er versteht aber unter Zielen durchaus Unterschiedliches. Laotse hat nichts gegen Visionen, aber trotzdem sollten die Ziele bescheiden bleiben. Die Ziele sollten so gestaltet werden, dass die Arbeit, die zum Ziel führt, Freude bereitet, dass das Denken, das notwendig ist, um das Ziel zu erfassen, einfach sein kann, dass das Führen der Mannschaft nicht in enger Kontrolle ausartet.

So ist das Ziel für einen Taoisten ein wichtiger Bestandteil für die persönliche Motivation. Einschränkend wäre zu bemerken, dass er sich niemals in die unbedingte Abhängigkeit des Zieles geben wird. Nur wer seine Ziele kennt, behält in der Hektik des Tagesgeschehens den Überblick, setzt auch unter größter Arbeitsbelastung die richtigen Prioritäten und versteht es, seine Fähigkeiten optimal einzusetzen, um schnell und sicher das Gewünschte zu erreichen. Ziele müssen einfach und eindeutig formuliert und überprüfbar sein. Aber Ziele können sich auch verändern. Sie sind in einem bestimmten Maße unbestimmt.

Wichtig sind dabei die folgenden grundsätzlichen Parameter:

- Was soll erreicht werden?
- Bis wann soll es erreicht werden?
- Welche Ressourcen stehen zur Verfügung?

Eine Hilfestellung für Formulierung von Zielen kann die SMART-Methode sein:

S = simple: Ein Ziel muss einfach, knapp und präzise formuliert sein.
M = messbar: Man muss das Ergebnis messen können.
A = attraktiv: Das Ziel muss reizvoll sein, muss (Arbeits)freude erzeugen können. Es darf keine Einwände geben, die das Ziel von Anfang an relativieren.
R = realistisch: Es muss aus heutiger Sicht und mit den derzeitigen Fähigkeiten, Kenntnissen, Informationen und Mitarbeitern zu erreichen sein.
T = terminiert: Es gibt einen Endtermin für die Erreichung Ihres Ziels – nur so kann man den Erfolg tatsächlich überprüfen.

Wie findet man sein Ziel? Man geht am besten in drei Stufen vor. Im ersten Teil sammelt man mögliche Ziele. Dann bringt man die Ziele in eine logische Reihenfolge. Es wird Ziele geben, die sich gegenseitig ausschließen. Diese muss man eliminieren. Dann stellt man eine Hierarchie der Ziele her.

Im zweiten Schritt macht man sich ein Bild von den Möglichkeiten und von den Ressourcen, die man zur Verfügung hat.

Im dritten Schritt muss man zur Synthese kommen. Ziele und Ressourcen müssen übereinstimmen. Das Ziel ist dann mit all seinen Rahmenbedingungen niederzuschreiben.

Was nun noch fehlt, ist die Kraft oder auch die Selbstdisziplin, um das Ziel zu erreichen. Die Selbstdisziplin erreicht man nur, wenn man offen ist, sich gegenüber, aber auch gegenüber den Mitarbeitern und dem Umfeld. Neue Aspekte können auftreten, und das Ziel kann sich wandeln. Selbstdisziplin bedeutet nicht, ein unsinnig gewordenes Ziel zu verfolgen. Krimis arbeiten gerne mit solchen Bildern: Ein biologisches Militärprogramm wurde abgebrochen, weil es sich als zu gefährlich herausstellte. Eine Gruppe von »vaterlandsliebenden« Generälen verfolgt das Projekt aber im Geheimen weiter.

Der Manager muss die Weitsicht haben, Ziele auch zu verändern oder zu relativieren.

*Der Meister der Fahrradfabrik AG setzte sich mit seinen Mitarbeitern zusammen, wie sie das regelmäßig machten. Er gab das Lob der Unternehmensleitung an die Mitarbeiter weiter. In der Diskussion kam der Vorschlag auf, ob man nicht mit noch mehr Systematik Verbesserungsvorschläge machen könnte. Schließlich kamen sie überein, ein Design-to-Cost-Programm zu starten. Und sie überlegten sich, wie sie ihr Ziel formulieren wollten. Die Botschaft sollte »simple« sein: »Wir beginnen mit einem Design-to-Cost-Projekt für das Fahrrad XZ10. Dabei werden alle Einzelteile überprüft im Hinblick auf ihre Funktion und die Kosten.« Das Ergebnis sollte messbar sein. Deshalb formulierten sie ihr Ziel wie folgt: »Die Herstellungskosten sollen um 10 Prozent sinken.« Das Ziel sollte attraktiv sein. Die Mitarbeiter waren der Meinung, dass 10 Prozent ein anspruchsvolles Ziel seien. Sie wollten sich voller Tatkraft dafür einsetzen. Das Ziel musste realisierbar sein. Die Mitarbeiter waren sich nicht sicher, ob sie das Ziel wirklich erreichen würden, aber sie glaubten, dass es realisierbar sei. Sie produzierten dieses Fahrrad nunmehr seit zwei Jahren und sie hatten schon diverse Ideen. Wenn sie diese Ideen in ihrer Gruppe diskutierten und auf Realisierbarkeit überprüften, könnten sie erfolgreich sein. Und schließlich sollte noch ein Termin gesetzt werden. Die Mitarbeiter wollten es knackig. Sie gaben sich gerade einen Monat.*

Verkniffenheit und Ungeduld sind schädlich. Die nötige Leichtigkeit erreicht man am besten, wenn man auch einen gewissen Abstand wahrt. Bei Laotse heißt es:

> […]
> Verrichte dein Werk, tritt dann zurück.
> Das ist der Weg zur Gelassenheit.
>
> *Tao Te King, 9*

Der Manager löst die Aufgaben, wie sie sich stellen, aber dann kann er sich davon lösen.

## Selbsterkenntnis und Selbstdisziplin

Man sagt, der Volksmund habe Recht. Und der Volksmund sagt: Selbsterkenntnis ist der erste Schritt zur Besserung.

Mein chinesischer Freund sagte zu mir: »Wenn ich einen schwierigen Tag vor mir habe, dann beginne ich ihn mit Nachdenken. Dazu brauche ich ein Blatt Papier. Ich lege es vor mir auf den Schreibtisch und notierte die Themen, die an diesem Tag auf mich zukommen. Dann bewerte ich jedes Thema mit unterschiedlich vielen Plus oder Minus, je nach dem, ob ich glaube, dass das Thema angenehm für mich ist oder nicht. So gewinne ich ein Stück Bewusstheit und Selbsterkenntnis. Dann überlege ich mir bei den Plus-Themen, mit wem ich die Freude teilen kann, bei den anderen überlege ich mir, ob ich mich noch vorbereiten muss und ob ich jemanden als Unterstützung benötige.«

Ich fragte: »Das ist ein sehr praktischer Vorschlag, den ich auch in einem Ratgeber für Manager lesen könnte. Was hat er mit Laotse zu tun?«

»Viel und gar nichts. Diese Art von Erkenntnis findet sich sicherlich auch bei anderen Philosophen, nicht nur bei Laotse. Aber für mich ist dies Taoismus in Reinkultur. Und es ist auch der zweite Lehrsatz, wie du ihn in deinem Buch formulieren könntest. Aus der Konzentration auf das Ich, auf die Kraft, oder auf das *Tao* resultiert die Selbsterkenntnis. Die Selbsterkenntnis ist die Basis für den Erfolg.«

Ich fragte: »Was machst du denn eigentlich mit deinen Selbsterkenntnispapieren?«

»Ich hebe sie auf. Ich sammle sie. Sie sind so etwas wie ein Tagebuch.«

Selbsterkenntnis und Selbstdisziplin sind für eine der wichtigsten Managementaufgaben besonders bedeutend, nämlich für das Treffen von Entscheidungen. Führen bedeutet nicht nur, Entscheidungen treffen zu können, sondern auch sie treffen zu müssen. In der Praxis kann man feststellen, dass Manager mit Entscheidungen mitunter lange zögern und manchmal auch gar nicht entscheiden. Natürlich wird das Entscheidungsumfeld desto komplexer, je höher man in der Hierarchie steigt. Es gibt auch Entscheidungen, die in bestimmten Aspekten immer »falsch« sein werden. Allerdings ist es auf jeden Fall verkehrt, wenn keine Entscheidung getroffen wird. Ohne die Kenntnis der eigenen Position und der eigenen Möglichkeiten und Grenzen können solche Entscheidungssituationen zu Belastungen für das Unternehmen und die Person des Managers führen. Diese Selbsterkenntnis ist die Voraussetzung für echte Selbstsicherheit. Es ist eine große Aufgabe, sie zu erlangen, es ist ebenfalls eine große Aufgabe, sie zu behalten. Viele Manager begnügen sich damit, Selbstsicherheit nur darzustellen.

Entscheidungen sind ein immerwährender innerer Kampf mit gedanklichem Chaos, erworbenem Wissen, unüberprüften Regeln, mitgeschleppten Zweifeln, diffusen Wünschen. Das führt häufig zu barschen, negativen Reaktionen gegenüber der Umwelt. Dabei liegt das Problem beim Manager selbst.

Unser Denken unterliegt den unterschiedlichsten Einflüssen von außen und von innen. Diverse Faktoren, die nicht selten im Unbewussten bleiben, beeinflussen unser Denken. Unsere Entscheidungen, die wir für die Resultate des Denkprozesses halten, basieren ganz offensichtlich nicht nur auf freien und eigenständigen Urteilen, sondern sind auch abhängig von Größen, die wir nicht selbst festlegen, sondern die unter Umständen uns festlegen. Hier gilt es dennoch eine verantwortliche und authentische Form des Verhaltens zu finden. Grundgedanke ist, dass jeder Mensch versuchen muss, die Gestaltung seines Lebens selbst in die Hand nehmen. Er muss versuchen sein Denken, Entscheiden und Handeln selbst zu bestimmen. Dies gelingt aber nur, wenn er sich mehr und mehr klar darüber wird, von welchen Einflussfaktoren das eigene Denken abhängig ist. Wir müssen wissen, dass wir zwar keine absolute Entscheidungsfreiheit haben, aber wir müssen erkennen, wie weit sie tatsächlich reicht bzw. wo die Grenzen der Fremdbestimmung entstehen.

Wie kommen wir zu dieser Einsicht und Erkenntnis? Die Einflüsse auf unser Denken und die Ursachen für unsere Gedanken sind vielfältig: Sie entstehen sowohl aus den inneren persönlichen Voraussetzungen, mit denen wir ausgerüstet sind, als auch aus den Bedingungen, die durch die uns umgebenden äußeren Strukturen entstehen. So können wir auch unsere Denkprozesse verändern und vielleicht sogar zu einem gewissen Teil unser Denken frei gestalten.

Aus Laotses Sicht kann sich der Mensch aus festgefahrenen Denkmuster und -gewohnheiten aus eigener Kraft befreien, indem er die Priorität des Intellekts durchkreuzt. Es geht die Aufforderung an den Menschen, sich mehr auf seine Intuition und die Gegenwart zu konzentrieren. Damit löst man sich von den Denkmustern aus der Vergangenheit. In diesem Sinne eröffnet die Selbsterkenntnis den Weg zu selbstbestimmtem Denken und Handeln.

*Im Rahmen des Design-to-Cost-Projektes wurde der Vorschlag unterbreitet, die Lenkstange nicht aus Stahl, sondern aus hochwertigem Hartkunststoff zu gestalten. Die Mitarbeiter diskutierten kontrovers über diesen Vorschlag. Der Meister selbst lehnte den Vorschlag ziemlich emotional und entsprechend heftig ab. Seine Mitarbeiter waren ganz entsetzt und befragten ihn, warum er so kompromisslos gegen den Vorschlag sei. Er konnte darauf keine überzeugende Antwort geben.*

*Der Gedanke ließ ihn aber nicht los. Und als er nach Hause fuhr, erinnerte er sich, dass er schon einmal Plastik an einer Maschine eingesetzt hatte und sie damals ziemlich große Schwierigkeiten bekommen hatten, weil sie das Material technisch nicht in den Griff bekamen. Die Situation war jedoch ganz anders gewesen. Seine Erfahrungen und seine Denkmuster hatten ihn aber zu dieser Meinung gebracht, und er hatte sie emotional vorgetragen.*

*Am nächsten Tag nahm er sich bewusst zurück und gab sein Einverständnis, die Idee noch näher und genauer zu untersuchen. Das war gut so, denn gerade diese Idee brachten einen großen Kostenvorteil.*

## Die Fähigkeit zu führen, ohne zu herrschen

Es ist kein Geheimnis, dass es wichtig ist, eine freie Managerposition dem richtigen Mitarbeiter anzubieten. Wer ist der richtige Mitarbeiter? Was erwarten wir von einer Führungskraft? Die Beantwortung dieser Frage hat eine fachliche Komponente und eine menschliche Komponente. Der Mitarbeiter benötigt bestimmte fachliche Qualifikationen. Diese kann man relativ leicht überprüfen. Darüber hinaus benötigt er aber eine gewisse Führungsqualifikation. Diese liegt in seiner Persönlichkeit. Ist er gefestigt in seinem Ich? Verfügt er über eine ausreichende Selbsterkenntnis? Traut er sich zu, diese Aufgabe zu übernehmen? Wie wird er vorgehen? Wie wird er die Mitarbeiter einbinden? Welche Ziele, Maßnahmen wird er definieren? Oder einfach: Wie wird er führen?

Häufig werden Manager in Funktionen berufen, die sie überfordern. Am schwierigsten ist es wohl, wenn der Manager selbst Angst hat, zu versagen. In vielen Fällen führt diese Angst zu aggressivem Verhalten. Das zeigt sich zum Beispiel daran, dass der Manager von einem kooperativen Umgang mit Mitarbeitern zum Befehlston wechselt. In der nächsten Phase lässt dieser Manager keine Argumentation mehr zu, begleitet seine Befehle mit Drohungen. Die Mitarbeiter sind verunsichert, erstaunt, ziehen sich zurück. Notwendige Tätigkeiten werden häufig unterlassen.

Dabei sind Drohungen gar nicht notwendig und eher kontraproduktiv, Begründungen würden eine bessere Wirkung entfalten.

In der Endphase schafft es der Manager nicht mehr, seinen Mitarbeitern eine bestimmte Situation klarzumachen, seine Anweisungen zu begründen und so seine Mannschaft zielgerichtet einzusetzen. Damit hat er auch schon verloren.

*In der Fahrradfabrik AG gab es eine Krise, weil der Absatz stark zurückgegangen war, und zwar in den wichtigsten Regionen, in Deutschland und in Österreich. Es wurden zwei neue Manager eingesetzt. Sie hatten den Auftrag, in der jeweiligen Region die Delle wieder auszugleichen.*

*Der eine Manager holte seine wichtigsten Mitarbeiter zusammen und schilderte die Situation: Er sei neu, und es sei seine Aufgabe, den Absatz wieder nach oben zu bringen. Anschließend führte er mit den Mitarbeitern Einzelgespräche – in aller Ruhe. Er achtete darauf, dass die Mitarbeiter zu Wort kamen, dass sie redeten, dass sie ihre Meinung sagten. So erfuhr er viel über die Situation, über Fehler, über Möglichkeiten. Er fasste seine Eindrücke in einem Konzept zusammen, das er seinen Mitarbeitern dann in groben Zügen vorstellte. Die Mitarbeiter erkannten sich in dem Konzept schnell wieder. Und nun verfeinerten und ergänzten sie. Schließlich waren alle mit dem Konzept einverstanden. Sie gaben sich selbst ihre Aufgaben, setzten sich ihre Ziele. Und in der Tat, sie schafften es in einem Jahr, ihre Region wieder profitabel zu machen. Letztendlich ganz einfach, sie hatten sich auf ihre Stärken besonnen. Die Aufgabe des Managers bestand vor allem in der Moderation des Prozesses.*

*Der Verantwortliche für die andere Region ging anders vor. Er unterstellte wohl durchaus zu Recht, dass die Mitarbeiter in dieser Region den Abschwung zu verantworten hätten. Er setzte daher ein Beratungsbüro ein, das eine Analyse anfertigen sollte. Auch die Berater befragten die Mitarbeiter. Nicht alle waren darüber begeistert, nicht alle sagten daher ihre Meinung. Die Berater fertigen ein Konzept an und stellten es der Mann-*

*schaft vor. Es kam kaum zu einer Diskussion. Mehr oder weniger akzeptierten die Mitarbeiter die Vorschläge. Dann wurden die Aufgaben verteilt. In dieser Region konnte man nach einem Jahr keine Erholung feststellen. Das Auftragsniveau hatte sich zwar stabilisiert und man hatte keine weiteren Marktanteile verloren, man hatte aber auch keine hinzugewonnen. Der Manager verstand es dennoch, der Geschäftsleitung dieses Ergebnis als großen Erfolg zu verkaufen.*

Laotse würde dem ersten Manager der Fahrradfabrik AG den Vorzug geben. Er hat das verstanden, was Laotse vor vielen Jahren niederschrieb:

> [...]
> Der Meister bleibt zurück;
> eben darum ist er den anderen voraus.
> Er haftet nicht an den Dingen;
> eben darum ist er eins mit ihnen.
> Weil er sich losgelassen hat,
> verwirklicht er sich vollkommen.
>
> *Tao Te King, 7*

Im Laufe meiner langjährigen Managementerfahrung bin ich zu dem Schluss gekommen, dass die schwierigste Aufgabe des Managers darin besteht, sich selbst zurückzunehmen. Vielfach glaubt man nicht, dass man dann noch führen kann. Für viele Manager ist Führung so etwas wie »Mittelpunkt sein«. Er ist der Machtmensch, das Alphatier, das permanent agiert, vorwärtsdrängt, keine Ruhe lässt, um das Ziel zu erreichen. In der Praxis stellt man fest, dass gerade solche Manager ihre Mitarbeiter weit hinter sich lassen und daher zwangsläufig viele Aufgaben selbst bewältigen müssen. Damit sind sie rund um die Uhr beschäftigt, sie leiden unter Stress, machen Fehler, verlieren wertvolle Zeit. Vielleicht werden sie dann sogar von ihren Mitarbeitern wieder eingeholt.

Mancher Manager bleibt auf der Strecke, wenn er sich nicht genügend Zeit zum ausführlichen Nachdenken lässt. Der große chinesische Kriegsherr Sun Tzu hat das Nachdenken zu seiner Strategie erhoben. Ehe er handelt, zieht er sich zurück, um nachzudenken, die Situation zu analysieren, zu begreifen, um dann die richtigen Maßnahmen zu finden und zu beschließen. Das ist wichtiger als hektische demonstrative Betriebsamkeit.

[…]
Demgemäß ist der Meister den ganzen Tag unterwegs,
ohne aus dem Haus zu gehen.
Wie großartig die Ansichten auch sein mögen –
er weilt gelassen in sich selbst.
Wozu soll der Landesherr
wie ein Narr herumsausen?
Lässt du dich hin und her wehen,
dann verlierst du die Verbindung mit deiner Wurzel.
Lässt du dich von Rastlosigkeit antreiben,
dann verlierst du die Verbindung mit deinem Wesenskern.

*Tao Te King, 26*

Wie wahr, stürmt der Manager nur vorwärts, wird er paradoxerweise Schwierigkeiten haben, sein Ziel zu erreichen. Nicht umsonst gibt es viele Tools, mit denen man planen und die Einhaltung des Plans wiederum kontrollieren kann. Doch nutzten dies die Manager? Wie viele Manager sind in der Lage, ihre Aufgaben und die Abhängigkeiten zueinander zum Beispiel in einem Netzplan wiederzugeben? In einem solchen Netzplan könnten sowohl die Tätigkeiten wie auch die wichtigen Phasen des Nachdenkens terminiert, eingegeben, überprüft werden, sodass sie permanent im Bewusstsein bleiben.

Der Manager muss in Ruhe planen. Dabei muss er die Abhängigkeit zwischen einzelnen Tätigkeiten bedenken. Es muss sich hierfür die notwendige Zeit gönnen.

## Verantwortung für die eigene Entwicklung übernehmen

»Führungsqualitäten hat man oder man hat sie nicht.« Das ist ein oft gehörter und gelesener Satz. Er trifft mit Sicherheit nicht in dieser Ausschließlichkeit zu, denn Führungsfähigkeit ist kein fester Zustand, sondern basiert auf einem unaufhörlichen Entwicklungsprozess. Sicher sind dabei bestimmte Charaktereigenschaften und Persönlichkeitsmerkmale förderlich. Aber woher kommen diese?

Ob der Mensch nun durch seine Erbanlagen oder doch mehr durch seine Umwelt, also Erziehung, Ausbildung und Erfahrung, bestimmt wird, ist noch immer eine Streitfrage, auf die es keine eindeutige Antwort gibt. Eines ist aber klar, dass die Führungsqualität lediglich eine Ausprägung der Souveränität des Menschen ist.

Die Persönlichkeitsentwicklung des Menschen dürfte auf einer Kombination der drei wesentlichen Faktoren Erbanlagen, Umwelteinflüsse und der Selbstbestimmung basieren. Genetisch bedingte Aspekte, wie etwa körperliche Merkmale, versorgen den Menschen mit einer bestimmten Disposition, die im Allgemeinen unveränderbar ist. Sie bildet die Rahmenbedingung für die Persönlichkeitsentfaltung.

Wie viel Einfluss die Erziehung hat, ist weitgehend umstritten. Die Erziehung spielt zumindest während der Kindheit nach unserer Auffassung eine wesentliche Rolle, wobei das Wort Erziehung hier mit der Weitergabe der Erfahrungen der Vergangenheit gleichzusetzen wäre. Während etwa Konfuzius die Vermittlung von Erfahrungen und traditionellen Normen für eine sehr wesentliche Aufgabe hält, findet sich bei Laotse die Überzeugung, dass sich die natürlichen Kräfte des *Tao* von selbst entfalten, wenn man diesen Prozess nicht behindert.

Weiterhin prägen den Menschen spätestens von Geburt an eine Vielzahl von Umwelteinflüssen, einschließlich der Einflüsse aus der familiären Struktur. Aber auch Ernährungsgewohnheiten, Kleidung, wirtschaftliche Situation, Wohnung, Religion, Sprache, Traditionen, Sitten und Gebräuche und so weiter prägen den Menschen.

Wichtig ist die Erkenntnis, dass die unzähligen Einflussfaktoren für die Persönlichkeitsentwicklung kaum isoliert voneinander betrachtet werden können. Jeder Einzelaspekt wirkt immer in Kombination mit vielen anderen.

Die Umwelteinflüsse und Erfahrungen der Vergangenheit prägen uns zweifellos. Aber, und dies ist von größter Wichtigkeit, an einer bestimmten Stelle setzt die Selbstbestimmung ein. Hierzu zählt vor allem die Bereitschaft, Verantwortung für sich selbst zu übernehmen, erwachsene Verantwortung für die eigene Entwicklung mit ihren positiven und negativen Seiten zu tragen, statt ewig kindlich nach »Schuldigen« zu suchen (für das fehlende Abitur, die falsche Berufswahl...).

Nur wer sich zumindest überwiegend diese Souveränität über das eigene Leben erarbeitet hat, ist in der Lage, Verantwortung für eine Gruppe, eine Abteilung, ein Unternehmen zu übernehmen, also Führungsverantwortung zu tragen.

Führung hat etwas mit Unabhängigkeit zu tun. Um diese Verantwortung tatsächlich übernehmen zu können, bedürfen wir einer Gedankenwelt, die in gewissem Maße unabhängig von inneren und äußeren Zwängen ist. Menschen, die sich durch echte Souveränität auszeichnen, haben irgendwann begonnen, selbstbestimmt zu denken und zu handeln. Dies ist eine der Voraussetzungen dafür, den persönlichen Lebensweg eigenständig zu lenken, statt ihn von äußeren Zwängen bestimmen zu lassen. Dabei geht es natürlich immer nur um relative Souveränität, um relative Unabhängigkeit von äußeren Bedingungen.

Wer seine Entwicklung mehr oder weniger entschuldigend auf seine Vergangenheitsdisposition zurückführt, macht es sich zu einfach. Es gibt einen Zeitpunkt, an dem jeder Mensch beginnen muss, sich seines Werdeganges und der relevanten Einflussfaktoren bewusst zu werden und damit zu beginnen, selbstbestimmt an der eigenen Persönlichkeit zu arbeiten. Dieser Wille ist eine der entscheidenden Voraussetzungen für Souveränität.

Die Entfaltung einer souveränen Führungspersönlichkeit braucht Zeit, nicht selten viel Zeit, was auch erklärt, dass Menschen, die wahre Souveränität besitzen, zumeist bereits ein gewisses Alter erreicht haben.

Wie kann man diesen Prozess fördern? Man muss investieren. Man muss Zeit investieren. Es ist ein Irrtum, dass Zeit, die wir uns für uns selber nehmen, an anderer Stelle fehlt. Wir werden letztlich davon profitieren.

Souverän sein heißt, sich seines eigenen Wertes bewusst zu sein und in der Lage zu sein, sich selbst kritisch ins Auge zu fassen. Dieser Zustand ist jedoch nicht immerwährend. Man muss sich immer wieder überprüfen und sich für Veränderungen öffnen. Es ist so einfach, wie es klingt: Ohne die Bereitschaft für Veränderungen wird sich auch niemals etwas ändern. Und um Veränderungen möglich zu machen, gilt es, die eigenen Lebensumstände zu erkennen, sie regelmäßig infrage zu stellen, und sich dann auf die Erkenntnisse einzustellen.

Mein chinesischer Freund meint, ich solle dies nicht so kompliziert ausdrücken. In Wirklichkeit gilt nur eines: Der Mensch, insbesondere der Manager, muss in sich selbst hineinhören. Man kann auch sagen, er muss auf das *Tao* hören. »Ich bemerke, dass ich mich verändern muss, wenn ich mit vielen Dingen nicht zufrieden bin. Wenn ich alles Mögliche ändern will, dann ist der richtige Zeitpunkt gekommen, zu überprüfen, ob ich nicht mich selbst ändern muss!«

»Aber ich gehe doch von einer Basis aus und will anderes oder andere ändern. Warum soll ich mich mit mir selbst beschäftigen?«

»Weil ich selbst der Schlüssel zu jeder Veränderung bin. Mein Vater hat mir ein altes chinesisches Sprichwort mitgegeben und ich glaube, er hatte es auch von seinem Vater:

> Wenn du die Welt verändern willst, verändere erst dein Land.
> Wenn du dein Land verändern willst, verändere erst dein Dorf.
> Wenn du dein Dorf verändern willst, verändere erst deine Familie.
> Wenn du deine Familie verändern willst, verändere erst dich selbst.
> Du bist der einzige Mensch der Welt, den du verändern kannst.«

Ich sah ihn etwas zweifelnd an. »Glaubst du, dass sich zum Beispiel an unserer Politik etwas verändert, nur weil ich mich verändere?«

»Ja, davon bin ich fest überzeugt. Nimm ein einfaches Beispiel. Ich habe mich immer darüber geärgert, dass unser Pförtner so mürrisch ist und niemanden begrüßt. Ich wollte ihn zuerst zur Rede stellen. Aber dann habe ich beschlossen, ihn stets freundlich zu grüßen. Dann bleibe ich noch fünf Minuten an der Pforte stehen und begrüße alle ankommenden Mitarbeiter ebenso. Die strahlen und freuen sich. Und plötzlich stelle ich fest, dass mein mürrischer Pförtner mir nacheifert und alle Ankömmlinge freundlich begrüßt, auch wenn ich nicht dabei bin.«

Erfolgreiches Führen beginnt bei einem selbst. Der Manager muss sich erkennen und muss sich akzeptieren. Dann kann er auf andere einwirken. Eigentlich ist es ganz einfach, und nicht nur eine Frage, die aus der taoistischen Philosophie zu beantworten wäre. Ich muss mir meiner selbst sicher sein, dann kann ich mich auch zurücknehmen. Dann muss ich nicht der Mittelpunkt sein. Ich kann viele Freiheiten geben und werde feststellen, dass die meisten Mitarbeiter mich zum Mittelpunkt machen.

Viele Manager haben eine andere Auffassung. Sie sind berufen worden und nehmen nun ihre Verantwortung ernst. Vielleicht sind sie von ihren Vorgesetzten auch noch ermahnt worden mit dem unseligen Ausspruch, dass Verantwortung nicht teilbar sei. Für viele heißt dies, dass sie ihre Maßnahmen definieren und auch gleichzeitig umsetzen müssen. Müssen? Nun gut, wenn sie die Verantwortung tragen, dann wollen sie auch sichergehen, dass sie das

Richtige tun. Und dabei schließen sie die aus, die ihnen mit Kompetenz behilflich sein könnten, nämlich ihre Mitarbeiter. Wo bleibt die Freiheit, die die Wurzel der Kreativität ist? Wo bleibt die Erfahrung, die die Versicherung gegenüber allen Fehlern ist?

Der Manager ist nun tatsächlich der Mittelpunkt und kann sich daraus auch gar nicht mehr befreien. Vielleicht ist er auch zufrieden, der Mittelpunkt zu sein. Vielleicht wird dies anerkannt; dann erhält er noch mehr Aufgaben mit der unteilbaren Verantwortung. Irgendwann wird er die Verantwortung nicht mehr tragen können, wird er sich übernehmen. Dann beginnt sein Niedergang.

Laotse schlägt uns eine Lösung vor. Die Führungskraft muss in sich ruhen und kann dann die entsprechende Sicherheit ausstrahlen. Sie wird von ihren Mitarbeitern anerkannt; dann ist es gar nicht schwer, erfolgreich zu sein.

In seiner eigenen Sicherheit findet der Führende die Freiheit, sich um seine Mitarbeiter zu kümmern. Zu einer Strategie der Freiheit gehört auch gleichzeitig die Strategie der offenen Tür. Wenn ein Mitarbeiter Fragen hat, wenn er Rat braucht, muss sich der Vorgesetzte Zeit nehmen. Aber eine »offene Türe« allein genügt nicht. Es muss auch das Vertrauen der Mitarbeiter in den Führenden vorhanden sein, der sich hinter dieser offenen Tür befindet.

Dazu gehört, dass die Führungskraft auch das eine oder andere zwanglose Gespräch führt, ganz ohne alle Hintergedanken. Für viele ist dies Zeitverschwendung. Manche lehnen das persönliche Gespräch sogar vollständig ab, weil sie dann vielleicht das eine oder andere von sich preisgeben müssten.

Damit vernachlässigen sie jedoch nur wichtige Erkenntnisse der Wissenschaft. Die Fähigkeit zur Kommunikation wird für einen Manager in unserer arbeitsteiligen Welt immer wichtiger. Nur die richtige Kommunikation sichert die Einhaltung der vereinbarten Richtung. Dabei geht es natürlich um vielerlei fachliche Information, aber darüber hinaus ist die Qualität der Kommunikation abhängig von dem Vertrauen zwischen den kommunizierenden Personen.

*Ein Abteilungsleiter der Fahrradfabrik AG war stolz darauf, dass er keine Mails beantwortete. Er nahm für sich in Anspruch, einfach zu telefonieren, wenn es einen Anlass gebe. Die Sekretärin war darauf trainiert, die Mitarbeiter aus allen möglichen Besprechungen, egal wie wichtig diese auch waren, ans Telefon zu zitieren. Das galt auch dann, wenn der Mitarbeiter im Urlaub oder auf Reisen war. So wurde die Kommunikation zum Kommunikationsterror. Es gab keinerlei Vertrauen zwischen den »kommunizierenden« Menschen, sodass die Qualität der Kommunikation immer schlechter wurde.*

Vielleicht sollten sich die Manager den folgenden Ausspruch Laotses gut merken und den beherzigen:

> Meine Lehren sind leicht zu verstehen
> und leicht in die Praxis umzusetzen.
> Doch dein Verstand wird sie nie erfassen,
> und bemühst du dich, sie anzuwenden, dann wird dir dies misslingen.
> […]
> Willst du mich kennen,
> dann schaue in dein Herz hinein.
>
> *Tao Te King, 70*

## Inspirationen und Denkanstöße zum Thema Souveränität

> Verrichte dein Werk, tritt dann zurück.
> Das ist der Weg der Gelassenheit.
>
> *Tao Te King, 9*

Arbeit ist eine Aufgabe, kein Fluchtweg und nicht die alleinige Sinnerfüllung. Man überfrachte sie nicht mit Erwartungen. Der Mensch des *Tao* ist fleißig, aber er ist kein Workaholic.

Sind Sie selbst motiviert und haben Sie das Gefühl, am richtigen Platz zu sein?

Wie oft sind Sie krank? Bleiben Sie zu Hause, wenn Sie einen »Schnupfen« haben? Wie ist das bei Ihren Mitarbeitern?

Setzen Sie sich realistische Ziele?

Sind Sie bereit, Ihre Ziele zu ändern, wenn die Voraussetzungen sich verändern?

Achten Sie darauf, dass für alle genannten Ziele auch entsprechende Umsetzungsressourcen vorhanden sind?

Folgen Sie Ihren Zielen eher verkniffen oder mit einer gewissen Leichtigkeit?

> Herr zu sein über sich selbst bedeutet wahre Kraft.
>
> *Tao Te King, 33*

Die Selbsterkenntnis erreicht man über mehrere Stufen: Zuerst das *Tao* erkennen, dann sich selbst erkennen. Wenn man der eigenen Persönlichkeit sicher ist, kann man auch mit aller Kraft agieren.

Fühlen Sie sich manchmal überfordert?

Lassen Sie dies Ihre Mitarbeiter merken?

> Der Meister bleibt zurück;
> eben darum ist er den anderen weit voraus.
>
> *Tao Te King, 7*

Eine souveräne Führungskraft nimmt sich zurück. Sie steht bereit, wo sie gebraucht wird, drängt sich aber nicht in den Vordergrund.

Wie nehmen Sie Ihre Verantwortung wahr? Müssen Sie alles selbst erledigen, weil Sie sich auf niemanden verlassen können?

Wollen Sie immer der Mittelpunkt sein oder nehmen Sie sich bewusst zurück, um auch Ihren Mitarbeitern mehr Freiraum zu bieten?

Wie gehen Sie mit Planung um? Planen Sie Ihren Tages- und Wochenablauf?

Haben Sie einen Überblick, welche Folgen es hat, wenn ein bestimmter Termin nicht eingehalten wird?

> Demgemäß ist der Meister den ganzen Tag unterwegs,
> ohne aus dem Haus zu gehen.
>
> *Tao Te King, 26*

Er verliert nie den Kontakt mit sich selbst. In Ruhe bedenkt er die Schritte, die zu tun sind.

Nehmen Sie sich Zeit zum Nachdenken vor wichtigen Entscheidungen?

Legen Sie auch nach einer Entscheidung noch einmal eine Denkpause ein, um das Resultat zu verinnerlichen?

> Willst du mich kennen,
> dann schau in dein Herz hinein.
>
> *Tao Te King, 70*

Das Wesen von Erscheinungen ist nicht immer logisch zu erfassen. Der Meister hört deshalb auch auf seine Intuition und Emotionen.

Haben Sie sich schon einmal überlegt, warum Sie in einer ganz bestimmten Situation gewisse Entscheidungen treffen, bestimmte Meinungen vertreten?

Treffen Sie Entscheidungen nur mit dem Intellekt oder hören Sie auch auf Ihre Intuition, das »Bauchgefühl«?

Erhoffst du Erfüllung von anderen,
wirst du nie wahre Fülle erlangen.

*Tao Te King, 44*

Wie sehen Sie Ihre eigene Entwicklung? Haben Sie analysiert, welche »Hypothek« Ihnen die Erziehung mitgegeben hat?

Nehmen Sie sich Zeit für sich selbst? Ziehen Sie sich manchmal zurück in ein »stilles Kämmerchen«, um über sich nachzudenken, um sich über Ihre Einstellung zu einer Arbeitsaufgabe oder zu einer Person klar zu werden?

# 3

# Die Freiheit des Geistes schafft den Überblick

> […]
> Die Meister sehen die Dinge, wie sie sind,
> versuchen jedoch nicht, sie zu kontrollieren.
> Sie lassen sie ihren eigenen Weg gehen
> und wohnen im Mittelpunkt des Kreises.
>
> *Tao Te King, 29*

Häufig meinen wir zu wissen, wie die Dinge sind, wir verlassen uns auf unsere Vorurteile statt auf die genaue Wahrnehmung. Wissen und Erfahrung aus der Vergangenheit können uns so den Blick verstellen. Dazu kommt, dass wir bestimmte Sachverhalte mitunter nicht wahrnehmen wollen – weil »nicht sein kann, was nicht sein darf« (Christian Morgenstern).

Damit ein Vorgesetzter alle nötigen Informationen erhält, muss im Unternehmen eine Atmosphäre der offenen Kommunikation gepflegt werden.

»Offenheit ist auch für Chinesen nicht gerade einfach«, sagte mein Freund. »In der Geschichte wurde Offenheit nicht belohnt. In der Mao-Zeit war sie mit der Angst vor harten Sanktionen verbunden. Offene Kommunikation muss also erlernt werden und setzt Vertrauen voraus.«

»Und erst durch die Offenheit kann man andere Menschen beeinflussen«, ergänzte ich. Er nickte. »Ich halte in meinem Büro jeden Montag einen Jour fixe ab und bemühe mich, die Mitarbeiter zur Offenheit zu bewegen. Es hat eine Zeit lang gebraucht, bis sie mir vertrauten. Ich musste einen Vorschuss an Offenheit geben. Heute diskutieren wir Aufgaben und Schwierigkeiten offen. Das versetzt uns in die Lage, schnell einzugreifen, schnell Lösungen zu finden.«

Er dachte kurz nach. »Das Wichtigste ist, so empfinde ich dies, die Wahrnehmung ohne Vorurteil.«

## Offenheit der Kommunikation zwischen Chef und Mitarbeiter

Wissen Vorgesetzte, wie ihre Mitarbeiter ihre Führungs- und Kommunikationsfähigkeit wahrnehmen und einschätzen?

Der Personaldienstleister Kelly Workforce hat für den *Kelly Workforce Index 2006* Angestellte in 28 europäischen Ländern befragt.[1] Danach sind zwar über 60 Prozent der deutschen Angestellten mit ihrer momentanen Stelle zufrieden oder sogar sehr zufrieden, aber die Qualifikation der Chefs lässt ihrer Ansicht nach oft zu wünschen übrig. Von zehn möglichen Punkten gaben sie ihren Vorgesetzten im Durchschnitt nur 6,2. Als besonders schlecht schätzten die deutschen Studienteilnehmer die Führungsqualitäten (5,7 Punkte) und den Teamgeist (6,0 Punkte) der Chefs ein. Die Fähigkeit zu kommunizieren und verantwortungsvolle Arbeiten zu delegieren, bewerteten die Angestellten mit 6,1 beziehungsweise 6,2 Punkten. Damit landeten die deutschen Manager im internationalen Vergleich unter 28 Ländern auf dem viertletzten Platz.

Auch wenn die Studie die deutschen Arbeitnehmer in puncto Arbeitszufriedenheit trotzdem auf Platz 14 sieht, scheinen Führungsqualitäten und Kommunikationsfähigkeiten entwicklungsbedürftig zu sein.

Wie in vielen anderen Studien belegt, wünschen sich Mitarbeiter von ihren Vorgesetzten konstruktives Feedback und ausdrücklich auch positives Feedback für gute Leistungen. Man könnte meinen, die Manager sind so beschäftigt mit allen möglichen Aufgaben, dass sie ihr wichtigstes Gut übersehen, den Mitarbeiter.

Generell wünschen wir uns mehr Offenheit in der Beziehung zwischen Mitarbeiter und Chef. Es geht dabei nicht um die Einführung von Plauderrunden, sondern um eine konzentrierte und ungeteilte Form der gegenseitigen Wahrnehmung. Vor mehr als dreißig Jahren formulierte die Kommunikationspsychologie Regeln, die dazu beitragen sollen, Rückmeldungen an Gesprächspartner möglichst hilfreich zu gestalten. Die Feedback-Technik ist inzwischen ein Klassiker in Managementseminaren. Als »Blitzlicht«, »Rezension« oder Ähnliches gehört sie auch zum didaktischen Repertoire von Managementtrainern. Im Alltag von deutschen Führungskräften scheint sie dagegen noch nicht selbstverständlich zu sein, vor allem nicht, wenn es um positive Rückmeldungen geht.

Feedback steht für die Rückmeldung einer Gruppe oder eines Einzelnen an sein Gegenüber. Ein Partner teilt dem anderen mit, wie er ihn wahrgenommen, erlebt und verstanden hat. Es geht beim Feedback nie darum, wer Recht hat, sondern um die Mitteilung von persönlichen Reaktionen auf Verhalten.

Ein offenes Feedback gibt dem Empfänger die Möglichkeit, Selbstbild und Fremdbild systematisch zu vergleichen und eine realistische Sicht zu gewinnen. Das Feedback ist allerdings nur eine Methode, eine Kommunikationstechnik. Sie setzt vor allem eine entsprechende Haltung voraus – dann kann sie ein Klima der Offenheit fördern. Es geht um die Einladung zur Offenheit und um die Konsequenzen, die sich daraus ergeben können. Gerade dies ist die spannende Frage: Welche Konsequenzen ergeben sich aus meiner Offenheit? Was verändert sich durch meine Offenheit?

Der Manager muss sich die notwendige Offenheit aneignen, um mit Feedback konstruktiv umgehen zu können. Er muss bereit sein, das Feedback als subjektive Botschaft zu akzeptieren und über Schlussfolgerungen nachzudenken.

*In der Fahrradfabrik AG bat ein Manager seine Mitarbeiter nach jeder Leitungsrunde, einen roten Punkt unter die Frage »Wie zufrieden war ich mit der heutigen Sitzung?« auf eine Skala von 1 bis 10 zu kleben. Dies machte er zehn Wochen lang. Dann berief er eine Feedback-Sitzung ein. Die Mitglieder des Leitungskreises diskutierten das Ergebnis, indem sie die Tagesordnung und die Punktverteilung für jede Sitzung rekapitulierten. Sie fanden bald heraus, dass die Teilnehmer umso zufriedener waren, je konkreter die Themen gewesen waren. In der Zukunft versuchten alle, sich immer so konkret wie möglich zu den Themen zu äußern.*

## Chancen für neue Ideen und Veränderungen

Alle Unternehmen suchen nach Spitzenleistungen. Alle Unternehmen fördern Innovationen. Alle Unternehmen stehen im Wettbewerb, und die innovative Kraft ihrer Mitarbeiter wird diesen Wettbewerb entscheiden.

Wie aber werden Spitzenleistungen generiert? Es gibt vermutlich viele Bedingungen, die in ihrer Kombination zu Spitzenleistungen führen. Offenheit in der Kommunikation gehört sicher dazu. Wenn man Mitarbeiter zu Spitzenleistungen anspornen will, muss man ihnen ein »gläsernes Unternehmen« bieten. Die Mitarbeiter müssen die Unternehmenswerte kennen und befürworten. Sie müssen Teil der Unternehmenspolitik sein und wissen, wo ihr Platz im Unternehmen ist. Ein gläsernes Unternehmen setzt natürlich Vertrauen voraus. Das Unternehmen vertraut dem Mitarbeiter, der Mitarbeiter dem Unternehmen. Dann kann sich auch der Mitarbeiter offen geben. Er bringt seine Meinung, seine Ideen, sein gesamtes Wissen ein.

Wie ist diese Art von Offenheit zu erklären?

Farben machen das Auge blind.
Töne machen das Ohr taub.
Gewürze stumpfen den Geschmack ab.
Gedanken schwächen den Geist.
Begierden dörren das Herz aus.
Die Meister beobachten die Welt,
vertrauen aber ihrer inneren Sehkraft.
Sie lassen die Dinge kommen und gehen.
Ihr Herz ist offen wie der Himmel.

*Tao Te King, 12*

Laotse spricht »Offenheit« hier noch in einer zusätzlichen Bedeutung an. Er geht davon aus, dass unser Geist viel zu sehr mit Äußerlichkeiten beschäftigt ist. Er ist vollgepfropft mit Richtlinien, Regularien, Abläufen. Da gibt es kein Stückchen Freiheit mehr. Erst wenn wir unseren Geist frei räumen für das Wesentliche, sind wir in der Lage, neue Ideen aufzunehmen. Auch in diesem Abschnitt sind wir mit der Überzeugung von Laotse konfrontiert, dass man erst abgeben muss, um dann wieder aufzunehmen, erst zurückschalten, um dann wieder hochschalten zu können. Dies ist eine immer wiederkehrende Empfehlung bei Laotse. Ist dies nicht weit weg von unserer Realität? Sind wir nicht gezwungen, uns von allem immer mehr, immer schneller, immer besser anzueignen – statt loszulassen?

Erst wenn der Manager seinen Geist frei macht, wird er offen für neue Ideen.

Offenheit für neue Ideen muss aber längst nicht heißen, dass auch jede davon umgesetzt werden soll. Für Laotse ist Veränderung nicht von vornherein eine Verbesserung.

Willst du die Welt verbessern?
Ich glaube nicht, dass man das kann.

Die Welt ist heilig.
Man kann sie nicht verbessern.
Willst du sie manipulieren, dann wirst du sie zugrunde richten.
Behandelst du sie wie einen Gegenstand, dann wirst du sie verlieren.
[…]

*Tao Te King, 29*

Was für die Welt als Ganzes gilt, ist auch auf die Welt des Unternehmens übertragbar. Mitarbeiter wie Manager wollen die Welt, also zunächst das Unternehmen, verbessern. Laotse meint, dass dies nicht möglich sei, denn die Welt, das Unternehmen selbst ist heilig oder zumindest in Ordnung. Das heißt, wenn Manager eingreifen, um das Unternehmen nach ihren Zielen zu manipulieren, richten sie dieses Unternehmen zugrunde. Die Gefahr zumindest lässt sich nicht bestreiten. Also lieber nichts tun?

Wenn wir das Unternehmen wie einen Gegenstand behandeln, werden wir es verlieren. Ein Unternehmen ist mehr als ein Gegenstand. Es ist ein filigranes Gebilde, ein Netzwerk von Menschen und Beziehungen, das funktioniert. Jedes Eingreifen in diese Zusammenhänge will daher gut bedacht sein.

Laotse setzt den obigen Text fort:

Es gibt mancherlei Zeit –
eine dafür, vorn zu sein,
eine dafür, hinten zu sein;
eine dafür, in Bewegung zu sein,
eine dafür, in Ruhe zu sein,
eine dafür, kraftvoll zu sein,
eine dafür, erschöpft zu sein,
eine dafür, in Sicherheit zu sein,
eine dafür, in Gefahr zu sein.

*Tao Te King, 29*

Laotse lehrt uns Geduld. Wir müssen die richtige Zeit abwarten, wenn wir unser Unternehmen, unsere Mitarbeiter in eine Veränderung führen wollen. Dies mag eines der Geheimnisse erfolgreicher Manager zu sein, dass sie abschätzen können, wann jeweils die richtige Zeit gekommen ist.

Laotse schließt den Weisheitsspruch folgendermaßen ab:

> Die Meister sehen die Dinge, wie sie sind,
> versuchen jedoch nicht, sie zu kontrollieren.
> Sie lassen sie ihren eigenen Weg gehen
> und wohnen im Mittelpunkt des Kreises.
>
> *Tao Te King, 29*

Lässt sich daraus ein Führungsprogramm ableiten? Vielleicht könnte man einem Manager folgende Leitsätze mitgeben:

1. Mein Unternehmen ist gut aufgestellt. Es hat gute Mitarbeiter.
2. Mit den Mitarbeitern gehen wir offen um. Es gibt keine unternehmenspolitischen Geheimnisse.
3. Die Mitarbeiter erkennen die für sie »richtige« Zeit. Wir vertrauen auf ihren Einsatzwillen.
4. Wir erkennen sehr wohl die Entwicklungen. Wir stehen bereit zum Dialog, zu Rat und Tat. Aber wir kontrollieren nicht.
5. Je weniger wir darauf bestehen, der Mittelpunkt zu sein, desto mehr sind wir es. Wir sind ein »bescheidener« Mittelpunkt.
6. Der Manager hat in seinem Verantwortungsbereich für die angemessene Offenheit zu sorgen. Diese Offenheit sorgt für Attraktivität.

Kann man dies leben? Sind dies Maximen für einen Manager?

*Ein älterer Manager verlässt die Fahrradfabrik AG. Aus diesem Anlass lädt er seine langjährigen Mitarbeiter zu einer kleinen Ausstandsfeier ein. Auf seine Einladung bekommt er Dan-*

*kesbriefe. In vielen wird er dafür ausgezeichnet, dass er seinen Mitarbeitern Freiheit gegeben und Offenheit gezeigt hat. Die Mitarbeiter beschreiben, wie sie diese Freiheit ausgenutzt haben: Sie haben voller Engagement gearbeitet. Der Vorgesetzte war ihr Vorbild und sie wollen sich an ihm ausrichten. Mittelpunkt sein, ohne Mittelpunkt zu sein.*

Offenheit ist ein Wettbewerbsfaktor, denn Offenheit zieht Wissen an. Jedes Unternehmen hat ein Kernvermögen. Das ist sein Wissen. Sein Wissen schlummert wiederum in seinen Mitarbeitern. Gute Unternehmen haben eine attraktive Mitarbeiterkultur. Gute Unternehmen haben damit auch ein gewaltiges Potenzial an Wissen. Sie fördern die Offenheit, um das Wissen zu aktivieren.

Kann ein Unternehmen, ein Mitarbeiter auch zu viel Wissen haben? Laotse meint, dass uns Wissen auch im Wege stehen kann.

Nichtwissen ist wahres Wissen.
Anzunehmen, man wisse, ist eine Krankheit.
Sieh zunächst ein, dass du krank bist;
dann bist du auf dem Weg zur Gesundheit.
Ein Meister ist sein eigener Arzt.
Er hat sich von allem Wissen kuriert.
Folglich ist er wahrhaft ganz.

*Tao Te King, 71*

Ich habe diese Aussage lange nicht verstanden, deshalb erkundigte ich mich bei meinem chinesischen Freund, wie er das sehe. Er lachte und erzählte mir folgendes Beispiel: »Ich hatte letzte Woche Besuch von einem deutschen Spezialisten. Das ist ein Kollege, den ich sehr schätze. Ich weiß, dass er sehr viel Sachverstand hat. Es ging um die Frage, wie stark ein Produkt automatisiert werden sollte. Er sagt, er habe bereits eine Lösung parat. Sie funktioniere in Deutschland und auch in den USA. Er war davon überzeugt, dass sie auch für China die beste Lösung sei. Technisch mochte er durchaus Recht haben, aber in China ist die hoch qualifizierte Automatisierung nicht notwendig. Ohne Automatisierung können wir das Produkt auch kostengünstiger produzieren, also billiger verkaufen und haben damit eine gute Position im Wettbewerb. Das wollte er nicht einsehen und er war für meine Argumente gar nicht zugänglich. Er wusste zu viel. Er kannte bessere, er kannte die beste Lösung. Aber diese Lösung hätte nicht unseren Erfolg im Markt garantiert. Und in diesem Fall ist dann selbst die beste Lösung keine gute Lösung. Es dauerte fast drei Tage, bis er verstanden hatte. Erst dann war er in der Lage, unvoreingenommen auch über einfachere Lösungen nachzudenken.«

Ich fragte ihn: »Wie hast du ihm diese Einsicht eigentlich vermittelt?«

»Das war in der Tat nicht einfach, denn diese Einsicht setzt Erfahrungen voraus. Aber der Kollege hatte nicht nur Wissen, sondern auch viel Erfahrung, Lebenserfahrung und Facherfahrung. Aus diesem Grund konnte er meine Argumentation schließlich verstehen und ihr folgen.«

## Freiräume fördern Selbstvertrauen und Kreativität

Die Freiheit des Geistes können wir nur dann nutzen, wenn wir mit beiden Beinen fest auf dem Boden stehen. So ähnlich hat es auch Laotse ausgedrückt:

> Erfolg ist so gefährlich wie Misserfolg.
> Hoffnung ist so nichtig wie Angst.
> Was heißt: Erfolg ist so gefährlich wie Misserfolg?
> Ob du die Leiter hinaufsteigst oder hinunter –
> deine Stellung ist wackelig.
> Wenn du mit beiden Beinen auf dem Boden stehst,
> wirst du immer im Gleichgewicht sein.
> […]

Betrachte die Welt als dein Selbst,
habe Vertrauen zum Sosein der Dinge,
Liebe die Welt als dein Selbst;
dann kannst du dich um alle Dinge kümmern.

*Tao Te King, 13*

So sagt Laotse. Mit beiden Beinen auf dem Boden stehen und vertrauensvoll der Welt begegnen. Daraus ergibt sich die notwendige Freiheit. Dann können wir denken, erfinden, neu konzipieren. Es ist alles eine Frage der Einstellung. Haben wir Manager die richtige Einstellung? Haben wir uns selbst die notwendigen Freiräume geschaffen? Bieten wir unseren Mitarbeitern die entsprechenden Freiräume? In vielen großen Unternehmen beklagt man, dass die Mitarbeiter nicht innovativ genug sind. Gleichzeitig verlangen wir von diesen Mitarbeitern aber auch, dass sie alle möglichen Prozesse einhalten. Und wehe, sie handeln unkonventionell. Natürlich sind Prozesse sinnvoll, und je größer ein Unternehmen ist, desto notwendiger sind sie auch. Doch wir müssen uns im Klaren sein, dass solche Vorgaben auf der anderen Seite die Kreativität der Mitarbeiter einschränken. Freiräume fördern die Kreativität und die Innovation.

Auch hier schlägt Laotse ein radikales Umdenken vor:

Schaffe Heiligkeit und Weisheit ab,
und die Menschen werden hundertmal glücklicher sein.
Schaffe Moral und Gesetze ab,
und die Menschen werden das Richtige tun.
Schaffe Ehrgeiz und Gewinnsucht ab,
und es wird keine Diebe geben.

Sollten diese drei Schritte nicht reichen,
dann bleib einfach im Mittelpunkt des Kreises
und lass allen Dingen freien Lauf.

*Tao Te King, 19*

Können wir Laotse auf diesem Weg folgen? Können wir in einem Unternehmen die Richtlinien abschaffen – und werden die Mitarbeiter dann das Richtige tun?

Können wir auf Ehrgeiz und Gewinn verzichten? Ja, es stimmt, dann wird es keine Diebe geben, dann wird es vielleicht aber auch keinen Fortschritt geben. Gibt es Fortschritt ohne Ehrgeiz?

*Die Fahrradfabrik AG war ein Unternehmen, in dem ein »Paradigmenwechsel« den nächsten jagte. Das Unternehmen wurde auf den Kopf gestellt, Organisationsstrukturen verändert, Aufgaben neu geschrieben, Mitarbeiter neu zugeordnet. Sah man sich diese Veränderungen nach einem Jahr kritisch an, so konnte man die organisatorischen Veränderungen natürlich erkennen. Aber man konnte keinen Fortschritt, keine Veränderung im Denken und Arbeiten und schon gar keinen Zuwachs beim Ergebnis erkennen. War dies nun ein Paradigmenwechsel? Hatte man etwas vollkommen neu gemacht? Nein, die Veränderung war sehr klein ausgefallen. Es wurden keine Strukturen geändert. Es wurden nur Kästchen und Mitarbeiter verschoben. Die Mitarbeiter waren anfangs verunsichert, arbeiteten aber wie gewohnt, vielleicht etwas auf Sparflamme. Sie nahmen den ehrgeizigen Chef und seine noch ehrgeizigere Umorganisation gar nicht so richtig zur Kenntnis. Vielleicht wäre etwas weniger Ehrgeiz vorteilhafter gewesen.*

Sich zurücknehmen, Freiräume lassen. Wäre dies stattdessen eine Empfehlung? Laotse:

> […]
> Wenn die Regierung sich zu sehr einmischt,
> verlieren die Menschen den Mut.
> […]
>
> *Tao Te King, 75*

Laotse empfiehlt eine Führung, die dem Mitarbeiter ausreichend Freiraum gestattet. Der Freiraum ist prägend für Kreativität. Er vergleicht Führung mit der Kindererziehung. Ein Kind braucht einen gewissen Freiraum ohne elterliche Kontrolle, um die Welt erkunden zu können. Und dennoch ist eine ganze Menge Unterstützung notwendig. Und der Freiraum wird immer durch Grenzen bestimmt. Es liegt am Manager und am Mitarbeiter, diese Grenzen zu vereinbaren. Grenzen können im Rahmen der Unterstützung, die der Vorgesetzte zu leisten hat, bei Bedarf natürlich verschoben werden.

Der Freiraum in einem Unternehmen kann umso besser, umso kreativer, umso effizienter ausgenutzt werden, je besser Mitarbeiter und Manager darüber in einen Dialog kommen.

Die Wissenden reden nicht.
Die Redenden wissen nicht.

*Tao Te King, 56*

Wie heißt es im Sprichwort: Reden ist Silber, Schweigen ist Gold. Nun kann ein Manager natürlich nicht sein Geschäft betreiben, indem er permanent schweigt. Auch hier kommt es auf die Balance und auf den richtigen Zeitpunkt an. Kommunikation ist eine wichtige Führungsaufgabe.

Kommunikation beschränkt sich auch nicht auf die Sprache. Sie bezieht auch Ausdruck in Gestik, Mimik, Schrift oder Bild ein. Prozessual gesehen ist Kommunikation der Austausch von Informationen für eine bestimmte Problemlösung. Kommunikation ist ein wesentliches Mittel zum Austausch von Wissen und zum Erlangen von Erkenntnis. Somit ist sie auch Basis für jedes Lernen. Kommunikation setzen wir ein, um Netzwerke zu erstellen.

Laotse empfiehlt eine maßvolle Kommunikation.

Der Meister redet nicht, er handelt.

*Tao Te King, 17*

Kommunikation sollte nur ziel- und situationsgerecht erfolgen, können wir ergänzen.

## Inspirationen und Denkanstöße zum Thema Offenheit

> Die Meister beobachten die Welt,
> vertrauen aber ihrer inneren Sehkraft.
> Sie lassen die Dinge kommen und gehen.
> Ihr Herz ist offen wie der Himmel.
>
> *Tao Te King, 12*

Es geht um das Annehmen und Loslassen. Wenn das Herz voll ist, kann man nichts mehr aufnehmen. Wer loslässt, ist offen für neue Wahrnehmungen.

Fördern Sie eine offene Kommunikation in Ihrem Verantwortungsbereich?

Kennen Sie die Regeln für professionelles Feedback?

Geben Sie Ihren Mitarbeitern regelmäßig Feedback, vor allem auch positives?

Erhalten Sie Feedback von Ihren Mitarbeitern? Wie gehen Sie damit um?

> Nichtwissen ist wahres Wissen.
> Anzunehmen, man wisse, ist eine Krankheit.
>
> *Tao Te King, 71*

Zu viel Wissen kann die Wahrnehmung trüben. Manchmal muss man sich von sicher geglaubtem Wissen frei machen, um wieder klar denken zu können.

Sind Sie bereit, Ihre Ansichten immer wieder zu überprüfen?

Sind Ihre Mitarbeiter über das Unternehmen informiert? Kennen sie Ausrichtung, Philosophie und langfristige Ziele?

Gehen Ihre Mitarbeiter von sich aus auf Sie zu und geben Ihnen alle wichtigen Informationen?

> Schaffe Moral und Gesetze ab,
> und die Menschen werden das Richtige tun.
>
> *Tao Te King, 19*

Zu viele Regeln und Verbote zeugen vom mangelnden Vertrauen in die Mitarbeiter. Mit größerem Freiraum werden sie mehr erreichen.

Sorgen Sie dafür, dass Ihre Mitarbeiter Freiräume haben?

Gibt es Regularien in Ihrem Unternehmen, die Sie und/oder die Mitarbeiter nicht einhalten? Warum?

Gibt es in Ihrem Unternehmen Richtlinien, die man abschaffen könnte? Warum tun Sie das nicht?

> Wahre Meisterschaft kann man erreichen,
> wenn man den Dingen ihren Lauf lässt
> und sie gar nicht dabei stört.
>
> *Tao Te King, 48*

Man muss nicht überall eingreifen – manchmal ist es besser, gelassen abzuwarten. Trauen Sie Ihren Mitarbeitern zu, dass sie die Probleme lösen werden.

Können Sie sich an eine Situation erinnern, die sich durch Ihr Eingreifen verschlechtert hat? Welche Schlussfolgerung haben Sie daraus gezogen?

Haben Sie ein Gefühl für den »richtigen« Zeitpunkt? Hatten Sie schon einmal das Gefühl, dass Sie eine Entscheidung genau zum richtigen Zeitpunkt getroffen haben?

Können Sie sich vorstellen, mit weniger Ehrgeiz und mehr Gelassenheit ein besseres Ergebnis zu erzielen?

# 4

# Aus dem Selbstverständnis ergibt sich das Handeln

Wenn der Meister regiert, ist sich das Volk
kaum bewusst, dass es ihn gibt.
Der Zweitbeste ist ein Führer, den man liebt.
Der Nächste einer, vor dem man Angst hat.
Der Schlechteste ist einer, den man verachtet.

Vertraust du den Leuten nicht,
machst du selbst sie nicht vertrauenswürdig.

Der Meister redet nicht, er handelt.
Wenn sein Werk getan ist,
sagt das Volk: »Unglaublich:
Wir haben es ganz allein vollbracht!«

*Tao Te King, 17*

## Der Meister redet nicht, er handelt

Laotse spricht vom Handeln? Wer hätte das gedacht? Ist er also doch auch ein Macher? Nein, jedenfalls nicht im gewohnten Sinne. Er hat ein anderes Verständnis von Handeln. Er wirkt eher im Stillen und schiebt sich nicht in den Vordergrund.

Darüber müssen wir uns Gedanken machen: Warum sollten wir handeln, ohne uns zu präsentieren, ohne das Lob dafür zu erhalten? Kann das nicht sogar zu Schwierigkeiten führen?

*In der Fahrradfabrik AG gab es einen Manager, der in einem guten Betriebsklima handelte und führte. Seine Abteilung arbeitete gut unter seiner Führung. Er drängte sich nie in den Vordergrund, präsentierte sich nicht. Selbst spektakuläre Erfolge verkaufte er den Vorgesetzten nicht als seine Leistung. An einem grauen Dezembertag wurde er zu seinem Chef gebeten. Der eröffnete ihm, dass man ihn in eine andere Abteilung versetzen wolle. An seiner Stelle wollte man einen jungen agilen Nachwuchsmanager einsetzen, der »Schwung in den Laden bringen« sollte. Der Manager versuchte zwar, seine Arbeitsweise zu erklären, aber er hatte keine große Chance dafür. Also stimmte er notgedrungen zu.*

*Nach nur drei Monaten holte man ihn wieder in seine alte Funktion zurück. Der Nachwuchsmanager hatte sich übernommen, und es war ein absolutes Chaos eingetreten. Dies hatte nun auch die Geschäftsleitung bemerkt. Sie bemerkte aber auch, wie erfolgreich der alte Manager im Stillen und in aller Bescheidenheit agiert hatte.*

Wenn ein Manager seine Leistung nicht ausreichend darstellt, kann dies durchaus zu negativen Folgen für das Unternehmen, für die Mitarbeiter und für den Manager selbst führen. Das scheint zu unseren Erfahrungen aus dem geschäftlichen Alltag nicht zu passen.

Warum auch sollte ein Manager auf Lohn und Anerkennung, auf Prämie und Beförderung für seine Leistung verzichten? Aber zumindest sollte die Lösung der Aufgabe, die Entwicklung des Unternehmens im Vordergrund stehen und nicht die Profilierung des Managers – womöglich noch auf Kosten des Unternehmens.

Es wird heute viel über die Kunst des Managens und über einzelne Manager geschrieben und geredet. Bei Laotse dagegen heißt es:

> […]
> Das Weiche überwindet das Harte.
> Das Langsame überwindet das Schnelle.
> Lass dein Wirken ein Geheimnis bleiben.
> Zeig den Menschen bloß das Ergebnis.
>
> *Tao Te King, 36*

Bei uns steht normalerweise der Macher, der schnell und konsequent handelt, im Vordergrund. Er ist beliebt in der Managergilde. Vielleicht sind die zugrunde liegenden Werte einfach verkehrt. Möglicherweise hat der Weichere und Langsamere einen höheren Wirkungsgrad in seiner Arbeit. Wie häufig habe ich schon bei dem einen oder anderen Kollegen, bei dem einen und anderen Vorstand überlegt, warum er diesen Job wohl bekommen hat. Von Bescheidenheit keine Spur, stattdessen Arroganz und Selbstverliebtheit.

Aber die Halbwertszeit auch der Topmanager wird kürzer. Im November 2006 zum Beispiel musste Telekom-Vorstand Kai-Uwe Ricke nach nur vier Jahren von seinem Posten zurücktreten. Die Entscheidung kam für die Öffentlichkeit überraschend. Die Tatsachen wurden an einem Wochenende geschaffen. Ein harter Schnitt. Nur wenige Wochen vorher hatte eine ähnlich dramatische Entscheidung Bernd Pischetsrieder den Chefsessel bei VW gekostet. Zwei unfreiwillige Chefwechsel in deutschen Großunternehmen innerhalb weniger Tage. Das hatte es noch nie gegeben. Und schon wurden Wetten abgeschlossen, ob der Siemens-Chef Klaus Kleinfeld der Nächste sein würde. Das Leben auf den Chefetagen ist ungemütlicher geworden. Im Jahre 2005, so konnte man lesen, erfolgte jeder zweite Chefwechsel in einem Großunternehmen unfreiwillig, entweder aufgrund einer Fusion oder wegen tatsächlicher oder unterstellter Managementfehler. Die Verweildauer der Manager wird immer kürzer – vier Jahre sind da fast schon ein gutes Ergebnis. Ob dies die Unternehmen stärkt, sei dahingestellt. Besonders gebeutelt wurde auch der Handelskonzern REWE. Er wechselte bereits zum vierten Mal innerhalb von zwei Jahren seine

Führungsspitze aus. Diese Entwicklung hat natürlich Einfluss auf den Managementstil. Die Showauftritte werden zwar weniger, man präsentiert sich in der Öffentlichkeit lieber bescheiden. Aber die Manager sind nicht eben in ihrer Persönlichkeit bescheidener geworden, sondern nur vorsichtiger bei Auftritten in der Öffentlichkeit. Aber vielleicht führt eines Tages die Einsicht auch zu Bescheidenheit gegenüber den eigenen Mitarbeitern.

Für Laotse steht nicht die Show im Vordergrund, sondern die Qualität des Ergebnisses. Dies steht in einem gewissen Widerspruch zu der durchaus anerkannten Tatsache; dass man gute Ergebnisse auch gut präsentieren muss. Aber vielleicht liegt da schon eine für den westlichen Manager akzeptable Interpretation: Der Manager soll Ergebnisse präsentieren und nicht in erster Linie seine Person.

## Die Managementkunst zeigt sich im Kleinen

Worin zeigt sich das Können des Managers? Es gibt schwierige und leichte Aufgaben. Ein Außenstehender kann sie häufig nicht unterscheiden, geschweige denn bewerten. Laotse drückt dies so aus:

> Tief Verwurzeltes ist leicht zu nähren.
> Gerade Begonnenes ist leicht zu verbessern.
> Sprödes ist leicht zu brechen.
> Feines ist leicht zu zerstreuen.
> […]
>
> *Tao Te King, 64*

Die Herausforderungen liegen darin, dass ein Manager tief Verwurzeltes, längst Angelegtes weiterentwickeln, dass er gerade Begonnenes pflegen und entwickeln muss. Mit kleinen Maßnahmen zur rechten Zeit sichert er den Fortbestand des Unternehmens.

Und gerade das ist nicht einfach. Es ist vor allem unspektakulär, damit kann sich der Manager nicht in Szene setzen. Es ist dagegen leicht, ein Geschäftsgebiet, das in die roten Zahlen gerutscht ist, zu verkaufen. Es ist wesentlich schwieriger, es mit Fingerspitzengefühl zu sanieren.

Viele Manager bevorzugen »schnelle« Lösungen. Sie werden oft auch von Investoren, Aktionären, Publizisten unter Druck gesetzt, und sie geben den Druck weiter. In unserer heutigen Geschäftswelt kommen viele »End«-Lösungen auf solcherlei Druck zustande. Manchmal muss man hinterfragen, ob der Druck gerechtfertigt ist, ob der Druck Verbesserungen bringt. An dieser Stelle setzt die wahre Managementkunst ein. Der Manager hat Druck auszuhalten und zu bearbeiten, und er muss sich genau überlegen, welchen Druck er in welcher Intensität an seine Mitarbeiter weitergibt. Mitunter erzeugen Manager den Druck sogar selbst, indem sie die vermeintlichen Forderungen der Aktionäre vorwegnehmen. Auslösend sind dann die Angst und die Unsicherheit des Managers. Dazu kommt häufig der Trugschluss, dass man unter Druck mehr erreichen und lange Versäumtes nachholen könne.

*Die Fahrradfabrik AG hatte mehrere Geschäftszweige. Sie waren nicht alle gleich erfolgreich. Über Vergleiche in den Märkten hatte man versucht, angemessene Ziele zu definieren. Da man zu den Besten gehören wollte, waren die Ziele natürlich anspruchsvoll. Der neue Vorstandsvorsitzende übernahm seine Aufgabe und erklärte bei der ersten Pressekonferenz, dass er sein Wort gebe, dass innerhalb von zwei Jahren jeder Geschäftszweig sein anspruchsvolles Ziel erreicht haben werde. Die Presse notierte dies aufmerksam. Von nun an standen alle Geschäftszweige unter dem Druck, das Ziel zu erreichen. Dabei fragte niemand mehr danach, ob sich Märkte änderten, ob Vorsorge getroffen werden sollte. Man sah nur das Ziel vor sich und versuchte es einzuhalten – auch mit dem einen oder anderen Trick. Es wurden Mitarbeiter entlassen; auf Aufträge, die sich erst langfristig ausgewirkt hätten, verzichtete man; Forderungen wurden verkauft. Je näher der Zieltermin kam, desto kurzfristiger waren die Aktivitäten. Das Unternehmen erreichte die gesteckten Ziele. Der Vorstandsvorsitzende hatte also bewiesen, dass er sich durchsetzen konnte.*

*Zwei Jahre später allerdings hatte man die Ziele bereits wieder aus den Augen verloren. Sie waren langfristig nicht zu halten gewesen.*

Im Sinne von Laotses Lehre sind solche Aktionen nicht. Sie sind laut und reißerisch, ohne den Erfolg langfristig zu gewährleisten. Was empfiehlt Laotse? Im oben zitierten Weisheitsspruch setzt er fort:

[...]
Verhüte Ärger, bevor er sich zeigt.
Bringe Dinge in Ordnung, bevor sie ein Fakt sind.
Die riesige Kiefer erwächst aus einem winzigen Spross.
Die Reise von tausend Meilen beginnt zu deinen Füßen.

Du stürzt dich ins Handeln – und scheiterst so.
Du versuchst Dinge an dich zu reißen – und verlierst sie so.
Du erzwingst den Abschluss eines Projektes –
und machst so zunichte, was fast vollendet war.

*Tao Te King, 64*

Immer wieder gehen Laotses Ratschläge in diese Richtung: Gib keine vermeintlichen Weisheiten von dir, ehe du die Sachlage verstanden hast. Hast du Schwierigkeiten, Probleme, Engpässe entdeckt, so entschärfe sie ruhig und gelassen, ehe sie sich auswirken. Erzwinge nichts. Passe dich dem Fluss der Ereignisse an. So allmählich wird deutlicher, was Laotse mit seinem »Nicht-Handeln« meint. Er bevorzugt das Nachdenken, das Analysieren, das ruhige Agieren zur rechten Zeit.

Und er beschreibt auch noch genau, wie er dies versteht:

[...]
Daher handeln die Meister,
indem sie den Dingen freien Lauf lassen.
Sie bleiben am Ende so ruhig wie am Anfang.
Sie haben eben nichts,
somit haben sie nichts zu verlieren.
Was sie begehren, ist das Nichtbegehren.
Was sie lernen, ist das Verlernen.
Sie erinnern die Menschen einfach daran,
wer sie schon immer sind.
Sie sorgen sich um nichts als um das *Tao*.
So können sie für alles sorgen.

*Tao Te King, 64*

Wie kann man dies im heutigen Manageralltag anwenden? Gute Manager bieten ihren Mitarbeitern den Freiraum, agieren zu können. Sie begleiten die Arbeit mit Ruhe. Sie sind nicht nervös, höchstens konzentriert. Sie strahlen Ruhe und Gelassenheit aus. Sie ruhen in sich. Sie begehren keine Incentives, keine Optionen, keinen Bonus. Daher können sie die Entwicklung des Unternehmens mit Ruhe begleiten. Sie sind nicht auf kurzfristige Gewinne angewiesen. Sie sind der ruhende Pol und steuern das Unternehmen mit aller Gelassenheit.

Sie übernehmen und tragen ihre Verantwortung, und zwar auch dann, wenn sich etwas nicht so gut entwickelt. Welcher Unternehmer übernimmt heute schon in der Öffentlichkeit Verantwortung? Plötzlich verschwinden die Manager und selbst ihre Pressemenschen von der Tribüne, wenn es kritische Themen zu besprechen gibt, wenn sie Kritik erwarten müssen.

Laotse charakterisiert die wahre Größe folgendermaßen:

Versagen ist eine günstige Gelegenheit.
Gibst du jemand anderem die Schuld,
dann nimmt das Beschuldigen kein Ende.

Daher erfüllen die Meister ihre eigenen Verpflichtungen
und berichtigen ihre eigenen Fehler.
Sie tun, was sie tun müssen,
und verlangen nichts von anderen.

*Tao Te King, 79*

## Wertschöpfung sichern durch Wertschätzung

Strategien scheitern oft daran, dass den Mitarbeitern die notwendige Klarheit darüber fehlt. Warum kennen viele Mitarbeiter die Strategien ihres Unternehmens, ihres Managements nicht? Es gibt verschiedene Ursachen: weil mit den Mitarbeitern gar nicht ausführlich darüber gesprochen wurde; weil sich die Mitarbeiter nicht an der Ausarbeitung beteiligen durften, weil man sie einfach nicht gefragt hat.

Das Problem ist nicht, eine Strategie zu entwickeln, sondern sie umzusetzen. Die Manager haben oftmals durchaus richtig entschieden. Aber dann waren sie nicht in der Lage, die Strategien in Maßnahmen umzusetzen und alle Mitarbeiter einzubeziehen. Der Schlüssel liegt in der Kommunikation. Oder genauer: Der Schlüssel liegt in der Wertschätzung für und dem Vertrauen in die Mitarbeiter. Schätzt der Manager seine Mitarbeiter wert, bindet er sie ein, kommuniziert er mit ihnen. Dann können Mitarbeiter auch erfolgreich agieren.

Es gibt ganz praktische Lösungen, zum Beispiel eine Strategielandkarte, die eine abstrakte Gesamtvision des Unternehmens in klare Handlungsanweisungen für den Einzelnen ausformuliert. Kaskadenförmig wird die Strategie des Unternehmens von oben nach unten auf die einzelnen Aufgaben des Mitarbeiters heruntergebrochen – mit fünf bis zehn Messzahlen.

Eine andere Möglichkeit bietet das Konzept der Balanced Scorecard (BSC), das besagt, dass Unternehmen ihre Strategie nicht nur an Finanzkennzahlen ausrichten, sondern auch Messgrößen für

Kunden, Prozesse und Mitarbeiter berücksichtigen sollten. Jeder Bereich kann mithilfe von Erfolgskriterien bewertet werden. So entsteht ein ausgewogenes Gesamtbild für ein nachhaltiges Unternehmenskonzept. Und der Mitarbeiter wird einbezogen, weil es auch Kennzahlen gibt, die für sein Tagesgeschäft relevant sind. Damit muss es nicht mehr geschehen, dass der Manager beschließt, aber die Mitarbeiter in ihrem Joballtag damit nichts anfangen können.

Welche Methode man verwendet, ist eigentlich zweitrangig. Wichtig ist, dass die Mitarbeiter die Strategien ihrer Manager auch verstehen, sie verinnerlichen und sie in ihren Geschäftsalltag integrieren. Das funktioniert aber nur dann, wenn eine gegenseitige Wertschätzung besteht.

*Die Fahrradfabrik AG stand vor einer schwierigen Entscheidung. Aufgrund der Marktgegebenheiten wollte man in eine neue Geschäftssparte investieren, nämlich in das Geschäft mit Mofas. Die Entscheidung war ausführlich diskutiert worden. Es waren Studien aufbereitet, korrigiert, überarbeitet und neu erstellt worden. Der Leitungskreis hatte sich zu einer einstimmigen Entscheidung durchgerungen. Man war sich auch darüber im Klaren, dass die Folgen weitreichend sein würden. Es musste eine neue Fertigung eröffnet werden. Die Engineeringmannschaft benötigte ganz neues Wissen. Vertrieb und Marketingabteilung mussten neu ausgerichtet werden. Die Manager diskutierten nun, wie sie diese Entscheidungen an die Mitarbeiter kommunizieren sollten. Schließlich wurde eine Road-Show ausgearbeitet und in allen Abteilungen und Standorten gezeigt. In der Road-Show wurde die Entscheidung mit allen Vor- und Nachteilen dargelegt und herausgearbeitet, welche Konsequenzen dies für die einzelnen Funktionen und Abteilungen haben würde. Dann wurden die Mitarbeiter aufgefordert, im Rahmen dieser Strategie Maßnahmen zu entwickeln, wie sie die Umsetzung sicherstellen wollten. In den einzelnen Abteilungen befassten sich kleine*

*Teams mit dieser Aufgabe. Die Maßnahmen und die dazugehörigen Zielgrößen mussten innerhalb eines bestimmten Zeitraumes dem Leitungskreis präsentiert werden. In diesem Entscheidungsgremium überprüfte man, ob die Maßnahmen der Strategie entsprachen oder ob Korrekturen eingebaut werden mussten. Weiterhin nahm man die Zielgrößen ab. Sie galten dann für die jeweilige Abteilung als verbindlich. Mit dieser Vorgehensweise konnte ein Großteil der Belegschaft eingebunden werden. Viele Mitarbeiter kannten damit die Unternehmensstrategie und konnten exakt ihren Anteil an der Umsetzung erkennen und engagiert daran arbeiten. Nach nur einem halben Jahr konnte die Fahrradfabrik AG die ersten Mofas auf den Markt bringen.*

Diese vorbildliche Arbeitsweise findet sich nicht in allen Unternehmen. Viele Manager scheinen so mit sich selbst beschäftigt zu sein, dass sie sich weder um das Wohl ihrer Kunden noch ihrer Mitarbeiter kümmern. Damit handeln sie in höchstem Maße unverantwortlich. Die Folgen sind dramatisch: Die Kunden wechseln zur Konkurrenz, die Arbeitnehmer kündigen innerlich. Mitarbeiter, die Wertschätzung erfahren, haben eine wesentlich höhere emotionale Bindung an das Unternehmen. Sie sichern damit die Wertschöpfung des Unternehmens. Es ist auch nicht zu unterschätzen, dass solche Mitarbeiter Mundpropaganda und Werbung für die Produkte oder Dienstleistungen ihrer Firma machen. Viele empfehlen ihre Firma sogar als Arbeitgeber weiter. Daraus ergibt sich, dass Manager gut beraten wären, das Mitarbeiterpotenzial gebührend zu berücksichtigen – schon allein aus ökonomischer Notwendigkeit. Wer in der Wirtschaft den entscheidenden Schritt voraus sein möchte, muss auf den Erfolgsfaktor Mensch setzen und sich ernsthaft um ihn kümmern. Ein Mitarbeiter, der weiß, dass seine Arbeit geschätzt wird, engagiert sich für sein Unternehmen. Angestellte, die wissen, welche Strategie ihr Arbeitgeber verfolgt und die zur Mitgestaltung eingeladen werden, bringen kreative Ideen ein, für die ansonsten teure Unternehmensberater angeheuert werden müssten.

Diese Einsicht hat sich noch nicht in allen Unternehmen herumgesprochen. Viele Manager konzentrieren sich nach wie vor auf Technik, Controlling und Finanzen und eben nicht auf den Menschen. Pure technokratische Zahlenorientierung ist den Mitarbeitern nicht zu vermitteln. Sie lässt im Gegenteil die Ineffizienz Triumphe feiern. Wichtig ist, die Kenntnis der Mitarbeiter zu nutzen. Wer könnte Arbeitsprozesse besser optimieren als die Mitarbeiter selbst, die wissen, was sie tun. Dies wird noch immer in vielen Unternehmen versäumt. Studien besagen, dass der Effizienzgewinn in solchen Unternehmen gut 30 Prozent und mehr betragen könnte. Das Stichwort hierzu heißt Lean Processes oder: Wie gestalte ich Prozesse effizient?

Wie kann man unnötige Korrekturen und Rückfragen vermeiden, die nur deswegen nötig werden, weil zum Beispiel Formulare nicht richtig oder unvollständig ausgefüllt wurden? Wie kann man doppelte Bearbeitung vermeiden, die dadurch entsteht, dass zum Beispiel die Zuständigkeiten nicht eindeutig geklärt sind? Wie kann man die Wartezeiten auf dringende Rückrufe oder Berichte verkürzen? Wie kann man die unproduktive Zeit verringern, die durch den unpünktlichen Beginn oder das zeitliche Ausufern von Besprechungen anfällt? Auf alle diese Fragen können die Mitarbeiter die besten Antworten geben, wenn sie gefragt werden. Kann ein Unternehmen solche Verschwendung durch schlecht organisierte Prozesse eindämmen, gewinnt es ungeahnte Kapazitäten für die Betreuung von Kunden.

Aus den USA kommt ein Beispiel für ein sehr spezielles Führungsverhalten. Im Jahr 2000 wechselte Robert Nardelli von General Electric zu The Home Depot, der größten Baumarktkette der Welt. Seine erste Aufgabe war der Umbau des Konzerns mit dem Ziel, das Start-up zu einem Blue Chip zu machen. In seinem Führungsverhalten ließ er sich von der US-Armee inspirieren. Er schränkte Entscheidungsspielräume ein, versuchte die Beschäftigten mit einfachen Botschaften zu motivieren. Seine Sprache war gespickt mit militärischem Vokabular. Die Leitlinien des Unternehmens ließ er von einem Angehörigen der US-Marineinfanterie formulieren. Weiterhin begann er mit einem Ausbildungsprogramm für Filialleiter, das von Unteroffizieren durchgeführt wurde. Die Filialleiter lernten, wie sie sich beim Kontakt mit dem Feind, also mit Kunden und Mitarbeitern, verhalten sollten. Die neue Philosophie war für viele Mitarbeiter von The Home Depot ein Kulturschock, denn man hatte bisher eine wenig ausgeprägte Hierarchie und sehr viel Entscheidungsfreiheit. Viele Mitarbeiter verließen daher das Unternehmen. Der Chef verpflichtete alle Führungskräfte, Dossiers über ihre Mitarbeiter anzulegen, um sie, so die offizielle Begründung, bestmöglich einzusetzen. Nach sechs Jahren wurde Robert Nardelli entlassen, bezeichnenderweise jedoch, weil er die Aktienkurse nicht auf Vordermann gebracht hatte. Wobei dies nur bedingt sein Fehler war, denn die Baukonjunktur in den USA hatte sich abgeschwächt. Es kam hinzu, dass es Unstimmigkeiten bei der Bilanzierung gab und dass sein arrogantes Auftreten viele Anteilseigner gegen ihn aufgebracht hatte. Dazu hatte es immer wieder Kritik an seiner fürstlichen Bezahlung gegeben. Fürstlich war allerdings auch die Abfindung von schätzungsweise 210 Millionen Dollar. Es stellt sich die Frage, warum so jemand eine solche Position erhält und warum er sechs Jahre lang schalten und walten kann, wie er will. Hätte er in einem besseren Konjunkturumfeld agiert, wäre ihm wahrscheinlich sogar eine noch längere Verweildauer sicher gewesen.

## Mit Flexibilität den Wandel gestalten

Unsere Tätigkeit als Manager verlangt uns ein hohes Maß an Flexibilität ab. Wir müssen uns die Frage stellen, ob unsere Unternehmen in der Lage sind, die notwendige Flexibilität aufzubringen.

Dazu gehört sowohl die mentale Bereitschaft, sich auf die Zukunft einzustellen, als auch tatkräftiges Handeln.

Seit der Revolution in der Informationstechnologie wandelt sich unsere Welt immer stärker und immer schneller. Wir sind angekommen im Zeitalter der elektronischen Arbeitswelt. In nur 20 Jahren haben die Computer den Sprung von der Milli- zur Nanosekunde geschafft. Das ist etwa so, als würde die Lebensarbeit eines Menschen von 1980, das waren damals circa 80 000 Stunden, jetzt weniger als fünf Minuten benötigen.

Doch die elektronische Arbeitswelt stellt uns zusätzlich vor ganz neue Herausforderungen. Das Schlagwort der Globalisierung geht um, und damit kommen fast permanent Veränderungen auf uns zu, auf die wir uns erst einstellen müssen. In fast allen Ländern der Welt wird globalisiert, fusioniert, neu strukturiert. Wir können uns weniger denn je auf unserem Wissen ausruhen, da es schneller als noch vor Jahrzehnten Allgemeingut wird. Es lässt sich nicht mehr auf eine bestimmte Region beschränken. Was in einem deutschen Unternehmen produziert wird, können andere inzwischen auch. In vielen Fällen können die anderen es sogar besser und billiger. Unser Wettbewerbsvorsprung schmilzt dahin. Wir müssen uns daher neu positionieren. Sind wir dazu bereit? Sind unsere Manager den Anforderungen gewachsen?

Vielfach wird vermutet, dass die Manager und Mitarbeiter unserer deutschen Unternehmen bequem geworden sind. Sie wollen Besitzstände wahren, ihren Wohlstand beibehalten, sind aber nicht bereit, zusätzlichen Einsatz zu bringen. Damit würden wir aber in der Welt verlieren. Eine neue Flexibilität ist gefordert.

Laotse beschreibt bildlich, dass das Starre und Steife zerbrechen wird. Das Weiche und Geschmeidige dagegen wird sich durchsetzen. Es ist also klüger, sich neuen Anforderungen flexibel anzupassen.

Die Menschen kommen weich und geschmeidig zur Welt;
tot sind sie steif und starr.

Die Pflanzen kommen zart und biegsam zur Welt;
tot sind sie spröde und dürr.

Demgemäß gilt:
Wer steif und starr ist,
ist ein Schüler des Todes.
Wer weich und nachgiebig ist,
ist ein Schüler des Lebens.

Das Starre und Steife wird zerbrechen.
Das Weiche und Geschmeidige wird sich durchsetzen.

*Tao Te King, 76*

Beharren wir weiterhin darauf, zu bleiben, wie wir sind, werden wir den Anforderungen nicht gerecht. Unsere Unternehmen werden dann weitere Spitzenpositionen einbüßen oder vom Markt verschwinden. Wir müssen lernen, mehr Flexibilität zu zeigen.

In der Arbeitswelt war es früher üblich, dass man eine Vollzeiterwerbstätigkeit ausübte und in vielen Fällen sogar lebenslang. Das hat sich grundlegend geändert. Auch in deutschen Unternehmen wechseln die Mitarbeiter häufiger. Es gibt viele Teilzeitkräfte, Leiharbeiter, Franchise-Selbstständige und Mehrfachjobber. Damit ändert sich die Arbeitswelt radikal. Hinzu kommen neue Techniken und aufgrund der Globalisierung neue Märkte und neue Wettbewerber. Laotse rät, nicht an den Dingen festzuhalten, sondern sein Werk mit Gelassenheit zu verrichten, sich den Herausforderungen also zu stellen.

Man kann durchaus Tendenzen der Veränderung wahrnehmen – nicht immer muss es sich dabei um Bedrohungen handeln. Das Arbeitsleben verändert sich radikal. Vielleicht werden wir in Zukunft mehrere Jobs gleichzeitig ausüben, die Arbeitszeiten werden flexibler sein. Vielleicht werden wir am Wochenende arbeiten und können unsere sechs Wochen Urlaub auch nicht mehr an einem Stück nehmen. Wir müssen vermehrt Fremdsprachen lernen. Wir müssen Mehrarbeit leisten. Unser Gehalt wird erfolgsorientiert sein; wenn wir keinen Erfolg haben, wird es wesentlich geringer ausfallen.

Viele Angestellte sind heute schon zu Nomaden geworden. Zumeist sind tagsüber circa 20 Prozent der Deutschen irgendwie unterwegs: Mit Auto, Bus, Flugzeug, Bahn. Fast jedes siebte Paar in Deutschland lebt in einer Fernbeziehung. Offenbar verlangt der Beruf von uns, dass wir mehr Zeit unterwegs verbringen: Flughäfen, Bahnabteile, Fahrgasträume, Lounges sind typische Aufenthaltsorte. Und einen Großteil unseres Lebens verbringen wir in Warteschleifen, Zubringerdiensten, Zwischenstopps. Solche Veränderungen werden jeden betreffen, den einen mehr, den andern weniger.

Die Verkehrsmittel werden immer schneller, der persönliche Kontakt immer rudimentärer, berufliche Wechsel häufiger. Früher wechselte innerhalb eines Jahres jeder Zwanzigste seine Stelle, heute jeder Fünfte. Somit werden Mobilität und Flexibilität zu einer ganz wichtigen Bedingung für unsere Zukunftsfähigkeit.

*Der Vertriebsmanager in der Fahrradfabrik AG hat für 2006 folgende persönliche Statistik aufgemacht: Von den 365 Tagen im Jahr hatte er es gerade einmal geschafft, 44 Tage zu Hause zu verbringen, und zwar während seines Urlaubs, an einigen Wochenenden und zwei Krankheitstagen. 56 Tage verbrachte er im Flugzeug, in der Bahn, im Auto, in Warteschleifen der unterschiedlichsten Art. 22 Tage verbrachte er mit Kunden, Lieferanten, und ein paarmal auch mit Mitarbeitern beim Essen. 62 Tage entfielen auf Besuche bei Kunden, Geschäftspartnern und Lieferanten. Genau 107 Tage verbrachte er umgerechnet in irgendwelchen Meetings innerhalb des eigenen Unternehmens. Da blieben gerade noch 74 Tage für seine eigentliche Arbeit. Außerdem hatte er 8,5 Kilo zugenommen.*

Wichtig ist unsere Flexibilität auf dem Gebiet der Fortbildung. Wir werden in allen Branchen laufend neue Kenntnisse erwerben müssen. So wie der Bäcker gelernt hat, seinen Backofen zu programmieren, die Schneiderin, ihr Schnittmuster am Computer zu entwerfen, der Mann an der Werkbank, hoch komplizierte Fertigungscomputer zu bedienen: Kontinuierliches Lernen ist für die meisten längst Alltag.

Neben den technischen Innovationen werden vor allem Chancen und Risiken der Globalisierung unser Arbeitsleben bestimmen. Jede Nation ist nun mehr oder weniger gleichberechtigt und muss sich überlegen, wie sie die Chancen ergreifen und zukunftsfähig bleiben oder werden will. Jedes Unternehmen muss sich weltweit positionieren und versuchen, eine gute Ausgangsbasis einzunehmen.

Der Manager muss die Flexibilität an den Tag legen, um die notwendigen Veränderungen anzustoßen und die Mitarbeiter noch viel intensiver einzubinden. Wir müssen das Zögern und Zaudern überwinden und lernen, beherzt zuzugreifen.

Besonders die moderne Informationstechnologie wird unser Leben weiterhin erheblich verändern. Dabei verstärken sich Informationstechnologie und Globalisierung gegenseitig. Der explosionsartig zunehmende internationale Wettbewerb macht alle weltweit zu Konkurrenten. Steigender Kostendruck ist längst eine spürbare Auswirkung. Auch hier ist es wichtig, neue Methoden, neue Lösungen zu finden. Viele Unternehmen reagieren mit Konzentration. Diese Lösung scheint aber nicht die optimale zu sein. Es entstehen Konglomerate, die so komplex sind, dass sie nicht mehr führbar erscheinen.

Selbst in der verantwortlichen Gestaltung unseres eigenen Lebens benötigen wir eine angemessene Flexibilität. Längst lächeln wir über die Illusion der 1980er Jahre, dass die Renten sicher wären. Jeder muss von Anfang an vorsorgen, sich selbst Gedanken über seine Zukunft machen. Dabei muss sich jeder genau überlegen, welche Risikobereitschaft er an den Tag legt.

Nun ist der Manager und die Führungskraft natürlich nicht für alle Veränderung in dieser Welt verantwortlich. Aber er trägt sehr wohl eine Verantwortung, dass diese Veränderungen im Bewusstsein seiner Mitarbeiter ankommen und dass sie eine positive Haltung gegenüber Veränderungen entwickeln. Anders ausgedrückt, er muss versuchen, die Flexibilität seine Mitarbeiter zu stärken.

> […]
> Die Meister lassen die Dinge ruhig geschehen.
> Sie formen die Ereignisse, während sie auftreten.
> […]
>
> *Tao Te King, 45*

Ein Unternehmen ist dann zukunftsfähig, wenn der Wandel in den wichtigsten Zukunftsbereichen Informationstechnologie, Weiterbildung, Technologieakzeptanz, Mobilität und Arbeitsgestaltung als notwendig erkannt wird. Und wenn dies mit der Bereitschaft einhergeht, diesen auch aktiv in Angriff zu nehmen.

## Die Stärken des Managers im Sinne Laotses

Durch welche Eigenschaften zeichnet sich ein Manager aus, wenn er sich im Sinne Laotses am *Tao* orientiert? Viele seiner Empfehlungen lassen sich sehr konkret auf Manager übertragen:

> Das höchste Gut ist wie das Wasser,
> das alle Dinge nährt, ohne sich darum zu bemühen.
> […]
> Beim Denken: Halte dich ans Einfache.
> Im Streit: Sei fair und großzügig.
> Beim Lenken und Führen: Versuch nicht, Kontrolle auszuüben.
> In der Arbeit: Tu, was dir Freude bereitet.
> Im Familienleben: Steh voll und ganz zur Verfügung.
> […]
>
> *Tao Te King, 8*

## Halte dich ans Einfache

Anscheinend lieben wir Menschen eher das Komplizierte. Wir haben Gesetze, die so kompliziert formuliert sind, dass sie nur Fachleute verstehen. In Unternehmen gibt es Rundschreiben, die kein Mensch versteht. Es gibt Organisationspläne, die schlichtweg unverständlich sind. Die meisten Probleme haben Mitarbeiter im Arbeitsalltag, weil sie nicht verstehen, welche Anweisungen ihnen ihr Chef gegeben hat. Vermutlich versteht sie nicht einmal ihr Chef. Ansonsten hätte er die Arbeitsaufgabe auch einfach beschreiben können.

## Sei fair und großzügig

Jeder Manager könnte fair und großzügig sein. So scheint es aber in der Praxis selten zuzugehen. Fairness und Großzügigkeit kosten kein Geld, sie sind eine Lebenseinstellung. Sie repräsentieren die Offenheit des Managers. Fairness und Großzügigkeit führen zu einer außerordentlichen Einsatzfreudigkeit der Mitarbeiter.

## Versuche nicht, Kontrolle auszuüben

Die meisten Manager vertrauen ihren Mitarbeitern nicht. Sie sind erst zufrieden, wenn eine entsprechende Kontrolle das Ergebnis bestätigt. Dazu gehört auch die Überzeugung, alles müsse messbar sein. So wird selbst das beziffert, was sinnvoll nicht messbar ist. Viele Zahlen, die heute in Unternehmen erhoben werden, spiegeln die Wirklichkeit nicht wider. Aber sie werden zur Grundlage von teilweise weitreichenden Entscheidungen gemacht.

## Tu, was dir Freude bereitet

Freude an der Arbeit ist die beste Motivation. Es gibt viele Menschen, denen ihre Arbeit Freude macht. Also lasst sie arbeiten. Und denkt darüber nach, warum anderen Menschen die Arbeit keine Freude macht. Vielleicht muss man die Aufgabe ändern, vielleicht unsinnige Regularien aufgeben. Wann immer man jemanden mit einer Aufgabe betrauen kann, die ihm Freude macht, sollte man dies tun. Keiner wird besser arbeiten.

### Steh voll und ganz zur Verfügung

Die Mitarbeiter brauchen selbstverständlich den Rückhalt bei ihren Vorgesetzten. So fordert Laotse, dass der Manager präsent sein soll. Es genügt nicht, eine offene Tür zum Büro zu haben. Auch die Bereitschaft, sich für den Mitarbeiter Zeit zu nehmen, ist wichtig. Sei präsent, stehe zur Verfügung.

Ebenso ernst wie seine Mitarbeiter sollte der Manager sich selbst idealerweise nehmen:

> […]
> Wenn du zufrieden einfach nur du selbst sein kannst
> und dich mit andern weder vergleichst noch misst,
> wird jeder dich achten.
>
> *Tao Te King 8*

Darf der Manager zufrieden sein? Wird Zufriedenheit heute nicht gleichgesetzt mit Stillstand? Können wir wachsen, wenn wir uns nicht vergleichen? Ist der andere Manager, die andere Firma nicht unsere Benchmark? Haben wir vergessen, dass wir immer besser werden wollen? Können wir überhaupt überleben, wenn wir rosten, wenn wir nicht weitereilen, wenn wir nicht immer wieder neue Ziele setzen und uns abmühen, sie zu erreichen?

Der Manager muss darauf achten, dass er mit sich und seiner Leistung zufrieden ist oder wird. Dann hat er die Kraft, motivierende Zufriedenheit auch an seine Mitarbeiter weiterzugeben.

Der Meister erledigt seine Arbeit
und lässt es damit genug sein.
Er begreift, dass das Universum
sich für immer der Kontrolle entzieht
und dass der Versuch, Ereignisse zu beherrschen,
der Strömung des *Tao* zuwiderläuft.
Weil er an sich selbst glaubt,
versucht er nicht, andere zu überzeugen.
Weil er mit sich selbst zufrieden ist,
braucht er nicht den Beifall anderer.

*Tao Te King, 30*

Das sind sicher hohe Ansprüche. Aber sie formulieren auch die Zielvorstellungen für die »Meister«, für die »Berufenen«, an denen man sich orientieren kann. Die Kraft liegt im *Tao*. Nur wer aus dem *Tao* heraus lebt, kann diesen Zielvorstellungen näherkommen. Mein chinesischer Freund erklärte mir das folgendermaßen: »Kein Chinese kann den Anforderungen vollkommen gerecht werden. Doch im Unterschied zu den Europäern ziehen sich die Chinesen häufiger in sich zurück, besinnen sich auf sich selbst, zum Beispiel durch Meditation.«

»Meditation ist aber nicht nur in China zu Hause.«

»Das ist schon klar. Aber sie wird in China häufiger praktiziert. Meditierst du zum Beispiel regelmäßig?«

»Nein, es fehlt an der Zeit ...«

»Genau, und das ist der Unterschied. Chinesen nehmen sich die Zeit.«

Er grinste mich an. »Und dann finden sie auch das *Tao*, oder nenn es die Weisheit, richtig zu handeln.«

Wenn ein großer Mensch vom *Tao* hört,
beginnt er sofort danach zu leben.
Wenn ein Durchschnittlicher vom *Tao* hört,
so glaubt er halb, halb zweifelt er.

Wenn ein Törichter vom *Tao* hört,
lacht er laut heraus.
[…]
Demgemäß sagt man:
Der Weg ins Licht scheint dunkel zu sein,
der Weg nach vorne scheint zurückzuführen,
der kürzeste Weg scheint lang zu sein,
wahre Kraft scheint schwach zu sein,
wahre Reinheit scheint befleckt zu sein,
wahre Standhaftigkeit scheint wankelmütig zu sein,
wahre Klarheit scheint unklar zu sein,
die größte Kunst scheint ungekünstelt zu sein,
die größte Liebe scheint gleichgültig zu sein,
die größte Weisheit scheint kindisch zu sein.
Das *Tao* ist nirgendwo zu finden.
Doch es nährt und vollendet alle Dinge.

*Tao Te King, 41*

Immer wieder geht Laotse auf den Dualismus des Seins ein. Es sind immer die Gegensätze, aus denen das Vollkommene entsteht. Unserem Entweder-oder-Denken wird hier das Sowohl-als-auch gegenübergestellt. Nur im *Tao* besteht die ursprüngliche Einheit.

Bevor noch Zeit und Raum bestanden –
Seitdem besteht das *Tao* schon.
Es liegt jenseits von Sein und Nichtsein.
Woher ich weiß, dass dies zutrifft?
Ich schau in mich hinein und sehe es.

*Tao Te King, 21*

Mit dieser Gewissheit stellt sich der Taoist dem Leben. Das ist seine Stärke, die ihn kräftig und widerstandfähig macht. Und was macht der westlich orientierte Manager? Er kann die Einsicht gewinnen, dass nicht er wirklich wichtig ist, sondern die anderen.

Dass er den anderen zu dienen hat. Wir können das Wort Diener austauschen gegen Berater, Unterstützer, Förderer.

Nicht der Ton des Topfes ist wichtig, sondern die Leere, die der Ton umgibt. Nicht das Holz für den Bau eines Hauses ist wichtig, sondern der Innenraum, in dem man leben wird. Nicht der Manager ist wichtig, sondern die Mitarbeiter, die ihm zuarbeiten.

Es geht darum, den Mitarbeitern den notwendigen Freiraum zu geben, um sich zu entfalten. Die Welt und noch viel mehr ein Unternehmen haben die Kraft, sich selbst zu regulieren. Es gibt eine Kraft, die im Unternehmen steckt, die nur geweckt werden muss.

> Willst du ein großer Führer werden,
> dann musst du lernen, dem *Tao* zu folgen.
> Unterlass jeden Versuch, Kontrolle auszuüben.
> Lass festgelegte Pläne und Konzepte los,
> und die Welt wird sich selbst regieren.
>
> *Tao Te King, 57*

Greift man nicht in das Geschehen ein, so ergibt sich auch kein Widerstand. Man muss also Widerstände gar nicht ausräumen.

Wie weckt man die Kraft, die in den Mitarbeitern steckt, ohne einzugreifen? Ich habe gute Erfahrungen mit der sogenannten Open-Space-Technik gemacht. Sie versucht, für Gruppen einen Raum zu schaffen, in dem sie selbstverantwortlich ein Anliegen oder Thema bearbeiten können. Man könnte sich gut vorstellen, eine ganze Abteilung in eine solche Open-Space-Konferenz einzubeziehen. Dabei sollen viele Menschen mobilisiert werden, um komplexe unternehmerische Fragestellungen zu lösen. Dabei sollen sich die Teilnehmer nicht nur beteiligen, sondern sie sollen aus dem Thema ein Herzensanliegen machen und somit auch eine hohe Lösungskraft entwickeln.

Bei der Open-Space-Konferenz gibt es keine Hierarchien. Jeder ist gleichberechtigt und kann sich, ja soll sich entsprechend einbringen. Wichtig ist, dass alle Teilnehmer von dem Thema betroffen sind. Dabei ist das Thema meistens so komplex, dass es keine trivialen Lösungen gibt. Das Thema muss breit angelegt sein, sodass viele kreative Ideen angeregt werden. Viele Teilnehmer sollen sich in dieser Weise kreativ beteiligen. Das Interessante an dieser Methode ist, dass es keine feste Tagesordnung gibt, keine vorbestimmten Redner und auch keine festgelegten Aufgaben. Alles ergibt sich aus dem Ablauf der Tagung heraus.

Für eine solche Methode eignen sich besonders gut Themen der Zusammenarbeit. Wie arbeitet man in einer Abteilung zusammen? Wie kann man zwischen einzelnen Funktionen zusammenarbeiten? Da die meisten Teilnehmer an der Lösung dieser Fragestellung großes Interesse haben, kommt schnell eine sehr intensive Diskussion in Gang.

Im Laufe einer solchen Konferenz wird man feststellen, dass man viele Menschen aktivieren kann, die viele neue Ideen und Lösungsmöglichkeiten finden. Die Umsetzung kann in der Praxis dadurch problematisch werden, da sie in dem gewohnten hierarchischen Umfeld erfolgen muss. Hier bestehen Widerstände und Vorbehalte. Es kommt schließlich auf den Manager an, die gefundenen Ansätze behutsam in die Praxis zu überführen. Vielleicht ist es auch sinnvoll, einen Teil der offenen Struktur in das Tagesgeschäft zu übernehmen.

## Inspirationen und Denkanstöße zum Thema Handeln

Der Meister redet nicht, er handelt.

*Tao Te King, 17*

Lass dein Wirken ein Geheimnis bleiben.
Zeig den Menschen bloß das Ergebnis.

*Tao Te King, 36*

Der Meister handelt im Stillen. Er handelt und präsentiert Ergebnisse und nicht in erster Linie seine Person. Am Ergebnis erkennen die Menschen auch die Persönlichkeit des Handelnden.

Legen Sie großen Wert auf die Präsentation Ihrer Arbeit?

Lassen Sie Ihren Mitarbeitern den Vortritt, wenn es darum geht, die Arbeitsergebnisse Ihrer Abteilung zu präsentieren?

Werden Sie von Ihren Mitarbeitern anerkannt?

Geben Sie Lob und Anerkennung an Ihre Mitarbeiter weiter?

Der Meister erledigt seine Arbeit
und lässt es damit genug sein.

*Tao Te King, 30*

Sie tun, was sie tun müssen,
und verlangen nichts von anderen.

*Tao Te King, 79*

Sie wollen keinen Lohn, kein Lob. Sie handeln aus innerer Motivation.

Wie gehen Sie mit Druck um, der von Ihren Vorgesetzten ausgeht? Geben Sie ihn ungebremst an Ihre Mitarbeiter weiter?

Welche Rolle spielen materielle Anreize (Aktienoptionen, Prämien, Beteiligungen ...) für Sie?

Haben Belohnungen Sie zu einer besonderen Leistung motiviert oder hätten Sie die Leistung sonst auch erbracht?

Ist Ihnen ein kurzfristiger großer Erfolg lieber als ein nicht so großer, jedoch qualitativ abgesicherter langfristiger Erfolg?

Daher handeln die Meister,
indem sie den Dingen freien Lauf lassen.

*Tao Te King, 64*

Zum Handeln gehört auch, dass der Manager den Freiraum schafft, in dem die Mitarbeiter sich entfalten können. Er sollte nicht mehr Kontrolle ausüben als unbedingt erforderlich.

Worin drückt sich aus, dass Sie Ihren Mitarbeitern vertrauen, statt sie zu kontrollieren?

Welche Möglichkeiten haben Ihre Mitarbeiter, um ihre Kreativität zu entfalten?

> Wenn ein großer Mensch vom *Tao* hört,
> beginnt er sofort danach zu leben.
>
> *Tao Te King, 41*

> Die Meister lassen die Dinge ruhig geschehen.
> sie formen die Ereignisse, während sie auftreten.
>
> *Tao Te King, 45*

Erkennen Sie Veränderungen in Ihrer Arbeits- und Lebensumwelt rechtzeitig?

Welche Haltung haben Sie zu Veränderungen, die durch die Globalisierung auf uns zukommen?

Welchen Einfluss haben Sie auf die Einstellung Ihrer Mitarbeiter gegenüber Veränderungen?

> … Halte dich an das Einfache.
> … Sei fair und großzügig.
> … Versuch nicht Kontrolle auszuüben.
> … Tu, was dir Freude bereitet.
> … Steh voll und ganz zur Verfügung.
>
> *Tao Te King, 8*

Es geht um bekannte Eigenschaften, von Bescheidenheit bis Großzügigkeit. Ähnliche Tugenden formuliert auch das Christentum.

Sind das noch zeitgemäße Eigenschaften, die uns erfolgreich agieren lassen, oder werden wir nur ausgenutzt?

Fallen Ihnen Situationen ein, in denen die einfachen Lösungen überlegen waren?

Gehen Sie mit Ihren Mitarbeitern fair und großzügig um?

Überprüfen Sie gelegentlich, ob Ihre Kontrollmaßnahmen im Einzelnen wirklich förderlich sind?

Tun Sie Ihre Arbeit überwiegend mit Freude? Wissen Sie, welche Tätigkeiten Ihren Mitarbeitern am meisten liegen?

Wie sorgen Sie dafür, dass Sie präsent und ansprechbar sind, wenn Ihre Mitarbeiter sie benötigen?

> Die Meister bleiben in ihrem Sinn
> stets eins mit dem *Tao*;
> ebendies gibt ihnen ihren strahlenden Glanz.
>
> *Tao Te King, 21*

Ich konzentriere mich auf mein Inneres und auf das Jetzt. Dann habe ich die Kraft, mehr zu entdecken und zu lernen. Wenn ich auf mich achte und mit mir selbst in Übereinstimmung bin, kann ich auch andere beeinflussen.

Welche Möglichkeiten nutzen Sie, um mit sich selbst ins Reine zu kommen und den Zugang zu Ihrer inneren Kraft zu erhalten?

Haben Sie schon einmal meditiert?

# 5

# Die wahre Größe bedarf keiner Darstellung

Der Meister bemüht sich nicht um Macht;
deshalb ist er wahrhaft mächtig.
Der Gewöhnliche greift ständig nach der Macht;
Deshalb hat er nie genug.
[...]

*Tao Te King, 38*

Unser Selbstverständnis drückt sich im Handeln aus.

»Natürlich verändert umgekehrt das Handeln auch unser Selbstverständnis, unsere Persönlichkeit, unser Sein«, sagt mein chinesischer Freund. »Nimm an, du hast zusammen mit deinen Mitarbeitern eine Strategie vereinbart, und die Umsetzung ist unter deiner Führung außerordentlich erfolgreich gewesen. Das nächste Mal wird das Handeln noch sicherer und zielgerichteter sein und deine Mannschaft weiß, dass sie sich auf dich verlassen kann.«

## Mit Gelassenheit zum langfristigen Erfolg

»Alle chinesischen Weisen sind sich darin einig: Die wahre Größe bedarf keiner Darstellung. Und diese Einstellung findet man durchaus auch heute noch. Lieber einen Schritt zurücktreten. Wenn man aus seiner Überzeugung heraus erfolgreich handelt, erschließt sich diese wahre Größe von selbst.« Mein Freund erzählte mir, dass er diese Einsicht auch ganz bewusst nutzt. Er geht wie alle anderen Mitarbeiter mittags meistens in die Kantine. Dort trifft er den einen und den anderen, schnell beginnt ein Gespräch, und er erfährt so manches, was im Unternehmen vor sich geht. Er selbst gibt sich zurückhaltend und die Mitarbeiter honorieren, dass er zuhört und sich seine Meinung bildet. Gleichzeitig wissen Sie, dass er sein Wissen nicht missbraucht.

[...]
Die Meister greifen nie nach dem Großen;
folglich erlangen sie Größe.
Wenn sie auf eine Schwierigkeit stoßen,
machen sie halt und widmen sich ihr.
Sie hängen nicht an ihrem Wohlergehen;
folglich sind Probleme für sie kein Problem.

*Tao Te King, 63*

Neulich habe ich die Aussage gelesen, dass die gegenwärtige Managergeneration nur satt und zufrieden sei. Ihnen würden Ehrgeiz und Mut fehlen. Ein komfortables Leben sei ihnen wichtiger. In diesem Artikel beschimpfte man sie quasi als Selbstverwirklicher. Ich muss gestehen, dass mir dies noch nicht aufgefallen ist. Aber wenn ich darüber nachdenke: Klingt dies nicht irgendwo nach Laotse?

Was sind das für Manager? Sie sind nicht mehr bereit, jedes Risiko einzugehen. Sie sind nicht mehr bereit, ihr Privatleben zu vernachlässigen für den Beruf. Sie sind einfach satt und zufrieden. Gehaltserhöhungen motivieren sie nicht, mehr zu leisten, und Prämien sind für sie keine Herausforderung.

Man könnte es auch positiv sehen: Wenn dies so stimmt, dann klingt es nach Abbau von Abhängigkeiten, nach einer Konzentration auf sich selbst, nach der Verinnerlichung von taoistischen Prinzipien.

Anscheinend gibt es mittlerweile vermehrt Manager, die klassische Karrieremuster infrage stellen, die abwägen zwischen Beruf und Privatleben. Sie ergreifen den Managerberuf und übernehmen damit Verantwortung gegenüber sich selbst und gegenüber dem Unternehmen. Ihr Realismus und ihre Gelassenheit können auch eine Chance für die Unternehmen sein. Es bedeutet nicht, dass diese Manager weniger energisch, weniger konsequent, weniger aktiv sind. Eher bedeutet es, dass diese Manager mit mehr Geduld und Bescheidenheit führen und leiten.

In vielen deutschen Unternehmen ist inzwischen die Zufriedenheit der Kunden als Unternehmensziel wiederentdeckt worden. Auf sie richtet man die Unternehmensstrategie aus. So hat die Versicherungsgesellschaft Allianz verkündet, dass die Zufriedenheit der Kunden der neue Fokus sei. Zufriedene Kunden sind treue Kunden. Und mit treuen Kunden kann man gut Geld verdienen. Auch die deutsche Bahn hat die zufriedenen Kunden entdeckt. Der Schluss ist ganz einfach, zufriedene Kunden werden – beziehungsweise würden – häufiger mit der Bahn fahren. Die Lufthansa mag dies ähnlich sehen und will zufriedene Kunden immer wieder in ihre Flugzeuge bringen. Realistische Manager ohne übersteigerte Erwartungen können diese Strategien glaubwürdig vertreten.

Vielen Unternehmen mussten die Erfahrung machen, dass sie zufriedene Kunden verloren haben. Zuerst verloren die Kunden ihre Zufriedenheit, dann die Unternehmen ihre Kunden. Sie sind abgewandert zur Konkurrenz. In vielen Unternehmen entdeckt man, dass Vertriebsleute, motiviert durch hohe Abschlussprämien, schnell Kasse gemacht haben, ohne aber die Kunden anschließend zu betreuen. Es war lukrativer, Neukunden und eine saftige Provision zu gewinnen. Besonders in der Versicherungsbranche war dies eine ernüchternde Erfahrung. Die Kunden wurden abgefertigt und dann ihrem Schicksal zu überlassen. Diese haben dann irgendwann gekündigt und sind nun für das Unternehmen verloren.

Solche Entwicklungen haben viele Unternehmen wieder den zufriedenen Kunden in den Mittelpunkt ihrer Überlegungen stellen lassen. Zufriedene Kunden werden aber nur gepflegt und gehegt von Mitarbeitern, die nicht nach dem schnellen, oberflächlichen Erfolg streben. So einfach ist das.

Diese Gelassenheit gewinnt der Manager vor allem durch eine gelungene Balance zwischen Arbeit und Privatleben, oder neudeutsch durch Work-Life-Balance.

## Der Manager stellt die Mitarbeiter in den Mittelpunkt

> [...]
> Demgemäß sind die Meister für alle Menschen da
> und weisen niemanden zurück.
> Sie nutzen alle Situationen
> und verschwenden nichts.
> Das nennt man Verkörpern des Lichts.
>
> Was ist ein guter Mensch anderes als der Lehrer eines schlechten?
> Was ist ein schlechter Mensch anderes als die Aufgabe eines guten?
> Wenn du dies nicht begreifst, gerätst du auf Irrwege,
> wie intelligent du auch bist.
> Es ist das große Geheimnis.
>
> *Tao Te King, 27*

Mitarbeiterzufriedenheit und Kundenzufriedenheit bedingen einander. Eigentlich ist dies eine Binsenweisheit. In vielen Unternehmen steht es in den Hochglanzbroschüren, die Praxis sieht jedoch oft anders aus. Ist der Manager für seine Mitarbeiter da oder sind die Mitarbeiter für die Bedürfnisse des Managers da?

Was kann ein Manager tun, um die Arbeitszufriedenheit seiner Mitarbeiter und damit letztlich auch die Kundenzufriedenheit zu verbessern?

Hier sind einige konkrete Vorschläge wie ein Manager die Zufriedenheit seiner Mitarbeiter fördern kann:

- Der Mitarbeiter erhält Informationen über das Unternehmen, seine Ziele und seine Strategien rechtzeitig.
- Der Mitarbeiter weiß, welche Aufgabe er im Rahmen der Unternehmensziele zu erfüllen und welche Bedeutung sie hat, und fühlt sich seiner Aufgabe gewachsen.
- Der Manager pflegt einen regelmäßigen und offenen Austausch mit seinen Mitarbeitern. So erfährt auch er von seinen Mitarbeitern ein entsprechendes Feedback.
- Er gestaltet die Gesprächsatmosphäre offen und vertrauensvoll. Der konstruktive Dialog steht im Vordergrund.
- Der Manager kennt das Potenzial seiner Mitarbeiter. Er fördert sie und unterstützt ihre persönliche Weiterentwicklung.
- Der Manager bedankt sich bei seinen Mitarbeitern, wenn er von ihnen Informationen bekommen hat. Diese Informationen kann er bei seinen eigenen Aufgaben verwenden.
- Der Manager überlegt genau, wie er seine Zeit am besten einsetzt. Deshalb nimmt er sich Zeit, wenn seine Mitarbeiter seine Unterstützung benötigen.
- Der Manager hat ein vertrauensvolles Verhältnis zu seinen Mitarbeitern. Er tritt für sie ein, wenn sie von Außenstehenden angegriffen werden. Im persönlichen Gespräch klärt er die entstandenen Differenzen.
- Der Manager geizt nicht mit Lob. Gute Arbeit hat ein eindeutiges Lob verdient.
- Der Manager lässt seinen Mitarbeitern den Vortritt. Wenn er Arbeitsergebnisse präsentieren muss, dann überlässt er dies dem Mitarbeiter, der maßgeblich an den Arbeitsergebnissen beteiligt war. Er gewährt die nötige Unterstützung.

*In der Fahrradfabrik AG waren die leitenden Mitarbeiter in einer Klausur zusammengekommen. Dabei stellten sie fest, dass sie sich zwar viel um ihre Kunden kümmerten, aber die Pflege der eigenen Mitarbeiter doch vernachlässigt hatten. Indikatoren hierfür waren erhöhte Krankenstände, zunehmende Unzufriedenheit sowie eine verstärkte Fluktuation. Daraus entstand ein Plan, regelmäßig mit allen Mitarbeitern einen Klausurtag einzulegen und dann in Projektgruppen einzelne Themen zu bearbeiten und auch einfach Zeit für Gespräche zu haben. So wollte man zu einer neuen Qualität der Zusammenarbeit kommen. Basis war die Wahrnehmung: Wer bin ich selber und wer ist der andere. Die Mitarbeiter lernten in diesen Gesprächen, ihre eigenen Grenzen deutlich zu zeigen, aber auch die Empfindlichkeiten der Kollegen zu erkennen. Dies führte zu durchaus fruchtbaren Gesprächen, die eine ganze Reihe von Verbesserungsmöglichkeiten aufzeigten. Viele Vorschläge betrafen die Gestaltung der Arbeitsplätze, aber auch Verbesserungen im Prozessablauf. Daneben gab es viele Hinweise zur Verbesserung der Kommunikation zwischen den Kollegen sowie zwischen den Hierarchieebenen. Binnen eines halben Jahres stieg die Zufriedenheit der Mitarbeiter und ihre Motivation signifikant. Der Krankenstand ging zurück und eine Fluktuation gab es so gut wie gar nicht mehr. In diesen ersten Gesprächen hatten sich die Vorgesetzten weitgehend zurückgenommen und den Mitarbeitern einen großen Aktionsspielraum gegeben. Diese hatten ihn freudig genutzt.*

Mitarbeiterentwicklung ist nach taoistischer Vorstellungen eine einseitige Aufgabe des zur Führung »Berufenen«. Dies sollte ihm keine Last, sondern eine große Freude und Genugtuung sein. Deshalb heißt es im *Tao Te King:*

> […]
> Die Meister können dauernd geben,
> weil ihr Reichtum niemals versiegt.

Sie handeln ohne Erwartung,
haben Erfolg, ohne Anerkennung für sich zu beanspruchen,
und halten sich nicht für besser als sonst jemanden.

*Tao Te King, 77*

## Vom maßvollen Gebrauch der Macht

Normalerweise hat man bei seinem Tun gewisse Erwartungen, und kaum jemand aus unserer westlichen Welt kann von sich behaupten, dass er agiert, ohne Anerkennung zu beanspruchen. Laotse hält gerade die Zurückhaltung, den fehlenden Anspruch auf Anerkennung für das Ideal. Ein großer Manager kann geduldig und bescheiden sein – im Vertrauen darauf, dass seine Leistung dennoch wahrgenommen wird.

Auch die Bibel lehrt: »wer sich selbst erhöht, wird erniedrigt werden«[1]. Gilt das auch für das Management? Erwarten wir nicht eher von einem Manager, dass er für Stärke steht, dass er Stärke verkörpert, dass er stark ist?

So beruft man sich heute eher auf Machiavelli, der meint, dass nur ein besonders starker Manager sich durchsetzen, das Chaos bändigen kann. Er befürwortet alle harten und einschneidenden Maßnahmen, wenn damit verlässliche Strukturen geschaffen werden. Selbst wenn unter dieser Stärke einige Individuen – Mitarbeiter – leiden, ist der Gesamterfolg, der Nutzen für das Gemeinwesen, letztendlich der Maßstab. Vielleicht war aber gerade in den von Machiavelli geschilderten Situationen die Stärke des Fürsten und die damit einhergehende Gewalt Grund für das Chaos.

Auch Laotses Denken stammt aus einer solchen chaotischen Welt. Seine Schlussfolgerungen waren jedoch andere. Er plädiert nicht für die Stärke und Durchsetzungsfähigkeit des Einzelnen. Er wünscht sich nicht den Macher. Jeder soll mit Bescheidenheit und

Gelassenheit im Vertrauen auf die selbstregulative Kraft des *Tao* seinen Beitrag leisten. Sicher ist es nicht einfach, dieser Einsicht zu folgen. Da hat es der Macher leichter. Er findet schnell Gefolgschaft. Auf Bescheidenheit und Gelassenheit zu setzen erfordert eine umfassende Einsicht – in die Weisheit, die sich nur im *Tao* findet.

> Das große *Tao* fließt überallhin.
> Alle Dinge gehen aus ihm hervor,
> doch es erschafft sie nicht.
> Es ergießt sich in sein Werk,
> doch es erhebt keine Forderung.
> […]
> Da es mit allen Dingen verbunden
> und in ihrem Innersten verborgen ist,
> kann man es bescheiden nennen.
> Da alle Dinge in es hinein verschwinden
> und nur dies allein bestehen bleibt,
> kann man es groß nennen.
> Es ist sich seiner Größe nicht bewusst;
> folglich ist es wahrhaft groß.
>
> *Tao Te King, 34*

Der Manager bemüht sich, die Kräfte zu verstehen, die in einer Situation wirken und außerhalb seines Einflusses stehen. Vermutlich kann man dies nur aus der Erfahrung lernen, kommt man nur durch Erfahrung zu dieser Weisheit. Dies drückt Laotse so aus:

> Der Meister bemüht sich nicht um Macht;
> deshalb ist er wahrhaft mächtig.
> Der Gewöhnliche greift ständig nach der Macht;
> deshalb hat er nie genug.

Der Meister tut nichts,
doch er lässt nichts ungetan.
Der Gewöhnliche tut immer irgendetwas,
doch noch viel mehr bleibt zu tun übrig.

Der Menschenfreundliche tut etwas, doch etwas bleibt ungetan.
Der Gerechte tut etwas und vieles bleibt noch zu tun.
Der Moralist tut etwas, und wenn niemand reagiert,
krempelt er die Ärmel hoch und wendet Gewalt an.

Wenn das *Tao* verloren geht, herrscht die Rechtschaffenheit.
Wenn die Rechtschaffenheit verloren geht, herrscht die Moral.
Wenn die Moral verloren geht, herrscht das Ritual.
Das Ritual ist die bloße Hülle des wahren Glaubens,
der Beginn des Wirrwarrs.

Daher beschäftigt sich der Meister
mit der Tiefe und nicht mit der Oberfläche,
mit der Frucht und nicht der Blüte.
Er hat keinen Eigenwillen.
Er wohnt in der Wirklichkeit
und lässt alle Illusionen los.

*Tao Te King, 38*

Was könnte das also für Manager heißen?

Verzichtet auf die (äußeren Insignien der) Macht, dann erhaltet ihr fast automatisch die Macht, die notwendig ist, um erfolgreich zu agieren. Diejenigen, die nach Macht gieren, brauchen immer mehr und werden so letztlich unglaubwürdig. Manche Spitzenmanager sahen sich irgendwann in die Öffentlichkeit gezerrt, weil sie Macht zu schamlos nutzten. Der Manager muss auf die äußerliche Macht verzichten, um wahrhaft Einfluss zu erhalten.

Der gute Manager tut nichts, so sagt Laotse. Doch er lässt auch nichts ungetan. Er lässt sich nicht vom Stress überraschen, sondern arbeitet in Ruhe und mit Vernunft seine Aufgaben ab. Der schlechte

Manager dagegen wird überrollt von Terminen, Aufgaben, Anforderungen. Er ist stets beschäftigt, vermutlich schuftet er sogar, weil er glaubt, die Verpflichtung zu haben. Und er kann sich nicht befreien, er kann sich nicht lösen. Er führt zu wenig, delegiert zu wenig, konzentriert sich nur auf sich.

Laotse beschreibt den Zustand der Welt. Der Menschenfreundliche setzt sich ein, doch er kann nicht alles erfüllen. Der Gerechte setzt sich ein, doch auch er kann nicht alle Anforderungen erfüllen. Der Moralist versucht zu einer generellen Lösung zu kommen. Er wendet Macht und Gewalt an und löst damit auch das eine oder andere Problem. Doch wollen wir solche Manager?

Wenn das Gleichgewicht des *Tao* verloren gegangen ist, so dienen Rechtschaffenheit und Moral zur Aufrechterhaltung der Ordnung, und schließlich bleibt nur noch das Ritual übrig, das lediglich noch eine leere Hülle ist.

Was empfiehlt Laotse den Managern?

Sie sollen in die Tiefe gehen und nicht am oberflächlichen Schein hängen bleiben. Viele Probleme vergrößern sich und explodieren regelrecht, weil niemand bereit ist, das Problem in seinen tieferen Ursachen anzugehen und zu verstehen. So werden Entscheidungen ohne Verständnis getroffen; viele dieser Entscheidungen führen in Sackgassen.

Sie sollen sich mit der Frucht beschäftigen und nicht mit der Blüte. Sie sollen wissen, wie die Frucht, das Ergebnis aussehen soll und dann Entscheidungen treffen.

Der Manager soll darauf verzichten, im egoistischen Eigeninteresse zu handeln. Er muss unabhängig von seinen eigenen Bedürfnissen und Vorstellungen analysieren und nüchtern entscheiden. Er muss die Wirklichkeit erkennen und darf sich keinen Illusionen hingeben.

*In der Fahrradfabrik AG gibt es einen erfahrenen Manager. Er dient schon über 30 Jahre in dem Unternehmen und konnte sich vielerlei Fähigkeiten aneignen. Er ist anerkannt. Er hat es gar nicht nötig, lautstark seine Meinung zu sagen. Seine Meinung ist anerkannt. Und noch mehr anerkannt ist, dass er auch anderen Kollegen, jüngeren Mitarbeitern eine Meinung zubilligt, ja sie geradezu herausfordert, Stellung zu beziehen. Niemand würde handeln, ohne auf seine Meinung zu hören, obwohl er dies von sich aus gar nicht fordert. Aber das ist kein Konflikt, weil er sich auch der Meinung von anderen, von Jüngeren anschließen kann, wenn sie sinnvoll sind. Er hat die Macht, aber er nutzt sie nicht egoistisch. Und dann verfügt er plötzlich doch über Macht und über noch viel mehr.*

## Vertrauen bewahren und weitergeben

Wem kann man im Arbeitsleben heute vertrauen? Das Misstrauen unter Kollegen ist oft groß. Man befindet sich in einer Konkurrenzsituation: Jeder hat seine eigenen Ziele. Jeder will Karriere machen. Jeder will seine persönlichen Vorteile erlangen. Und notfalls werden dafür eben auch Loyalitäten geopfert. Dabei schwindet das Vertrauen. Vertrauen kann man nicht erzwingen, befehlen. Vertrauen ist abhängig von positiver Erfahrung – und Erfahrung braucht ihre Zeit. So kommt Laotse auch zu der folgenden Aussage:

> […]
> Die Meister, die im *Tao* wohnen,
> gehen allen Wesen mit gutem Beispiel voran.
> […]
> Weil sie nichts zu beweisen brauchen,
> können alle ihren Worten vertrauen.
> […]
>
> *Tao Te King, 22*

Wenn man in einem Unternehmen jemanden sucht, der vertrauenswürdig ist, so kann man sich am besten an die älteren Manager wenden. Sie haben eine Menge Erfahrung, haben ihre Karriere bereits abgeschlossen. Sie sind mit sich und ihrem Umfeld weitgehend zufrieden. Auf sie kann man durchaus mit Vertrauen zugehen. Sie werden das Vertrauen nicht ausnutzen.

In vielen Unternehmen gibt es ein Paten- oder Mentorsystem. In diesen Firmen übernehmen erfahrene Manager die Patenschaft für einen jungen Manager, der sich noch in der Entwicklung befindet. In regelmäßigen, zwanglosen Gesprächen werden Erfahrungen ausgetauscht. Der erfahrene Manager kann den anderen mit Ratschlägen unterstützen. Er kann auch manches Problem im hierarchiefreien und angstfreien Raum ansprechen. So profitieren die Jungen von der Erfahrung der Alten.

Der Mentor muss selbst als Führungskraft gearbeitet haben. Nur dann wird er in der Regel auch von »jungen« Führungskräften als Rat- und Impulsgeber, sprich Mentor, akzeptiert. Ein Mentor muss noch weitere Bedingungen erfüllen. Er sollte zum Beispiel nicht der disziplinarische Vorgesetzte seines Mentee sein. Das erleichtert den offenen Austausch.

Allerdings ist nicht jede erfahrene Führungskraft als Mentor geeignet. Ein guter Mentor sollte sich daran erinnern, dass auch er einmal ein blutiger Anfänger als Führungskraft war. Er sollte zudem noch wissen, dass ihm als junge Führungskraft manche Entscheidung schlaflose Nächte bereitet hat. Sonst fehlt ihm das nötige Verständnis für sein Gegenüber. Natürlich sollte ein Mentor keine Entscheidungen für seinen Mentee treffen. Dies ist nicht seine Aufgabe. Er soll vielmehr bei der jungen Führungskraft Lernprozesse initiieren, steuern und begleiten, damit aus ihr eine Führungspersönlichkeit wird. Dieses Sich-Zurücknehmen fällt vielen erfahrenen Führungskräften schwer. Die Praxis zeigt: Gerade sehr erfolgreiche Manager sind oft schlechte Mentoren, weil sie meist schnell die Zügel in die Hand nehmen, und der Nachwuchsmanager sitzt staunend daneben und lauscht bewundernd ihren Worten.

Das Resultat: Die junge Führungskraft wird eher entmutigt als gestärkt.

Dasselbe gilt, wenn wir einen neuen Manager unter Vertrag nehmen. In vielen Fällen wird er leider gar nicht in das Unternehmen und seine Kultur eingeführt. Sicher sollte man ihn auch nicht an die Hand nehmen oder ihn mit Details der eigenen Arbeitsweise füttern – er soll ja seinen eigenen Stil entwickeln. Der rechte Blick fürs Wesentliche ist hier gefragt. Laotse empfiehlt:

> […]
> Wenn ein neuer Führer gewählt wurde,
> dann biete ihm nicht deinen Reichtum oder dein Fachwissen an.
> Biete ihm stattdessen an,
> ihn über das *Tao* zu unterrichten.
> […]
>
> *Tao Te King, 62*

Vielleicht wäre es in der Tat sinnvoll, sich um einen neuen Mitarbeiter, auch wenn er Manager ist, etwas intensiver zu kümmern. Dies kann von unten nach oben geschehen. Auch für einen Mitarbeiter ist es legitim, seinen Chef zu unterstützen. Natürlich kann der neue Manager selbst zielgerichtet Kollegen und Mitarbeiter um Unterstützung bitten. Auch ein Manager hat einen Anspruch darauf, eingearbeitet zu werden.

*Früher gab es bei der Fahrradfabrik AG einen »stillen Briefkasten«. Hier konnten Mitarbeiter ihre Ideen im wahrsten Sinne des Wortes loswerden. Einmal in dieser Zettelbox, trennte sich die Idee von ihrem Schöpfer und wanderte hinüber ins Verwaltungsgebäude. Mal kam eine Reaktion zurück, mal nicht. Mal gab's zum Dank »was Nettes«, mal nicht. Aber es war kein so richtiges System dahinter.*

*Heute gibt es Mentoren. Das sind Mitarbeiter aus verschiedenen Unternehmensbereichen, vom Schlosser bis hin zur*

*Sachbearbeiterin. Ursprünglich waren nur Führungskräfte für die Mentorenfunktion vorgesehen, doch schnell erwies sich der Chefstatus als hinderlich für den Ideentransfer. Heute sind es erfahrene Mitarbeiter aus unterschiedlichen Funktionen. Sie besprechen nicht nur die Ideen, die Ihnen vorgelegt werden, sondern sie haben auch ein Ohr für die Sorgen und Wünsche der Kollegen. Manchmal ergibt sich sogar so etwas wie ein Coaching. Der Erfolg ist gut, für das Unternehmen und auch für die Mitarbeiter.*

Feind oder Freund, für manchen Manager ist dies nicht so einfach zu unterscheiden – für die Mitarbeiter auch nicht. Das scheint kein neuer Effekt zu sein. Auch Laotse hat sich damit beschäftigt.

> Wenn ein Land im Einklang mit dem *Tao* lebt,
> stellen die Fabriken Lastwagen und Traktoren her.
> Wenn ein Land dem *Tao* zuwider lebt,
> werden vor den Städten die Waffen gehortet.
>
> Es gibt keine größere Illusion als die Angst,
> keinen größeren Fehler, als aufzurüsten,
> kein größeres Missgeschick, als einen Feind zu haben.
>
> Wer jederlei Angst zu durchschauen vermag,
> wird immer in Sicherheit sein.
>
> *Tao Te King, 46*

Angst spielt in unserem Wirtschaftsleben eine sehr wichtige Rolle. Jede Veränderung bringt Ängste mit sich. Jede Veränderung wird von Menschen erst einmal daraufhin überprüft, ob sie in irgendeiner Weise bedrohlich ist. Erst wenn wir sicher sind, dass die Veränderung keine Bedrohung für uns ist, wenden wir unsere Aufmerksamkeit anderen Aspekten zu. Erst dann überlegen wir uns, welche Vorteile uns die Veränderung bietet. Vermuten wir indes eine Bedrohung, so überprüfen wir sehr schnell, ob wir glauben, ihr gewachsen zu sein. Dann suchen wir schnellstens nach einer geeigneten Strategie, um die Bedrohung abzuwenden oder einzudämmen. Problematisch wird die Situation erst, wenn wir zu dem Schluss kommen, dass wir der Situation nicht gewachsen sind. Dann ist die Reaktion Angst bis hin zur Panik. Die Angst wird am Arbeitsplatz kommuniziert und damit können ganze Abteilungen, ganze Betriebe infiziert werden.

Das Gefühl von Angst lässt sich nicht leugnen. Jeder Mitarbeiter, aber auch jeder Manager und Topmanager handelt in Angstphasen unkontrolliert oder eben emotional. Was den Umgang mit Ängsten zusätzlich kompliziert macht, ist die Tatsache, dass Angst in Wirtschaft und Verwaltung ein Tabuthema ist. Manager und andere Helden kennen eben keine Angst. Wenn doch, dann dürfen sie es sich nicht anmerken lassen. Dann kann man natürlich auch nicht darüber reden. Je höher ein Manager in der Hierarchie angesiedelt ist, desto eher wird er versuchen, sich Angst nicht anmerken zu lassen. Der Vorstandsvorsitzende von Siemens, Klaus Kleinfeld, hatte ein schlechtes Jahr 2006. Zuerst eine missglückte Gehaltserhöhung, dann die BenQ-Affäre, schließlich eine aufsehenerregende Schmiergeldaffäre. Er hatte sich als starker Mann gegeben, der seinen Mitarbeitern Opfer abverlangte, und wurde dann selbst in Presse und Öffentlichkeit angegriffen. Es ist davon auszugehen, dass er Angst hatte. Das kann ein starker Mann aber nicht zugeben. Ein Vorstandsvorsitzender hat eben keine Angst. Sehr wohl artikulierten aber viele seiner Mitarbeiter ihre Angst, entlassen zu werden, aus dem Konzern ausgeschlossen zu werden, in die Arbeitslosigkeit abgeschoben zu werden. Sie demonstrierten in München auf dem Wittelsbacher Platz und machten ihre Angst sichtbar. Ihr kann man sich stellen. Mit diesen Mitarbeitern kann man reden.

Viel gefährlicher ist die unterschwellige Angst, die sich in Gerüchten und Spekulationen äußert. Diese Angst ist schädlich für die Produktivität; diese Angst ist ein Virus, der sich leicht verbreitet. Als die Firma Electrolux die Traditionsfabrik AEG in Nürnberg schließen und nach Polen verlagern wollte, verursachte dies bei der Belegschaft natürlich Angst. Man wehrte sich, engagierte sich in der Öffentlichkeit, mobilisierte Politik, Kirche und Gesellschaft. Als alles erfolglos blieb, kapitulierten die Mitarbeiter. In der verbleibenden Auslaufphase konnte die Produktion kaum aufrechterhalten werden. Der Krankenstand kletterte auf über 50 Prozent.

Auch Manager haben Angst. Dann sind sie nicht mehr in der Lage, überlegt zu führen, sondern sie geben ihre Angst weiter. Angst lässt sich nicht isolieren. Angst ist ansteckend. Das Gefährlichste für ein Unternehmen sind Manager, die Angst haben. In den meisten Fällen liegt der Grund darin, dass diese Manager schlichtweg überfordert sind. Nur wer die Angst zu durchschauen vermag, wird stets in Sicherheit sein.

> Wird ein Land weise regiert,
> dann werden seine Einwohner zufrieden sein.
>
> *Tao Te King, 80*

Für Vertrauen können insbesondere erfahrene Mitarbeiter und Manager sorgen, indem sie Kontinuität sichern und Erfahrungen weitergeben. Ein weiser Manager ist jemand, der durch Lebenserfahrung zu besonderem Wissen und sozialer Kompetenz gekommen ist.

Man geht davon aus, dass Menschen mit zunehmendem Alter weise werden. Unternehmen beginnen deshalb langsam zu erkennen, dass es ihnen schadet, ältere Manager und Mitarbeiter vorzeitig in den Ruhestand zu schicken, weil so wichtiges Potenzial verloren geht.

> Wahre Worte sind nicht wohlgesetzt;
> wohlgesetzte Worte sind nicht wahr.

Wer weise ist, hat es nicht nötig, seine Ansicht darzulegen;
wer es nötig hat, seine Ansicht darzulegen, ist nicht weise.

Der Meister hat keinen Besitz.
Je mehr er für andere tut,
desto glücklicher ist er.
Je mehr er anderen gibt,
desto reicher ist er.

Das *Tao* nährt, indem es nichts erzwingt.
Der Meister führt, indem er über niemanden herrscht.

*Tao Te King, 81*

## Inspirationen und Denkanstöße zum Thema Macht

Der Meister bemüht sich nicht um Macht;
deshalb ist er wahrhaft mächtig.

*Tao Te King, 38*

Der Meister verfügt über persönliche Autorität. Diese macht ihn wahrhaft einflussreich. Die Macht wird ihm von anderen zuerkannt.

Die Meister greifen nie nach dem Großen;
folglich erlangen sie die Größe.

*Tao Te King, 63*

Große Manager machen sich nicht groß, haben keine spektakulären Auftritte. Sie agieren in aller Bescheidenheit. Durch eine Reihe kleiner Schritte schaffen sie das große Werk.

Welches sind Ihre Motive für die Arbeit als Manager?

Wie zufrieden sind Sie mit Ihrer beruflichen und privaten Situation?

Welche Bedeutung haben Titel, Statussymbole und Rituale der Macht für Sie?

Sind Sie bereit, Dingen auf den Grund zu gehen? Lassen Sie sich nicht abschrecken, wenn dies eine gewisse Zeit erfordert?

Bestehen Sie darauf, Entscheidungen erst zu treffen, wenn Sie sich auch umfassend informiert fühlen?

Demgemäß sind die Meister für alle Menschen da
und weisen niemanden zurück.

*Tao Te King, 27*

Die weisen Meister widmen sich dem Wohl der Mitarbeiter und machen keine Unterschiede. Sie sind für alle da. Das ist wahre Führung.

Die Meister können dauernd geben,
weil ihr Reichtum nie versiegt.

*Tao Te King, 77*

Die Meister sind ausgeglichen, weil sie aus dem *Tao* schöpfen. Aus dieser Ausgeglichenheit heraus können sie tätig werden und damit auch geben.

Fordern Sie die Meinung Ihrer Mitarbeiter ein? Unterstützen Sie Ihre Mitarbeiter, eine eigene Meinung zu bilden?

Gibt es in Ihrem Unternehmen ein Mentoringprogramm?

Wie nehmen Sie Ihre Verantwortung für jüngere Mitarbeiter und deren Entwicklung wahr?

Gibt es Manager, denen Sie sich anvertrauen können?

Wer jederlei Angst zu durchschauen vermag,
wird immer in Sicherheit sein.

*Tao Te King, 46*

Erkennst du klar, dass sich alle Dinge verändern,
dann wirst du an nichts festhalten wollen.

*Tao Te King, 74*

Am meisten Angst haben die Menschen vor Veränderungen. Wer den ständigen Wechsel akzeptiert und sich ihm nicht widersetzt, kann mit weniger Angst leben.

Hatten Sie schon einmal Angst in Ihrem Berufsleben? Wie sind Sie damit umgegangen?

Können Sie mit jemandem über solche emotionalen Probleme wie Angst sprechen?

Wie gehen Sie mit großen Veränderungen um, die unvermutet auf Sie zukommen?

# 6

# Aus Weisheit und Erfahrung kultiviert man die Stärken

## Bedürfnisse und Begierden als Antrieb

Laotse sieht in übermäßigen Begierden (in anderen Texten wird dies mit »Wünschen« übersetzt) den Ursprung allen Übels. Wenn es keine Begierde gäbe, existierte alles und jedes in Frieden.

Doch gibt es ein menschliches Leben ohne Bedürfnisse? Gibt es eine wirtschaftliche Entwicklung ohne Begierden?

Bedürfnisse führen zu einem bewussten Streben nach Erreichung eines als angenehm vorgestellten Objektes. Niemand begehrt etwas, wovon er keine Vorstellung hat. Niemand begehrt etwas, das er für schlecht oder negativ hält. Das erkennt man besonders gut, wenn man überlegt, was eigentlich das Gegenteil von Begierde ist. Da stößt man auf die Begriffe Abscheu oder Widerstreben.

Die Begierde strebt nach der Befriedigung, die jemand empfindet, wenn er ein bestimmtes Objekt erhält. Je nach der Stärke, in der wir den Mangel empfinden, sprechen wir von Neigung, Wunsch, Bedürfnis, in der stärksten Form von Begierde.

Und hier kommen wir zu der Bedeutung, die die Begierde für Laotse hat.

Das *Tao* tut nie etwas,
doch durch es wird alles getan.

Könnten große Männer und Frauen
ihre Mitte in ihm finden,
Würde die ganze Welt, ihren natürlichen Rhythmen gemäß,
von selbst umgewandelt werden.
Die Menschen wären zufrieden
mit ihrem schlichten, alltäglichen Leben,
in Eintracht und frei von Begierde.

Wenn es keine Begierde gibt,
existiert alles und jedes in Frieden.

*Tao Te King, 37*

Laotse meint, dass die Begierde den Sinn und das Verständnis für die wahre Weisheit, das *Tao*, verstellt. Dies mag dann zutreffen, wenn Begierde in einem Leben dominiert. Ist Begierde jedoch nur ein Bestandteil des jeweiligen Lebens, so kann sie auch zur Würze werden. Die Begierde treibt uns an und bildet nach unserer Vorstellung eine Brücke von der Gegenwart in die Zukunft. Nun ist für einen Taoisten die Gegenwart bestimmend. Er lebt und fühlt in der Gegenwart. Das menschliche und gesellschaftliche Problem beginnt dann, wenn die Stärke der Begierde überhandnimmt. Wie in allen Dingen kommt es auf das rechte Maß an. Wenn die Begierde keine Zufriedenheit in der Gegenwart mehr zulässt, hätte sie einen schlechten Einfluss.

Mein Freund sagt, Begierde sei zwar etwas ganz Normales. Aber die Gefahr, dass sie negative Auswirkungen auf den Menschen und die Gesellschaft hat, ist ebenfalls bekannt. Daher bemühen sich alle chinesischen Philosophen, Wege zu finden, die Begierde einzudämmen. So auch Laotse.

Andererseits ist die Begierde auch ein mächtiger Antrieb. Sie macht den Manager zum Macher. Und wir brauchen doch Macher, oder? Können wir auf die Begierde so einfach verzichten? Wäre unser Leben dann nicht langweilig?

Wer der Begierde folgt, wird viel arbeiten, um damit viele Bedürfnisse zu befriedigen. Aber er besiegt damit die Begierde nicht. Indem er die Bedürfnisse befriedigt, schafft er sogleich neue, die er wiederum erfüllen muss. Damit zwingt ihn seine Begierde in die Abhängigkeit von immerwährendem Handeln.

Die Lösung dürfte das Maß der Begierde sein. Das Erfolgsgeheimnis ist vielleicht ein Ausgleich zwischen Gelassenheit und Begierde, zwischen Zufriedenheit mit dem, was ist, und der Begierde nach mehr. Begierde erzeugt Stress, Druck, Ungeduld.

Erfolgreiche Menschen finden den Ausgleich. Dies beschreibt Laotse folgendermaßen:

> Farben machen das Auge blind.
> Töne machen das Ohr taub.
> Gewürze stumpfen den Geschmackssinn ab.
> Gedanken schwächen den Geist.
> Begierden dörren das Herz aus.
>
> Die Meister beobachten die Welt,
> vertrauen aber ihrer inneren Sehkraft.
> Sie lassen die Dinge kommen und gehen.
> Ihr Herz ist offen wie der Himmel.
>
> *Tao Te King, 12*

Laotse lehnt die Vielfalt der Eindrücke und Erlebnismöglichkeiten nicht ab, aber er betont, dass wir unsere wirklichen Bedürfnisse wahrnehmen sollten. Es geht eher um die richtige, dosierte Anwendung. Auch im westlichen, christlich geprägten Gedankengut finden sich ähnliche Aussagen:

> Was hülfe es dem Menschen, so er die ganze Welt gewönne und nähme doch Schaden an seiner Seele.[1]

Der Manager muss darauf achten, dass die Begierde ihn in Bewegung hält, dass sie ihn aber nicht hetzt.

## Klare Ziele für den Wachstumspfad

Ist Wachstum notwendig? In vielen Firmenphilosophien wird dem Wachstum ein hoher Stellenwert beigemessen. Wachstum sei die einzige Möglichkeit, den Firmenwert nachhaltig zu steigern. Für Wachstum benötigen Unternehmen einen Finanzmittelüberschuss (Cashflow), den sie durch permanente Effizienzsteigerung oder auch Restrukturierungen erzielen. Deshalb gehört die Wachstumsstrategie zum Glaubensbekenntnis vieler Manager.

Wirtschaftliches Wachstum von Unternehmen ist natürlich nicht von vornherein negativ. Es gehört dazu, wie Wachstum zu jeder Entwicklung gehört.

So ist Wachstum auch für Unternehmen zunächst eine große Herausforderung. Aber die Möglichkeit von Wachstum – im Sinne von Größenwachstum – ist nicht grenzenlos. In den letzten Jahren hat sich gezeigt, dass viele Fusionen den Unternehmenswert nicht erhöhten, sondern die Probleme im Unternehmen vervielfältigten. Somit wird eine zunächst natürliche Entwicklung zur Belastung für das Unternehmen.

Ein Drittel der Unternehmen im Deutschen Aktienindex (Dax) hat in den letzten Jahren mehr als eine Milliarde Euro für eine Fusion oder eine Beteiligung ausgegeben – so viel wie nie zuvor. Die Dax-Konzerne zahlten dabei nach Berechnungen des *Handelsblattes* in den vergangenen drei Jahren einen Aufschlag von durchschnittlich einem Viertel des Werts, den die übernommenen Firmen vor der Übernahmeankündigung gehabt hatten. Diesen Aufschlag nennen die Bilanzexperten Goodwill.[2]

Für die Aktionäre lohnte sich bisher nur jede zweite Übernahme, weil sich die Aktienkurse schlechter entwickelten als der Dax. Häufig brechen die Gewinne ein, weil die Konzerne viel Geld für

Restrukturierungen ausgeben müssen. Beispiele dafür sind Adidas, TUI und die Deutsche Post.[3]

Die Liste mit Negativbeispielen ist lang. Studien belegen, dass international jede zweite Übernahme Firmenwert vernichtete. Man geht davon aus, dass es nur in jedem dritten Fall einen nennenswerten Wertzuwachs gab.

Wachstum kann sinnvoll sein, aber die Grenzen müssen genau ausgelotet werden. Wachstum allein ist kein Allheilmittel. Es muss die Faktoren Ziel, Strategie, Ressourcen und Handlung berücksichtigen. Gibt es in diesem Aktionsviereck eine Verwerfung, so wird das gesamte Ergebnis darunter leiden.

> Das *Tao* bringt die Eins hervor.
> Die Eins bringt die Zwei hervor.
> Die Zwei bringt die Drei hervor.
> Die Drei bringt alle Dinge hervor.
>
> Alle Dinge haben im Rücken das Weibliche
> und vor sich das Männliche.
> Wenn Männliches und Weibliches sich verbinden,
> erlangen alle Dinge Einklang.
>
> Gewöhnliche Menschen hassen die Einsamkeit.
> Aber die Meister machen sie sich zunutze:
> Sie verinnerlichen ihr Alleinsein und erkennen,
> dass sie eins sind mit dem ganzen Weltall.
>
> *Tao Te King, 42*

Laotse geht es um die Harmonie, die es zu erhalten gilt. Nach taoistischem Verständnis ist das Geheimnis in der Harmonie von *Yin* und *Yang* verborgen, also im Ausgleich der Gegensätze. Nicht umsonst zählt Laotse immer die Gegensätze auf und sucht einen Weg für den Ausgleich.

Wachstum ist mit Sicherheit dennoch eine wichtige Aufgabe für den Manager. Welche Eigenschaften benötigen Führungskräfte, wie müssen sie sich verhalten, um ihr Unternehmen auf einen gesunden Wachstumskurs zu bringen?

Im Sinne Laotses sollte die Persönlichkeit des Managers geprägt sein von einer Harmonie, um Zufriedenheit und Begierde gleichermaßen positiv aufnehmen zu können. Er muss die Begierde als Antrieb für das ganze Unternehmen kultivieren. Es ist notwendig, dass er dies der Außenwelt (Mitarbeitern, Kunden, Lieferanten) vermitteln kann. Die Harmonie zwischen Bedürfnissen und Zufriedenheit in uns strahlt nach außen aus. Dabei sind es nicht die angelernten Methoden, die die Umwelt für uns einnimmt. Natürlich ist es wichtig, die Powerpoint-Folien richtig und ansprechend zu gestalten. Natürlich sind Rednertraining und Präsentationsmethoden wichtig. Aber nur, wenn die Person selbst in der Balance, in Harmonie ist und authentisch auftritt, wird sie die gewünschte Wirkung auf ihre Zuhörer haben. Der Manager ist kein Showmaster, kein Magier in einer Unterhaltungssendung. Der Manager ist eine Führungsperson, die in der Lage sein muss, anderen Menschen die Richtung zu zeigen, und sie auf dem Weg dorthin mit Rat und Tat zu unterstützen.

Ein guter Manager nutzt natürlich den gesamten Werkzeugkasten der Managementtechniken, um in seinem Unternehmen eine Wachstumskultur zu gestalten. Was heißt das? Eine Wachstumskultur kann man nicht verordnen, und sie entsteht wie jede Kultur nicht von heute auf morgen. Sie benötigt vor allen Dingen eine gewisse Kontinuität in der Führung. Sie muss mit Weitsicht entwickelt und beständig gepflegt werden. Weiterhin müssen gewisse Voraussetzungen geschaffen werden. Zentral geführte Unternehmen kommen bald an ihre Wachstumsgrenzen. Irgendwann ist weiteres Wachstum nicht mehr möglich, weil die zentrale Führungsstelle überfordert wird. Erst wenn dezentrale Strukturen eingeführt werden, ist ein weiteres Wachstum möglich. Die Manager der dezentralen Einheiten werden zu verantwortlichen Unternehmern in ihren kleineren, homogenen Einheiten. Dort können sie den Mitarbeiter für Wachstumsziele begeistern. Sie können die Arbeitskraft und Innovationsfähigkeit ihrer Mitarbeiter gezielt steuern und gleichzeitig die Rahmenbedingungen (Prioritäten, Budget, Zeitpläne) festlegen. Kurze Abstimmungswege innerhalb kleinerer Einheiten fördern schnelle Entscheidungen, einen schnellen Kontakt zum Kunden, fördern marktnahe Innovationen, Planung und schließlich Wachstum. So führt die Begierde eines solchen Managers und seiner Mitarbeiter zum notwendigen Antrieb, um Wachstum sicherzustellen.

Der Manager kann Wachstum fördern, indem er eine Zellteilung in kleinere Unternehmenseinheiten veranlasst. Die einzelnen Zellen haben dann die Möglichkeit, weiter zu wachsen.

Jeder Manager hat in seinem Programm das Stichwort vom Wachstum durch »Innovationen«. Aber wie schafft man Innovationen?

Dazu benötigt man zunächst einmal eine motivierte und kreative Mannschaft. In ihr muss das notwendige Know-how vorhanden sein, also technische, technologische, prozessuale und kommerzielle Kenntnisse. Der Manager ist zuständig für den Freiraum, in dem die Mannschaft arbeiten kann. Sie muss treiben, Lösungen durchdenken, sich nicht zu früh auf einzelne Lösungsrichtungen festlegen. Besonders wichtig ist aber auch die Kundennähe, denn Innovationen sollen die Bedürfnisse der Kunden treffen. Ein gutes Beispiel hierfür sind die sogenannten Head-up-Displays, die dem Autofahrer wichtige Informationen direkt in sein Sichtfeld projizieren. Solche Innovationen liegen auf der Hand, sobald ihre Übertragbarkeit aus anderen Bereichen, in diesem Fall von Militärflugzeugen, erkannt worden ist. Aber sie werden nicht durch eine Kundenbefragung ermittelt. In solchen Fällen müssen die Entwickler in der Lage sein, für die Bedürfnisse der Kunden ganz neue Lösungskombinationen zu erstellen. Innovationen können auch regional unterschiedlich sein. So sind elektronisch einfahrbare Außenspiegel in Italien und Spanien sicherlich ein attraktives Angebot, für die USA dagegen nicht aufregend, weil genug Platz vorhanden ist.

Erfolgreiche Innovationen sind wichtig für das Wachstum. Aber man benötigt die richtige Unternehmenskultur, um sie zu entwickeln, zu erkennen und dann auch im Markt umzusetzen.

Unternehmen, die in der Lage sind, eine Wachstumskultur zu etablieren, sind meistens besonders dynamisch. Dort arbeiten motivierte Mitarbeiter, die von sich aus Innovationsprozesse anstoßen. Der Manager muss dieses unterstützen, indem er eigenverantwortliches Handeln und Risikobereitschaft fördert. Dies führt zu unternehmerischem Denken, das auf allen Hierarchieebenen etabliert werden muss.

Um ein Team von kreativen und eigenverantwortlich denkenden und handelnden Mitarbeitern führen zu können, muss der Manager eine entsprechende Sozialkompetenz haben. Darüber hinaus verfügt er jedoch auch über Esprit und Charisma.

## Der sanfte Weg führt zum Ziel

Der Manager ist der Wachstumspromoter. Von seinem Geschick hängt die Verinnerlichung einer Wachstumsphilosophie ab.

Wachstum und das hohe Lied auf den Manager – das tägliche Leben ist nicht so einfach. Der Manager kann sich nur behaupten, wenn er seine Rolle in einzelne Schritte auflöst, wobei es sich dabei nicht um ein Nacheinander handelt.

- Erster Schritt: Er entwickelt eine Vision für das gesamte Unternehmen. Darin enthalten sind auch die Wachstumsperspektiven.
- Zweiter Schritt: Er führt die Mitarbeiter zu einem motivierten Team zusammen. Dies beinhaltet die Auswahl der richtigen Mitarbeiter, unter Umständen auch die Versetzung von Mitarbeitern sowie deren Unterstützung bei der Formung eines kreativen, arbeitsfähigen Teams.

- Dritter Schritt: Zielvorgaben definieren. Dabei haben sich quantitative Bandbreiten besser bewährt als fixierte Zielgrößen. Die Nichterreichung von vorgegebenen Punktdaten wirkt häufig kontraproduktiv. Wichtig ist, dass der Zielkorridor erreicht wurde. Die Ziele leiten sich ab von Marktuntersuchungen und Wettbewerbsanalysen, aber sie beziehen auch die Erfahrungen und Kreativität der Mitarbeiter ein. Der Manager hat dafür zu sorgen, dass intuitives Können und rationale Analyse zueinander in Harmonie stehen. Die Ziele selbst können durchaus ambitioniert, aber sie müssen unbedingt realistisch sein. Sportler erzielen auch nur gute Ergebnisse, wenn sie ihre Ziele kontinuierlich anpassen. In diesem Sinne müssen Manager wie Trainer sein, die den Mitarbeitern helfen über sich hinauszuwachsen, die aber auch den Sinn für die Realität nicht verlieren. Es ist unbedingt notwendig, bei nicht erreichten Zielen angemessen zu reagieren. So schafft man eine noch höhere Sprungkraft für die nächste Periode.
- Vierter Schritt: Der Manager bleibt für Mitarbeiter und Kunden persönlich präsent. Er ist jederzeit für seine Mitarbeiter zu sprechen, und er ist auch bereit, sein Konzept, seine Produkte, seine Wachstumsvision mit den Kunden zu besprechen. Der Manager hat immer dort präsent zu sein, wo seine Mitarbeiter ihn benötigen.
- Fünfter Schritt: Eine ständige Aufgabe des Managers besteht darin, Mitarbeiter zu fördern, Führungskräfte auszuwählen und zu schulen. Der Manager hat den besten Überblick über die Potenziale seiner Mitarbeiter, deshalb kann er sie auch entsprechend einschätzen. Er muss diejenigen, die Führungseigenschaften erkennen lassen, in der Ausbildung ihrer Stärken fördern.
- Sechster Schritt: Er muss eine innovative Unternehmenskultur schaffen. Internes Wachstum kann nur über Innovationen erreicht werden. Innovationen wiederum werden nicht von Einzelnen erzeugt, sondern nur von einem Team. Der Manager hat die entsprechenden Rahmenbedingungen zu schaffen, damit

sein Team Innovationen entwickeln kann und dass das Unternehmen dadurch kontinuierlich wächst.

In den folgenden Versen hat Laotse beschrieben, wie der Manager vorgehen soll, welche Mittel er einsetzen kann:

> […]
> Waffen sind die Werkzeuge der Angst;
> ein Anständiger wird sie meiden,
> es sei denn, er befindet sich in der höchsten Not,
> und wird sie, wenn er dazu gezwungen ist,
> so zurückhaltend gebrauchen wie nur irgend möglich.
> Frieden ist sein höchster Wert.
> Liegt der Frieden in Trümmern –
> wie kann der Betreffende zufrieden sein?
> Seine Feinde sind keine Dämonen,
> sondern Menschen wie er selbst.
> Er wünscht Ihnen keinen persönlichen Schaden.
> Auch freut er sich nicht über den Sieg.
> Wie könnte er sich über den Sieg freuen
> und am Morden von Menschen Vergnügen finden?
>
> In eine Schlacht zieht er ernst –
> voll Trauer und mit großem Mitgefühl,
> als nähme er an einem Begräbnis teil.
>
> *Tao Te King, 31*

Will man eine innovative Unternehmenskultur schaffen, so kommt man auch um harte Entscheidungen nicht herum. Auch als schmerzlich empfundene Maßnahmen müssen umgesetzt werden. Das ist Aufgabe des Managers, aber er hat die Verpflichtung zur verantwortlichen Umsetzung. Deshalb wird er nur im letzten Augenblick zu »Waffen« greifen, deshalb wird er den Frieden bevorzugen. Und er wird seinen Gegnern die Hand reichen, um sie in seine Wachstumskultur einzubeziehen. Aggressive Auseinandersetzungen fordern immer Opfer auf beiden Seiten, sie sind also mit größter Zurückhaltung einzusetzen.

Auch an anderer Stelle behandelt Laotse diese Situation mit großer Deutlichkeit.

> Der große Weg ist leicht zu gehen,
> doch die Menschen bevorzugen die Seitenpfade.
> Erkenn es, wenn die Dinge aus dem Gleichgewicht sind.
> Bleib zentriert im *Tao*.
>
> Wenn reiche Spekulanten Erfolg haben,
> während Bauern ihr Land verlieren;
> wenn die Regierung Geld ausgibt
> für Waffen statt für Hilfsprogramme;
> wenn die Oberen verschwenderisch und
> verantwortungslos sind,
> während die Armen immer ärmer werden –
> all dies ist Raub und Chaos.
> Es stimmt nicht mit dem *Tao* überein.
>
> *Tao Te King*, 53

Der Manager hat auch in schlechten Zeiten für seine Mitarbeiter Vorbild zu sein. Er ist aufgerufen, Position zu beziehen. Nur so kann er bei den Mitarbeitern Akzeptanz für die Ziele und Klarheit über die Maßnahmen erreichen. Dabei müssen auch negative Auswirkungen einbezogen und berücksichtigt werden. Es geht darum, den Mitarbeitern sobald wie möglich umfassend, ausgewogen und ehrlich die Situationen zu erklären und sie zum Mitmachen zu motivieren.

In Anwendung der Verse von Laotse könnte man fordern, dass die Mitarbeiter durchaus gleichberechtigt am Unternehmenserfolg partizipieren sollen und nicht nur die Manager und Unternehmer. Weiterhin hat der Manager sich dafür einzusetzen, dass mehr Geld in Ausbildung investiert wird anstatt für obskure Berater und Consultants. Dies sind nur ein paar wenige Beispiele. Notwendig sind die Transparenz von Unternehmensentscheidungen und die Partizipation aller Mitglieder des Unternehmens. Es kann nicht sein, dass sich ein Vorstand eine Gehaltserhöhung von 30 Prozent genehmigt und gleichzeitig große Teile der Belegschaft auf Gehaltsanteile verzichten müssen. Es kann nicht sein, dass der Vorstand monetär belohnt wird, wenn er die Rentenzusagen für die Mitarbeiter streicht. Es stört den Frieden und das Gleichgewicht, wenn Mitarbeiter, Manager und Unternehmer nicht gleichermaßen am Gewinn (und natürlich auch am Verlust) des Unternehmens partizipieren.

Nach Laotse kann man auch gewinnen, wenn man zurückweicht, kann man auch erfolgreich sein, wenn man eher defensiv handelt. Seine ganz konkreten Empfehlungen, die sich insbesondere auf das Kriegführen, auf das Kämpfen beziehen, sind gekennzeichnet von Vorsicht und Defensive. Sie sind übertragbar auf die wirtschaftliche Auseinandersetzungen:

Die Generäle haben einen Spruch:
»Statt den ersten Schritt zu tun,
sollte man lieber abwarten.
Statt ein paar Zentimeter vorzurücken,
sollte man lieber einen Meter zurückweichen.«

Das nennt man:
vorwärtsgehen, ohne vorzurücken,
sich wehren, ohne Waffen zu gebrauchen.

Es gibt kein größeres Unglück,
als seinen Feind zu unterschätzen.
Seinen Feind zu unterschätzen

bedeutet, ihn für böse zu halten.
So zerstörst du deine drei Schätze
und wirst selbst ein Feind.

Wenn zwei große Streitkräfte gegeneinander kämpfen,
wird derjenige siegen, der nachgeben kann.

*Tao Te King, 69*

Die Stärke erweist sich im Nachgeben, in der flexiblen Reaktion. Diese Einsicht haben viele Manager heutzutage noch nicht. Statt Management mit der Basta-Strategie oder offener Konfrontation ist es oft ressourcenschonender, den Kompromiss zu suchen oder dem Problem auszuweichen. Das gilt auch für den Umgang mit Mitarbeitern.

Natur und Biologie können uns gute Erfolgsbeispiele zeigen. Die Narzissen sind nicht nur schön, sondern sie behaupten auch sehr erfolgreich ihre Existenz. Sie stemmen sich dem Wind nicht entgegen, sondern sie widerstehen, indem sie ihre Form verändern. Sie drehen ihre Blüten und schmiegen sich biegsam in den Wind. Bei Labor-Tests im Windkanal zeigte sich, dass sie dadurch fähig sind, die auf sie einwirkenden Kräfte so um bis zu 30 Prozent zu verringern. Sie haben damit eine viel höhere Chance, vom Wind nicht niedergedrückt zu werden, als andere Blumen mit starrem Stängel, wie zum Beispiel die Tulpen.

In der Natur gibt also der Stärkere nicht nur sprichwörtlich, sondern tatsächlich nach. Bäume biegen sich im Wind, um nicht zu zerbrechen. Je stärker die Böen, umso stärker richten sich Äste und Blätter im Windkanal aus, um die entstehenden Kräfte zu vermindern.

Auch Menschen haben früh entsprechende Strategien entwickelt, man denke zum Beispiel an die sanften asiatischen Kampftechniken. Die Philosophie von Jiu-Jitsu etwa beruht auf dem Wechselspiel von Nachgeben und Handeln. Es geht darum, auch durch Nachgeben zum Erfolg zu kommen. »Stoße, wenn du gezogen wirst, ziehe, wenn du gestoßen wirst« ist das oberste Prinzip, das die Lehrer ihren Schülern beibringen. Aber wie an diesem Beispiel auch deutlich wird, stellt das Nachgeben nur die Ergänzung zum entschiedenen Handeln im rechten Moment dar.

Was ist nun der richtige Weg? In welcher Situation sollten wir nachgeben, in welcher aushalten und in welcher angreifen? Dazu gehört das richtige Gespür für die Situation. Für Laotse ist dies im *Tao* begründet. Das *Tao* zeigt dem Weisen den geeigneten Weg.

Wie kann man nachgeben und doch wachsen? Wenn man sein Ziel nicht auf dem geraden Weg erreichen kann, so wählt man eben den ungeraden Weg, der Umweg führt manchmal sicherer zum Ziel. Wenn die Zeit gerade nicht reif ist für einen bestimmten Weg, dann lässt man etwas Zeit verstreichen, bis man den Weg erneut beschreitet.

*Die Fahrradfabrik AG wollte ein Zulieferwerk in China aufbauen. Man beabsichtigte, ein bereits bestehendes Fahrradwerk zu übernehmen. Die ersten Gespräche liefen an, aber man kam zu keinem Ergebnis. Die Verhandlungen zogen sich endlos hin. Anscheinend sah die chinesische Seite keine Notwendigkeit zu handeln. Der Vorstand der Fahrradfabrik AG hatte nun die Wahl, die Verhandlungen entweder zu beenden, die Verhandlungen mit Langmut und Geduld weiterzuführen oder nach einer Möglichkeit zu suchen, um Druck auf den Verhandlungspartner auszuüben. Man entschied sich für die zweite Variante. Einer der Abteilungsleiter erhielt den Auftrag, nach China zu gehen. Er wurde von allen anderen Aufgaben freigestellt, sodass er den nötigen Spielraum hatte. Er sollte die Verhandlungen aufmerksam, aber ohne Eile führen. Nach einiger Zeit wurden nun die chinesischen Partner nervös, denn sie hatten eine solche Reaktion auf ihre hinhaltende Verhandlungstaktik nicht erwartet. Sie machten erste Zugeständnisse. Der Verhandlungsführer der Fahrradfabrik*

*AG ließ sich aber auch davon nicht nervös machen. Er verhandelte im gleichen Tempo weiter und erreichte noch weitere Zugeständnisse, mit denen man gar nicht gerechnet hatte. Sein Geheimnis war, dass er sich angepasst hatte, dass er den Zeitvorstellungen der anderen Seite nachgegeben hatte.*

## Inspirationen und Denkanstöße zum Thema Wachstum

> Wenn es keine Begierde gibt,
> existiert alles und jedes in Frieden.
>
> *Tao Te King, 37*

Begierden und Begehrlichkeiten sind die Ursache für Streit und Unfrieden. Gibt es keine Begierde, ist das Zusammenleben einfacher.

Wie gehen Sie mit Ihren Wünschen und Begierden um?

Was treibt Sie im Beruf an? Kennen Sie eine Art von Begierde im Berufsleben?

Begierde führt auch zu exzessiver Arbeit. Sind Sie selbst davon betroffen? Haben Sie Mitarbeiter, bei denen Sie das beobachten?

> Wenn Männliches und Weibliches sich verbinden,
> erlangen alle Dinge Einklang.
>
> *Tao Te King, 42*

Es geht um die Ausgewogenheit von *Yin* und *Yang*, von jeder Art von Gegensätzen, die einander bedingen. Erst daraus wird das Ganze.

Wird in Ihrem Unternehmen für eine Balance zwischen Kontinuität und Veränderung gesorgt?

Wie ist Ihre Einstellung zu Wachstumszielen? Oder halten Sie andere Ziele für vorrangig?

Wie planen und organisieren Sie Wachstumsphasen in Ihrem Unternehmen? Welche Risiken sehen Sie?

Haben Filialen, Ausgliederungen, Töchter, Regionalgesellschaften die notwendige Eigenständigkeit, um wachsen zu können?

Sind Ihre Mitarbeiter wachstumsorientiert? Unterstützen Sie dies mit Vertrauen und Freiraum?

> Waffen sind die Werkzeuge der Angst;
> [...]
> In eine Schlacht zieht er ernst –
> voll Trauer und mit großem Mitgefühl ...
>
> *Tao Te King, 31*

Frieden ist der höchste Wert. Hier können sich die Natur und der Mensch voll entfalten. Die beste Schlacht ist die, die man vermeidet. Sind die Angelegenheiten nicht friedlich zu regeln, werden beide Seiten Verluste hinnehmen müssen.

Welche Strategien wenden Sie an, um Konflikte mit Mitarbeitern zu regeln?

Beherrschen Sie geeignete Gesprächs- und Verhandlungstechniken?

> Wenn zwei große Streitkräfte gegeneinander kämpfen,
> wird derjenige siegen,
> der nachgeben kann.
>
> *Tao Te King, 69*

Gibt man in Konfliktfällen nach, macht man sich keine Feinde. Kompromisse schonen die Ressourcen und lassen beide gewinnen.

Geben Sie in Auseinandersetzungen gelegentlich nach? Wie fühlen Sie sich dabei?

Wie bereiten Sie Ihre Mitarbeiter auf anstehende Veränderungen und möglicherweise schmerzhafte Einschnitte vor?

Sind Sie bereit, die Wachstumsinitiative konkret und persönlich zu verfolgen? Haben Sie dies eingeplant, sich dafür die entsprechende Zeit reserviert?

Haben Sie Ihre Führungskräfte auf den Wachstumspfad eingestimmt?

Sind die Mitarbeiter an den Erträgen des Wachstums beteiligt?

# 7

# Die Erkenntnis des Wesentlichen ist der Schlüssel zum Erfolg

## Lebensziele individuell bestimmen

Erfolg ist für jeden Menschen etwas anderes, so wie jeder Mensch andere Ziele verfolgt. Erfolg stellt sich ein, wenn diese Ziele erreicht werden.

Welche Ziele hat ein Manager? Beruflich hat er sich natürlich Ziele gesetzt. Vermutlich sind ihm auch Ziele vorgegeben oder von oben diktiert. Man nennt sie dann Zielvereinbarungen. Ein solches Ziel könnte lauten: Das operative Betriebsergebnis wird um 3 Prozentpunkte verbessert. Oder: In Asien ist der Umsatz auf 30 Millionen Euro zu steigern. Man kann sich schier endlos Ziele dieser Art setzen.

Der Manager hat auch persönliche Karriereziele. Er will in diesem Jahr Direktor werden. Oder: Das Gehalt soll dieses Jahr um 30 Prozent steigen.

Darüber hinaus hat er wahrscheinlich noch Ziele, die nichts mit seinem Beruf zu tun haben – auf den ersten Blick jedenfalls. Auf den zweiten Blick dann schon: Er wollte in diesem Jahr 10 Kilogramm abnehmen. Aber es gab wieder so viele Geschäftsessen, dass er gar keine Chance hatte. Oder: Er wollte mehr Zeit mit seinen Kindern verbringen. Aber die neue Offensive in China hat dies nicht möglich gemacht.

Persönliche Ziele sind also meist nicht von beruflichen Zielen zu trennen. Persönliche Erfolge sind daher nicht von Berufserfolgen zu trennen. Andererseits: Man kann sehr wohl im Beruf Erfolg haben, und im Privatleben hat man gerade eine Scheidung durchgestanden. Man kann ein sehr erfülltes Privatleben haben, und gleichzeitig musste man im Beruf einem anderen den Job in China überlassen, da man sich mehr um die Familie kümmern wollte.

Mein Freund meinte: »Es gibt nur ein Ziel und vielleicht viele Unterziele. Es gibt nur einen Erfolg und vielleicht viele Untererfolge. Hat man aber den einen Erfolg, so denkt man über die Untererfolge gar nicht nach.«

»Wie meinst du das? Was ist für dich dein übergeordnetes Ziel und dein wichtigster Erfolg?«

»Laotse hat das beschrieben. Der Meister (oder der Weise) strebt nach dem *Tao*. Du kannst dies nun übersetzen mit Weisheit, mit Persönlichkeit, mit Weg. Für einen Westler ist vielleicht die Übersetzung Weisheit am ehesten verständlich.«

»Du meinst also: Dein Ziel ist es, Weisheit oder den rechten Weg zu finden, und dein Erfolg ist es, wenn du auf diesem Weg vorangekommen bist.«

»Ja«, sagte er einfach.

Das Lebensziel läge also in der Weisheit, die in Persönlichkeit und Ausstrahlung ihren Ausdruck findet.

Ich dachte darüber nach, wie viel Weisheit ich nun eigentlich »besitze« und wann vielleicht auch eine Sättigung an Weisheit erreicht sei.

Da fällt mir eine Geschichte ein. Ihr Verfasser ist unbekannt, sie kursiert in den unterschiedlichsten Ausführungen, aber die Aussage bleibt stets die gleiche:

*Der Sinn des Lebens*

Ein Investmentbanker stand in einem kleinen mexikanischen Fischerdorf am Pier und beobachtete, wie ein kleines Fischerboot mit einem Fischer an Bord anlegte. Es hatte einige riesige Tunfische geladen.

Der Banker gratulierte dem Mexikaner zu seinem prächtigen Fang und fragte, wie lange er dazu gebraucht hatte.

Der Mexikaner antwortete: »Ein paar Stunden nur. Nicht lange.«

Daraufhin fragte der Banker, warum er denn nicht länger auf See geblieben sei, um noch mehr zu fangen.

Der Mexikaner sagte, die Fische reichen ihm, um seine Familie die nächsten Tage zu versorgen.

Der Banker wiederum fragte: »Aber was tun Sie denn mit dem Rest des Tages?«

Der mexikanische Fischer erklärte: »Ich schlafe morgens aus, gehe ein bisschen fischen, spiele mit meinen Kindern, mache mit meiner Frau Maria nach dem Mittagessen eine Siesta, gehe im Dorf spazieren, trinke dort ein Gläschen Wein und spiele Gitarre mit meinen Freunden. Sie sehen, ich habe ein ausgefülltes Leben.«

Der Banker erklärte: »Ich bin ein Harvard-Absolvent und könnte Ihnen ein bisschen helfen. Sie sollten mehr Zeit mit Fischen verbringen und von dem Erlös ein größeres Boot kaufen. Mit dem Erlös hiervon könnten Sie mehrere Boote kaufen, bis Sie eine ganze Flotte haben. Statt den Fang an einen Händler zu verkaufen, könnten Sie direkt an eine Fischfabrik verkaufen und schließlich eine eigene Fischverarbeitungsfabrik eröffnen. Sie könnten Produktion, Verarbeitung und Vertrieb selbst kontrollieren. Sie könnten dann dieses kleine Fischerdorf verlassen und nach Mexiko City oder Los Angeles und vielleicht sogar New York umziehen, von wo aus Sie dann Ihr florierendes Unternehmen leiten.«

Der Mexikaner fragte: »Und wie lange wird dies alles dauern?«

Der Banker antwortete: »So etwa 15 bis 20 Jahre.«

Der Mexikaner fragte: »Und was dann?«

Der Banker lachte und sagte: »Dann kommt das Beste. Wenn die Zeit reif ist, könnten sie mit Ihrem Unternehmen an die Börse gehen, Ihre Unternehmensteile verkaufen und sehr reich werden. Sie könnten Millionen verdienen.«

Der Mexikaner sagte: »Millionen, und dann?«

Der Banker sagte: »Dann könnten Sie aufhören zu arbeiten. Sie könnten in ein kleines Fischerdorf an der Küste ziehen, morgens lange ausschlafen, ein bisschen fischen gehen, mit Ihren Kindern spielen, eine Siesta mit Ihrer Frau machen, in das Dorf spazieren gehen, am Abend ein Gläschen Wein genießen und mit Ihren Freunden Gitarre spielen.«

## Den eigenen Berufsweg gestalten

Jeder Erfolg misst sich an den eigenen Zielen. Da diese von Person zu Person unterschiedlich sind, ist auch das Verständnis von Erfolg und Ergebnis unterschiedlich. Die Ziele des mexikanischen Fischers sind wahrscheinlich andere als die des Bankers. Wenn der Banker versucht, sich in den Fischer hineinzuversetzen und für ihn Ziele erstellt, können diese durchaus ähnlich sein. Die Maßnahmen aber, die zum Erfolg führen, sind vollkommen unterschiedlich und auch der Zeithorizont. Vermutlich waren in der Geschichte die wahren Ziele aber eher nicht identisch. Der Fischer hat das Ziel, in Ruhe zu leben, der Manager hat das Ziel, Geschäftserfolg zu haben. Ein wenig von der Gelassenheit und Zufriedenheit des Fischers täte dem Banker vielleicht gut.

Wann immer wir uns also um Erfolge bemühen, müssen wir vorher die Ziele definieren – und zwar ehrlich uns selbst gegenüber. Vor dem Erfolg steht eine Leistung. Sie muss erbracht werden, um das Ziel zu erreichen. Der Erfolg ist sozusagen der Lohn der Leistung.

Für Laotse zählt eine höhere Erkenntnis zu den Zielen. Das Wesentliche im richtigen Augenblick zu erkennen ist die höchste Weisheit. Dieses Ziel ist wahrscheinlich gar nicht so weit entfernt von den Zielen eines »weisen« Managers. Wenn er zum richtigen Zeitpunkt die wesentlichen internen und externen Strukturen erkennt, kann er zielgerichtet die richtigen Mitarbeiter mit der richtigen Strategie einsetzen. Der unternehmerische Erfolg stellt sich dann wahrscheinlich von selbst ein.

Handeln und Erfolg stehen in einem Zusammenhang. Das Ziel kann ein menschliches Entwicklungsziel sein wie Weisheit oder Erkenntnis oder sich auf materielle Komponenten beziehen. Diese Ziele können zueinander auch in einer gewissen Abhängigkeit stehen. Je mehr Kenntnisse man zum Beispiel hat, desto leichter wird man auch das eine oder andere materielle Ziel erreichen.

Aufgrund des subjektiven Bezugsrahmens gibt es auch keine objektive Definition von Erfolg. Die Aussagen über Erfolg hängen immer vom Wertesystem des Beurteilenden ab. Folgen wir Laotse, so beschreibt sich Erfolg so:

> Willst du etwas schmaler machen,
> musst du es vorher sich ausweiten lassen.
> Willst du etwas loswerden,
> musst du es vorher aufblühen lassen.
> Willst du etwas nehmen,
> musst du vorher zulassen, dass es gegeben wird.
> […]
> Das Weiche überwindet das Harte.
> Das Langsame überwindet das Schnelle.
> Lass dein Wirken ein Geheimnis bleiben.
> Zeig den Menschen bloß das Ergebnis.
>
> *Tao Te King, 36*

Für ein Unternehmen ist natürlich vor allem der wirtschaftliche Erfolg von Relevanz. Doch was ist eigentlich ein erfolgreiches Unternehmen?

Häufig wird der Unternehmenserfolg an die Erreichung von bestimmten Kennzahlen geknüpft. Dies können Auftragseingang, Umsatz, Gewinn, Anzahl an Beschäftigten, Marktanteil und Ähnliches sein.

Dabei muss man erkennen, dass eine einzige Kennzahl meistens nicht ausreicht, den Erfolg eines Unternehmens zu messen. Aus diesem Grund verwendet man eine Kombination solcher Kennzahlen, sodass das Kennzahlensystem einer Firma oft reichlich komplex wird. Das gesamte System kann man in Form einer Balanced Scorecard darstellen, die über die finanziellen Kennzahlen hinaus die Abhängigkeit des Unternehmensergebnisses von anderen unternehmensinternen Voraussetzungen, wie Kundenansprache, Mitarbeiter und Geschäftsprozesse, einbezieht. Wie der Name schon sagt, verbirgt sich dahinter der Anspruch, dass die einzelnen Kennzahlen ausbalanciert werden sollen.

Die wirtschaftlichen Ziele sind zwar für das Unternehmen wichtig, für den Manager aber nur Sekundärziele. Wichtiger erscheinen die Primärziele, die man vielleicht auch Lebensziele nennen könnte. In ihnen spiegelt sich die Persönlichkeit des Managers. Wie kann der Manager in diesem Sinne erfolgreich sein?

Im Sinne Laotses wären es dabei nicht die persönlichen wirtschaftlichen Ziele (mein Haus, mein Auto, mein Aktienpaket ...), sondern die Entwicklung der eigenen Persönlichkeit, die für Zufriedenheit und gelingende Lebensgestaltung bedeutsam ist.

Etwas mehr Klarheit darüber, wo man sich auf diesem Weg befindet, kann man durch gelegentliche Selbstreflexion erhalten:

### Perspektivenwechsel

Nehmen Sie eine Situation aus der letzten Zeit, zum Beispiel ein Gespräch, das Sie vor einiger Zeit mit ihrem Vorstand hatten. Rekapitulieren Sie die Situation nun aus Ihrer eigenen Sicht. Anschließend versuchen Sie, sich in die Position der anderen Beteiligten zu versetzen, und betrachten die Situation aus deren Sicht. Und schließlich sollten Sie die Situation aus einer Metaperspektive, also von der Warte eines Unbeteiligten aus betrachten. Vergleichen Sie nun: Worin unterscheiden sich die unterschiedlichen Sichtweisen auf Ihre Person? Vielleicht gibt Ihnen das Hinweise auf Veränderungen, die Sie für wünschenswert halten.

### Selbstanalyse

Jeder Mensch hat eine Vorstellung davon, welche Eigenschaften er gerne hätte (Wunschbild), sowie davon, welches die eigenen Stärken und Schwächen sind (Selbstbild). Will man die Realitätsnähe dieser Vorstellungen überprüfen, hilft die Frage: Wie sehen mich die anderen?

Vielleicht sind Sie der Meinung, dass Sie ein guter Stratege sind. Dann fällt Ihnen auf, dass in den letzten Teamsitzungen niemand auf Ihre Vorstellungen, auf Ihre Strategievorschläge eingegangen ist. Wenn Sie dies bemerken, müssen Sie intensiver über diese Auffälligkeit nachdenken. Anscheinend stimmen Anspruch und Wirklichkeit nicht überein.

### Ausstrahlung

Die nächste Übung führt noch einen Schritt weiter. Welche Ausstrahlung möchten Sie haben? Wie möchten Sie auf die anderen Mitarbeiter wirken? Daraus leiten Sie folgende Übung ab. Sie betreten am nächsten Morgen das Büro mit dem Vorsatz, alle freundlich zu begrüßen, allen ein kleines Wort zu schenken. Hinterher überlegen Sie sich, ob Sie dies Überwindung gekostet oder ob es Ihnen vielleicht sogar Freude gemacht hat. Wie haben die Kollegen reagiert? Sie können bei einer solchen Übung überprüfen, ob Sie Freundlichkeit authentisch vermitteln können, ob es Ihnen »abgenommen« wird. Denn dies ist natürlich notwendig, aufgesetztes Verhalten wird schnell erkannt. Übung und entsprechende Erfahrung kann die Ausstrahlung so verändern, dass sie mit den inneren Haltungen übereinstimmt.

### Kritikfähigkeit

Jeder wird von seinen Kollegen, Vorgesetzten und Mitarbeitern in einer gewissen Art gesehen. In dieser Sicht steckt immer eine Bewertung. Je aktiver man in der Öffentlichkeit agiert – dazu gehört auch das Führen – umso mehr setzt man sich auch einer gewissen Kritik aus. Spätestens bei der eigenen Beurteilung (durch den Vorgesetzten oder auch durch die Mitarbeiter) hat man sich der Kritik zu stellen. Dann kommt es darauf an, wie Sie Kritik auffassen. Ignorieren Sie jede Kritik? Halten Sie Kritik stets für ungerechtfertigt? Oder sind Sie bereit, die kritischen Einwände zu überprüfen und gegebenenfalls Schlussfolgerungen daraus zu ziehen? Zunächst muss man akzeptieren, dass der Kritisierende – aus seiner Sicht – stets Recht hat. Natürlich muss nicht jede Kritik zutreffend sein, aber natürlich kann jede Kritik auch förderlich sein. Es kommt darauf an, wie man mit dem subjektiven Spiegel, den man vorgehalten bekommen hat, umgeht. Sie müssen jeweils überlegen, was Sie mit der Kritik anfangen. Es ist selbstverständlich auch legitim, wenn Sie eine Kritik ablehnen, nachdem Sie dieselbe durchdacht haben.

### Denkpause

Manchmal benötigt man eine Denkpause, wenn zu viele Gedanken das Gehirn belasten und kein Platz mehr für neue Gedanken bleibt.

Es gibt einen ganz einfachen Trick, mit dem man seinen Kopf frei machen kann. Stellen Sie sich in Gedanken einfach den Duft von Pfefferminze vor. (Es kann natürlich auch ein anderer intensiver Geruch sein.) Während Sie versuchen, sich einen solchen Duft vorzustellen, können Sie nicht in Worten und Sätzen denken. Nach zehn Sekunden ist Ihr Gehirn frei für einen neuen Anfang.

Mit einem höheren Übungsaufwand ist das Erlernen einer Meditationstechnik verbunden. Im Taoismus hat Qigong eine lange Tradition, dessen Techniken inzwischen auch im Westen gelehrt werden. Sie dienen der Harmonisierung der Lebensenergie (*Qi*, *Chi*) und der Konzentration auf die eigene Mitte.

### Begeisterung

Sind Sie von Ihrer Arbeitsaufgabe begeistert? Wenn ja, ist die Welt in Ordnung. Anderenfalls sollten Sie nach den Gründen suchen. Warum macht Ihnen die Arbeitsaufgabe keinen Spaß? Ist Ihnen Ihre Arbeitsaufgabe klar? Kennen Sie die Erwartungen, die an Sie gestellt werden? Können und wollen Sie diese Erwartungen erfüllen oder belasten Sie diese Erwartungen? Haben sie die notwendigen Kenntnisse und Erfahrungen, um die Arbeitsaufgabe zu bewältigen? Ist der Zeitrahmen ausreichend? Wenn Ihnen bei diesen Fragen Zweifel kommen, sollten Sie ein Gespräch mit Ihrem Vorgesetzten führen. Vielleicht passt der Job überhaupt nicht zu Ihnen, vielleicht auch nicht das Unternehmen. Dann sollten Sie überlegen, welche Konsequenzen sie ziehen können.

Der Manager überprüft immer wieder einmal, ob er für seine Aufgaben Begeisterung aufbringen kann. Nur mit einer gewissen Begeisterung kann er auch seine Mitarbeiter anspornen.

### Kommunikation

Es ist wichtig, dass Sie in die Kommunikation im Unternehmen eingebunden sind. Sie sollten darauf achten, dass Sie in alle Teamsitzungen einbezogen sind. Sie sollten sich an diesen Sitzungen aktiv beteiligen. So erhalten Sie unter anderem Rückmeldungen über Ihre informelle Position. Durch Kommunikation kann ein Netzwerk geknüpft werden, das aus Menschen besteht, die Sie kennen, unterstützen und fördern können. Dieses Netzwerk sollten Sie pflegen.

*Ein Manager der Fahrradfabrik AG hatte die Angewohnheiten bei Denkblockaden einfach die Sprache zu wechseln. Er dachte dann in Englisch. Er behauptete, dass er mit der Sprache auch das gesamte Gedankengeflecht in seinem Gehirn austausche oder reinige. In Englisch hatte er einfach andere gedankliche*

*Verknüpfungen abgespeichert. Und es funktioniere besonders gut, wenn man in der Fremdsprache nicht so gut ist. Dann muss man neu formulieren, neu definieren, Umschreibungen finden – und das bringt stets ganz neue Erkenntnisse.*

## Neue Erfolgsfaktoren identifizieren

Erfolg wird nicht nur individuell, sondern auch zu jeder Zeit anders definiert. In der altchinesischen Ständegesellschaft wurde er anders verstanden als heute. Und auch in den letzten 50 Jahren haben sich berufliche Laufbahnen erheblich verändert. Früher konnte man in Lebenskarrieren denken. Man begann bei einem Unternehmen und diente sich die Karriereleiter hinauf. Irgendwann hatte man den gewünschten Erfolg, man war auf der Position angelangt, die man sich gewünscht hatte. Heute denken Arbeitnehmer eher in Projekten, und sie sind auch leichter bereit, ein Unternehmen zu wechseln. Das Ziel für viele Menschen ist ein interessantes Projekt, in das man seine Fachkenntnis einbringen kann oder das man als Manager leiten darf. Damit verschieben sich die Ziele, und auch der Erfolg muss neu definiert werden. Die Mitarbeiter müssen sich auf ständige Veränderungen einstellen. Technische Innovationen prägen das Geschehen, flexible Arbeitszeiten sind an der Tagesordnung. Hinzu kommen Firmenpleiten, Unternehmensübernahmen und jede Menge Umorganisationen.

Nicht nur individueller, sondern auch Unternehmenserfolg muss heute neu bestimmt werden. Ständig steigende Qualitätsansprüche der Kunden und gleichzeitig ein enormer Preisdruck bestimmen die Situation vieler Unternehmen. Das bedeutet, dass sich immer weniger Unternehmen vom Markt abheben können und weder eine Qualitäts- noch eine Preisführerschaft erreichen können. Die meisten Unternehmen können am Markt keine Preiserhöhungen durchsetzen, selbst wenn sie die Qualität ihrer Produkte verbessern. Diese Erkenntnis hat sich bei vielen Managern festgesetzt. Sie definieren Kostensenkungen als Ziele und versuchen, diese mit Macht umzusetzen. Ihre Erfolge sind immer effizientere Prozesse, eine immer bessere Ausnutzung der Mitarbeiterressourcen.

In der Praxis zeigte sich jedoch, dass Kostensenkungsprogramme keine nachhaltigen Verbesserungen der Marktposition gebracht haben. Im Gegenteil, vielfach haben durch Kostensenkungen die Qualität, die Motivation der Mitarbeiter und die Kundennähe gelitten. Dies führt mittelfristig sogar zu einer Verschlechterung der Marktsituation.

Natürlich ist das Ziel der Kostensenkung weiterhin ein Erfolgsfaktor für Unternehmen. Aber es darf nicht zur treibenden Dimension unternehmerischen Handelns werden. Andere Erfolgsfaktoren treten mittlerweile in den Vordergrund. Sie liegen in einem neuen Selbstbewusstsein der Unternehmen. Sie setzen mehr auf Einzigartigkeit als auf Marktanteile. Dabei spielen die Mitarbeiter eine immer größere Rolle. Man erkennt, dass ein positives Wir-Gefühl die Wurzel für Kreativität und Innovationen ist. Diese Unternehmen vertreten eine bewusste Einzigartigkeit als Marktpositionierung. Und daraus kann sogar ein höheres monetäres Ergebnis zu erzielen sein.

Der Manager hat darauf zu achten, dass er die Einzigartigkeit seines Unternehmens oder seiner Abteilung herausarbeitet und pflegt. Der neue Grundsatz heißt: Der Erfolg des Unternehmens entscheidet sich weniger am Markt als vielmehr bereits im Innern des Unternehmens.

In den meisten Unternehmen ist aber, um eine solche Neuorientierung umzusetzen, auch ein neuer Führungsstil notwendig. Es sind nicht einzelne Managementmethoden, die geändert werden müssten, sondern es sind letztendlich die Einstellungen, Werte, Denkmuster und Verhaltensweisen des Topmanagements. Eine solche grundlegende Veränderung kann nur von oben erfolgen. Anschließend müssen die Mitarbeiter »mitgenommen« werden, aber erfahrungsgemäß lassen sich Mitarbeiter leicht auf einen solchen Kurs einschwören – und sind auch bereit, mehr Leistung und zusätzliche Innovationen einzubringen.

Laotse gibt uns sehr überraschende Beispiele für die neue Art eines solchen Denkens. Er leitet unsere Gedanken in eine ungewohnte Richtung:

> Wir fügen Speichen in einem Rad zusammen,
> aber es ist das Loch in der Mitte,
> das die Bewegung des Wagens bewirkt.
>
> Wir formen Ton zu einem Topf,
> aber es ist die Leere darin,
> die das Gewünschte enthält.
>
> Wir zimmern Holz für ein Haus,
> aber es ist der Innenraum,
> der es bewohnbar macht.
>
> Wir arbeiten mit Seiendem,
> doch Nichtseiendes macht den Nutzen aus.
>
> *Tao Te King, 11*

Das Gleichnis Laotses ist auf die dargestellte Situation übertragbar: Wir gestalten das materielle Äußere, aber über den Erfolg entscheidet das nicht materielle, also ideelle Innere.

Übersetzt könnte dies lauten: Wir beschäftigen uns mit dem Markt, mit dem Unternehmenswert, mit der Kursentwicklung. Aber vielleicht sollten wir uns auf ganz andere Themen konzentrieren. Vielleicht vernachlässigen wir sie bisher – wie eben die Leere im Tonkrug. Weil wir von diesen Themen gar keine Vorstellung haben.

Nun gehen wir auf die Suche nach den Faktoren, die unseren Erfolg ausmachen. Vielleicht sind es die Mitarbeiter? Vielleicht sind es die Erfahrungsträger, von denen wir uns in den letzten Jahren so »erfolgreich« getrennt haben? Vielleicht sind es die Studienabgänger, die bisher vergeblich einen Job gesucht haben?

*Es gab einen leitenden Mitarbeiter in der Fahrradfabrik AG, der schon viele Jahre in dem Unternehmen war, der schon mit vielen Mitarbeitern gearbeitet hatte, der auch ein sehr gutes Image besaß. Eines Tages hatte er ein Zoll-Problem in einem der Länder, in das sie Fahrräder exportierten. Die Sachlage war sehr verzwickt, und eigentlich wusste er keine Lösung. Er besprach das Problem mit seinen Mitarbeitern, aber auch diese fanden keinen Lösungsansatz. Plötzlich löste sich das Problem jedoch wie von selbst auf. Er hat auch nie erfahren, warum. Aber es war so: Ein Ex-Mitarbeiter hatte zufällig in einem Gespräch von dem Problem erfahren. Daraufhin sprach er in dem betreffenden Land einen alten persönlichen Bekannten an. Der kannte sich in der verzwickten Lage bestens aus, hatte einen Lösungsvorschlag, den er an den Büroleiter in dem betreffenden Land kommunizierte. Dieser befolgte den Ratschlag, und das Problem löste sich in Wohlgefallen auf.*

Nun ist die Geschichte der Fahrradfabrik AG natürlich konstruiert, aber eine solche Situation könnte sich in der Tat so entwickelt haben. In diesem Sinne entscheidet Nichtseiendes über den Erfolg, nicht die Produkte, sondern die Beziehungen des Managers.

In Gleichnissen versuchte Laotse seine Wahrheit zu vermitteln, statt sie in konkreten Beispielen darzustellen. Aber gerade die Formulierung in Gleichnissen und ohne historischen Bezug ist es, die eine Übertragung und Interpretation für uns heute so lohnend macht.

Das »Nichtseiende«, von dem hier die Rede ist, könnte man auch als Qualität im Unterschied zur Quantität verstehen. Gerade die Qualität ist es, die der bloßen Masse den Wert verleiht. Das Ergebnis unserer Arbeit, unseres Strebens ist somit eine Qualität mit Langzeitwirkung.

Hier stellt sich auch noch ein anderer Bezug her: Wovon hängt es eigentlich ab, ob wir in einer Situation oder unserem Leben zufrieden oder sogar glücklich sind? Danach fragt auch ein Zweig der

Psychologie, die »Glücksforschung«. Sie sucht nach Bedingungen, die uns »Flow« erleben lassen, also Momente tiefster Freude.

Diese Momente können zum Beispiel entstehen, wenn man sich ganz einer Aufgabe widmet, voller Freude und Engagement in einer Tätigkeit aufgeht, dabei jegliches Zeitgefühl verliert und so ungeahnte Leistungen vollbringt.

Die meisten Menschen kennen solche Glücksmomente in Partnerschaft oder Familie, im Hobby oder beim Sport. Wichtig wäre es jedoch, wenn man diese Gefühle auch bei der Arbeit aktivieren könnte. Dann ist man mit Sicherheit erfolgreicher, weil sie außergewöhnliche Kreativität freisetzen und alles leichter von der Hand gehen lassen.

Diesen Zustand kann man gezielt herbeiführen. Es beginnt damit, dass man eine Balance zwischen Anforderungen und eigenen Fähigkeiten schafft. Die Aufgabe muss dem Mitarbeiter entsprechen. Er muss sie als Herausforderung begreifen und sie mit Freuden annehmen, weil er sich ihr gewachsen sieht. Der Mitarbeiter fühlt sich eins mit »seiner« Aufgabe. Er empfindet sich nicht mehr lediglich als ein Jemand, der eine Aufgabe ausführt. Voraussetzungen sind neben der Übereinstimmung von Aufgabe und Fähigkeiten eine klare Zielsetzung und die permanente Möglichkeit des Austausches mit Kollegen.

Der Manager kann also einiges für seine eigene Zufriedenheit, seinen eigenen Erfolg tun. Andererseits versucht er durch mitarbeiterorientiertes Handeln den Mitarbeiter so einzusetzen, dass dieser gleichfalls erfolgreich sein kann.

## Konzentration auf das Wesentliche

Wie kann der Manager diese Art von Erfolg gewährleisten? Es gibt viele »Erfolgsmethoden«. Ziel dieser Methoden ist meist das Einfache, das so schwer zu machen ist: die Konzentration auf das Wesentliche.

Warum fällt das so schwer? Weil wir Menschen uns von vielerlei Dingen ablenken lassen und weil wir nicht immer sofort die Wichtigkeit und die Bedeutung eines Vorgangs einschätzen können.

Für die »Konzentration der vorhandenen Kräfte und Ressourcen auf den wirkungsvollsten Punkt« hat der Systemforscher Wolfgang Mewes ein Konzept entwickelt, das unter der Bezeichnung Engpasskonzentrierte Strategie (EKS®) seit den 1970er Jahren bekannt wurde und nach wie vor aktuell ist.[1] Es dient vor allem der Entwicklung von langfristigen persönlichen oder geschäftlichen Strategien.

## Prinzipien der Engpasskonzentrierten Strategie (EKS ®) nach W. Mewes[2]

### *1. Konzentration nach innen*

*Konzentration auf Stärkenpotenziale, Abbau von Verzettelung.* Ergebnisse resultieren aus meinen eigenen Anstrengungen und Bemühungen. Die Vorgehensweise orientiert sich an meinen besonderen Fähigkeiten und meinen Stärken und steht im Einklang mit meiner Umwelt.

### *2. Konzentration nach außen*

*Konzentration der Kräfte auf eine klar definierte Zielgruppe.* Meine Leistung ist nicht für jeden gleichermaßen interessant und nützlich. Es gilt herauszufinden, welche Menschen sie benötigen. Für sie stelle ich all mein Wissen und meine Kompetenz zur Verfügung. Und sie werden auch meine Leistung entsprechend zu würdigen wissen.

### *3. Konzentration nach oben*

*Orientierung auf die Nische.* Was schon angeboten wird, verwende ich. Aber ich kümmere mich nicht weiter darum. Ich identifiziere die Bereiche, die bisher vernachlässigt wurden oder die es noch zu entdecken gilt. Ich nutze jede zugängliche Anregung und setze meine ganze Kreativität ein.

### *4. Konzentration nach unten*

*Konzentration auf die Tiefe der Problemlösung.* Ich kümmere mich um die Qualität der Lösungen für diesen Engpass. Sie werden immer besser durchdacht und alle Details berücksichtigt. So entwickle ich mich zum besten Problemlöser in der Nische, für diesen speziellen Bereich.

### *Ergebnis*

Wenn ich die vier Prinzipien der Konzentration angewendet habe, mir dadurch Anerkennung und Vertrauen bei Kunden oder Auftraggebern erworben habe und so ideale Lösungen gefunden wurden, dann kann es zu einer Art Symbiose kommen, die sowohl meiner Zielgruppe (Kunden) als auch mir (und meinen Mitarbeitern) Nutzen bringt. Die Nutzung dabei entstehender Synergien fördert unsere gemeinsame Entwicklung.

Während dieses Konzept der langfristigen strategischen Orientierung auf das Wesentliche dient, haben sich im Bereich Zeit- und Selbstmanagement eine Reihe von Techniken für die Bewältigung des Alltagsgeschäfts bewährt. Sie dienen dazu, Prioritäten zu setzen und so Zeit für die Konzentration auf die wesentlichen Aufgaben zu gewinnen. Die Kunst, Wesentliches vom Unwesentlichen zu unterscheiden, zählt auch auf dieser Ebene zu den Erfolgsfaktoren des Wirtschaftslebens.

Eine dieser Techniken ist zum Beispiel die Eisenhower-Methode, der der amerikanische General und spätere Präsident seinen Namen lieh.

Der Methode liegt die Überlegung zugrunde, dass wir uns bei einem Großteil unserer Arbeit nicht an der Wichtigkeit einer Aufgabe orientieren, sondern an unseren Vorlieben, am Druck, den andere auf uns ausüben, und an vielerlei Zufällen. Für den Arbeitserfolg ist aber einzig entscheidend, dass wir uns tatsächlich um das Wichtigste zuerst kümmern. Wir müssen also um das Innere des Topfes kümmern und dürfen uns nicht über Gebühr mit dem Ton auseinandersetzen.

Jeder von uns weiß das. Dennoch tun wir es nicht. Im Grunde dienen alle Methoden im Zeit- und Selbstmanagement dieser einen Aufgabe: uns systematisch dazu zu bewegen, das Wichtigste zuerst zu tun und die eiligen, aber eigentlich unwichtigen Aufgaben liegen zu lassen, anderen zu übertragen oder einfach dem Papierkorb zu übergeben.

### Die Eisenhower-Methode

Wir bewerten unsere Aufgaben und Ziele in zwei Dimensionen: Sind sie wichtig oder unwichtig? Und sind sie eilig oder nicht eilig? So gelangen wir zu vier Gruppen von Aufgaben:

- Aufgaben, die wichtig und eilig sind
- Aufgaben, die wichtig, aber nicht eilig sind
- Aufgaben, die unwichtig, dafür aber sehr eilig sind
- Aufgaben, die unwichtig und nicht eilig sind

Nach Eisenhower gehen wir mit diesen vier Gruppen folgendermaßen um:

- Alle Aufgaben, die sowohl unwichtig als auch nicht eilig sind, werfen wir in den Papierkorb. Sind die Aufgaben zwar unwichtig, aber eilig, dann delegieren wir sie an unsere Mitarbeiter.

- Die wichtigen Aufgaben, die nicht eilig sind, übertragen wir in unsere Zeitplanung und sorgen dafür, dass wir sie zur rechten Zeit tatsächlich selbst erledigen.
- Die Aufgaben, die gleichzeitig wichtig und eilig sind, packen wir sofort selbst an.

Es gibt noch andere Methoden. Letztlich muss jeder Manager die für ihn geeignete Methode entwickeln, wenn er sich des Problems bewusst ist: Konzentration auf das Wesentliche unterstützt unsere Suche nach dem Glücksgefühl. Konzentration auf das Wesentliche und das Glücksgefühl bei unserer Arbeit sind Garanten für den Erfolg.

> Der Meister erledigt seine Arbeit
> und lässt es damit genug sein.
> […]
> Weil er an sich selbst glaubt,
> versucht er nicht, andere zu überzeugen.
> Weil er mit sich selbst zufrieden ist,
> braucht er nicht den Beifall anderer.
> Weil er sich selbst akzeptiert,
> akzeptiert ihn die ganze Welt.
>
> *Tao Te King, 30*

## Erfolg um jeden Preis?

Manche Karrieren sind kriechend wie Efeu, andere zündend wie Feuerwerkskörper. Der eine bringt Leistung, hat gute Ideen – und kommt doch nicht weiter. Der andere benimmt sich daneben, aber er findet die Sympathie des Chefs und er bekommt einen attraktiven Posten.

Auf der persönlichen Ebene werden eine Reihe von Faktoren immer wieder (manche mit wechselnden Vorzeichen) diskutiert:

Attraktivität und Körpergröße; Haarfarbe und Haarlänge oder Glatze; Geschlecht und Alter und nicht zuletzt die »Chemie«, also die Sympathie zwischen den beteiligten Akteuren. Auf diese Faktoren haben wir nur wenig Einfluss – Laotse würde wohl zu Akzeptanz und Gelassenheit raten. Auch Beziehungen schaden natürlich nicht – wobei dies schon wieder ein Faktor ist, der sich gezielt beeinflussen ließe.

Es geht in erster Linie darum, die Ziele zu finden, die der Persönlichkeit angemessen sind. Diesen muss man dann systematisch und konsequent, mit Energie und Anstrengung und gleichzeitig mit Gelassenheit folgen. Erfolgreich ist man schließlich, wenn man die Ziele erreicht hat, wenn man mit sich im Reinen ist, wenn man letztendlich (den Weg zum Ziel) auch in Ruhe beenden und abschließen kann.

Ein interessantes Phänomen, das in der »Beziehungspflege« auf Unternehmensebene immer wieder diskutiert wird, ist Korruption. Schließlich ist es ein Mittel, das die offene Auseinandersetzung vermeidet und den einfachen Weg geht – wäre das nicht ganz im Sinne Laotses?

Im Jahr 2006 hat Korruption in Deutschland eine Vielzahl von Schlagzeilen verursacht. Eine Reihe verantwortlicher Manager haben sich der Korruption bedient, um Ergebnisse zu erwirtschaften. Ein Unrechtsbewusstsein fehlt dabei bisher weitgehend. Schließlich waren in Deutschland Bestechungen im Ausland bis vor wenigen Jahren steuerlich absetzbar, also durchaus legal. Auch gibt es in Unternehmen die mehr oder weniger offizielle Doktrin, in Ländern der Dritten Welt wären ohne Bestechung keine Aufträge zu erhalten. Somit wurde die Korruption durchaus als eine brauchbare Methode, das anvisierte Ergebnis zu erzielen, angesehen.

Korruption hat häufig in der Ausweglosigkeit einer Situation Grund und Anfang. Man verpflichtet Manager mit hohen Zielvorgaben in Ländern der Dritten Welt zu agieren, in denen eben »Zuwendungen« üblich sind. Gleichzeitig lässt man sie unterschreiben, dass sie sich an geltende Regeln und Gesetze halten. Dies kann angesichts der Zielkoordinaten durchaus ausweglos sein. Dann überlegt sich selbst der nüchternste Manager, ob er dieses Dilemma nicht durch Korruption lösen kann. Reine Gier ist für diese Manager selten die Motivation. Häufiger entsteht Korruption sogar aus Loyalität zu dem Unternehmen. Wichtig ist eine kulturelle Veränderung. Es muss in der Unternehmensführung klar sein, dass Korruption nicht gewollt ist und nicht mit dem ethischen Kodex des Unternehmens vereinbar ist. Wer dann dagegen verstößt, muss auch die Konsequenzen tragen. Dies kann aber nicht von heute auf morgen geschehen, sondern das Management muss über einen solchen Sachverhalt offen und ausgiebig diskutieren. Alle Mitarbeiter müssen einbezogen werden.

Natürlich kann Korruption vordergründig Umsatz und Ergebnis generieren. Aber es ist nachgewiesen, dass Korruption Innovation hemmt, alte überkommene Strukturen erhält und eigentlich langfristigen Erfolgstrategien entgegensteht. Der interessantere Weg ist es daher, auf den einen oder anderen Auftrag zu verzichten und dafür in der internen Struktur zu lernen und zu wachsen. Ein Verzicht auf Korruption bedeutet auch eine Stärkung des Erfolgsfaktors Motivation der Mitarbeiter.

Daher kann man die Empfehlung geradezu umkehren: Der Verzicht auf Korruption ist langfristig ein Erfolgsfaktor.

Der Manager verzichtet auf Korruption, weil er dies für eine Stärkung seiner Mitarbeiter hält. Die Mitarbeiter wissen, dass es auf ihre Leistung ankommt und nicht auf undurchschaubare Beziehungen.

Wer fest im *Tao* verankert ist,  
kann nicht leicht entwurzelt werden.  
Wer fest das *Tao* umfängt,  
wird nicht ausrutschen und fallen.  
Seinen Namen wird man in Ehren halten  
von Generation zu Generation.

Lass das *Tao* in deinem Leben walten,
und du wirst wahre Kraft haben.
Lass das *Tao* in deiner Familie walten,
und deine Familie wird blühen.
Lass es in deinem Land walten,
und dein Land wird ein Vorbild werden
für alle Länder der Welt.
Lass es im Universum walten,
und das Universum wird in Harmonie sein.
[...]

*Tao Te King, 54*

## Inspirationen und Denkanstöße zum Thema Erfolg

Verstopfst du deinen Geist mit Beurteilungen
und treibst du Handel mit Begierden,
wird dein Herz voll quälender Unruhe sein.
Hältst du deinen Geist vom Beurteilen ab
und lässt du dich nicht von den Sinnen leiten,
wird dein Herz Frieden erlangen.

*Tao Te King, 52*

Können Sie Ihr wichtigstes Lebensziel benennen?
Wodurch ist beruflicher Erfolg für Sie gekennzeichnet?
Welche Ziele wollen Sie im nächsten Jahr erreichen?
Was tun Sie, um diesen Zielen näherzukommen?

Wir formen Ton zu einem Topf,
aber es ist die Leere darin,
die das Gewünschte enthält.

*Tao Te King, 11*

Es geht um die Standpunkte, die Sicht der Dinge, das Erkennen des Wesentlichen. Das Wesentliche ist oft nicht das Offensichtliche.

Welche Meinung haben Sie in diesem Augenblick von sich?

Sind Sie von Ihrer gegenwärtigen beruflichen Aufgabe begeistert?

Welches halten Sie für die wesentlichen Erfolgsfaktoren in Ihrem Verantwortungsbereich?

Sind Ihre Mitarbeiter emotional beteiligt? Arbeiten Sie mit Begeisterung? Sind sie gedanklich präsent und innovativ?

Haben Sie bei Ihrer Arbeit schon einmal ein Glücksgefühl erlebt?

> Der Meister widmet sich allem,
> was der Augenblick gerade bringt.
>
> *Tao Te King, 50*

Das Wesentliche im richtigen Augenblick zu erkennen und zu tun ist die höchste Weisheit.

Können Sie sich gut konzentrieren? Welche speziellen Methoden wenden Sie dazu an?

Sind Sie gut organisiert? Wie vermeiden Sie es, Ihre Zeit mit Nebensächlichkeiten zu vertun?

Wer oder was entscheidet in Ihrem Verantwortungsbereich, was wichtig ist und was nicht?

# 8

# Verantwortungsvolles Handeln setzt Bescheidenheit voraus

Fülle deine Trinkschale bis zum Rand,
und sie wird überlaufen.
Schärfe dauernd dein Messer,
und es wird stumpf werden.
Jage Geld und Sicherheit nach,
und dein Herz wird sich niemals öffnen.
Sorge dich um den Beifall der Leute,
und du wirst ihr Gefangener sein.
Verrichte dein Werk, tritt dann zurück.
Das ist der Weg zur Gelassenheit.

*Tao Te King, 9*

## Den Sinn für das rechte Maß bewahren

»Bescheidenheit ist eine Zier, doch weiter kommt man ohne ihr«, reimt der Volksmund. Viele Managementberater vermitteln als oberste Regel: Bescheidenheit ist der Karrierekiller Nummer eins. Denn die Qualität der Arbeit mache nur zehn Prozent des Erfolgs aus, nahezu sechzig Prozent hingen davon ab, ob es der Chef auch wahrnehme.

Trommeln gehört also zum Handwerk, nur melodisch muss es sein. Selbst-PR ist notwendig. Sie funktioniert ähnlich wie ein perfektes Make-up: Es hebt die guten Seiten hervor und kaschiert die schwachen.

Wie sehr das rechte Maß mitunter aus den Augen verloren wird, zeigen die Abfindungssummen, die einige Spitzenmanager einsteckten. Einige Beispiele aus jüngster Zeit:

- 400 Millionen US-Dollar erhielt der Vorstandsvorsitzende des Ölkonzerns Exxon, Lee Raymond, als er zum Jahresende 2005 ausschied. Er erhielt Pensionszahlungen, Aktienoptionen und Vergütungen in Rekordhöhe.
- Der Chef des weltgrößten Pharmakonzerns Pfizer, McKinnell, konnte bei seinem vorzeitigen Abschied im Februar 2006 insgesamt 198 Millionen US-Dollar einstreichen. Der Betrag setze sich aus einer Abfindung, Boni, Aktien sowie weiteren Zahlungen zusammen. Und das, obwohl er zuletzt bei den Investoren zunehmend in der Kritik gestanden hatte. Die mäßige Entwicklung der Pfizer-Aktien wurde ihm ebenso vorgeworfen wie ein Mangel an neuen Produkten.
- Da kann man natürlich gut verstehen, dass sich die ehemalige Chefin von Hewlett-Packard, Carly Fiorina, irgendwie benachteiligt fühlte. Sie erhielt lediglich eine Abfindung von 21 Millionen US-Dollar. Sie revanchierte sich und schrieb eine Autobiografie, in der sie mit ihrer ehemaligen Firma hart ins Gericht ging.

Ebenso schmal fallen die Abfindungen von deutschen Managern aus:

- Der Mannesmann-Chef, Klaus Esser, zum Beispiel erhielt magere 30 Millionen Euro, als er der Übernahme durch Vodafone endlich zustimmte. Er kassierte 16 Millionen für Prämien und 14 Millionen für Gehalt und Leistungsboni für die Restlaufzeit seines Vertrages.

- Ron Sommer dagegen, der ehemalige Telekom-Chef, erhielt nur 12 Millionen für seinen vorzeitigen Ausstieg, einschließlich etwa 2 Millionen Euro Pensionszahlungen.

Die öffentliche Empörung ist jedes Mal groß: Doch Hand aufs Herz, wer würde auf eine Abfindung von 30 Millionen Euro verzichten? Nun kommen aber nicht viele Manager in die Situation, Millionen kassieren zu können. Welche Bedeutung kommt also der Bescheidenheit im Managementalltag zu?

Die Internet-Enzyklopädie Wikipedia charakterisiert Bescheidenheit, auch Genügsamkeit allgemein als »eine Verhaltensweise von Menschen, wenig von etwas für sich zu beanspruchen, selbst dann, wenn die Möglichkeit der Vorteil[s]nahme bestünde; sie bedeutet auch, zugunsten anderer auf etwas zu verzichten. Bescheidenheit als Lebensprinzip entsteht häufig aus der Einsicht, dass alles Übermaß im Leben schädlich ist.«[1]

Die übliche »Unbescheidenheit« beginnt oft bereits bei Stellenausschreibungen. Da werden ausschließlich Spitzen-Kandidaten gesucht, die überdurchschnittliche Abschlüsse mitbringen, außerordentliche Erfahrungen in verantwortlichen Positionen in Top-Unternehmen und im Ausland gemacht haben, mehrere Sprachen beherrschen, uneingeschränkt mobil sind und und und.

Unabhängig davon, ob es solche Kandidaten geben kann – Bescheidenheit ist hier auf keinen Fall gefordert. Die großen Unternehmen werben um die sogenannten High Potentials und Top-Kandidaten. Gesucht wird nach dem Motto: Wir wollen das Beste, was wir kriegen können, wer weiß, wozu es mal gut ist. Und schließlich soll der Kandidat auch noch ein erkennbares Führungspotenzial haben. Dies wäre dann jemand, dem die Personalchefs von Großunternehmen einen Vorstandsjob zutrauen. Wen wundert es, wenn dann auch bei den Bewerbern die Bescheidenheit auf der Strecke bleibt. Besonders gut kann man dies beobachten, wenn die gehegten Erwartungen den Kandidaten vorschnell bekanntgegeben werden. Sehr schnell und offensichtlich ändert sich deren Benehmen.

Andererseits sagen Personalverantwortliche hinter vorgehaltener Hand, dass Bewerber, die bescheiden auftreten, langfristig die besseren Chancen haben. In einem Bewerbungsgespräch mag dies zutreffen. Angeblich haben Kandidaten mit überzogenen Gehaltsvorstellungen meistens keine Chance. In den ersten Jahren wird auch noch sehr positiv bewertet, wenn der Mitarbeiter in erster Linie daran denkt, den Erfolg des Unternehmens zu steigern. Personalchefs behaupten, dass man dann ganz automatisch auf den Mitarbeiter aufmerksam werde und ihn auch konsequent fördere. Auch dies mag in den ersten Jahren zutreffen. Irgendwann aber kommen die hoffnungsvollen Nachwuchskräfte zu dem Schluss, dass sie ihren Aufstieg selbst in die Hand nehmen sollten. Schließlich wird die Konkurrenz auch immer härter, je höher man aufsteigt. Und dies wird wohl sogar meistens erwartet. So werden sie darauf hingewiesen, dass sie nicht warten sollen, bis jemand ihr Talent entdeckt, sondern dass sie von sich aus aktiv werden müssen. Bescheidenheit, das muss man ganz klar sagen, ist spätestens jetzt fehl am Platz.

Und dann entwickelt sich die Karriere des Mitarbeiters mehr oder weniger. Irgendwann kann er innehalten und zurückblicken, ob die Un-Bescheidenheit das gebracht hat, was er sich vorgestellt hat. Vielleicht sollte er nach den ersten beruflichen Rückschlägen doch mehr das rechte Maß bedenken.

Unumstritten ist, dass ein gewisses Maß an Bescheidenheit das Funktionieren von sozialen Gruppen erleichtert. »Andererseits ist Bescheidenheit – zumindest kurzfristig – für den sozialen sowie beruflichen Erfolg und die Selbstverwirklichung des einzelnen Menschen häufig hinderlich.«[2]

Bescheidenheit kann sich auf unterschiedliche Bereiche beziehen. Da ist zum einen der materielle Aspekt. Bescheidenheit ist nicht dahingehend zu verstehen, dass jemand auf Teile seines Gehalts verzichtet. Will er Bescheidenheit in materiellen Dingen üben, so kann er Teile seines Gehalts selbstverständlich spenden. Das ist aber seine persönliche Angelegenheit. Dies hat nichts mit der Bescheidenheit eines Managers zu tun.

Bei der Bescheidenheit, die wir meinen, geht es eher darum, sich selbst nicht zu überschätzen und andere anzuerkennen, sie mitkommen zu lassen und sie auch in den Vordergrund zu stellen. Bescheidenheit meint nicht, das eigene Können nicht zu präsentieren. Bescheidenheit meint, das Können der anderen, zum Beispiel der Mitarbeiter, anzuerkennen und angemessen zu präsentieren.

Nach einer Pressemitteilung hat der Vorsitzende der Deutschen Bischofskonferenz, Kardinal Lehmann, eine positive Bilanz des Besuches von Papst Benedikt XVI. im September 2006 in Deutschland gezogen. Der Papst habe einen hervorragenden Eindruck gemacht und vieles weggefegt, was sein Bild in der Öffentlichkeit in den vergangenen Jahren bestimmt habe, so Lehmann. Benedikt habe die Menschen durch seine Herzlichkeit und die Tiefe seiner Worte ebenso beeindruckt wie durch seine Würde und persönliche Bescheidenheit.

Diese Pressemitteilung lässt ahnen, welche Art von Bescheidenheit gemeint ist. Es geht darum, sich selbst zurückzunehmen und anderen den Vordergrund zu überlassen. Wobei man natürlich auch konstatieren muss, dass einem Papst Bescheidenheit wohl leichter fallen dürfte als einem unbekannten Manager. Der Papst muss nicht mehr bekannt werden, muss keine Karriere machen. Der Manager wird einen Mittelweg für sich finden müssen, der zwischen Bescheidenheit und Profilierung hindurchführt.
Die Bescheidenheit nach Laotse kennt diesen Mittelweg durchaus. Es geht nicht um eine Bescheidenheit, die zur Unterwürfigkeit wird, sondern um eine natürliche Bescheidenheit.

Laotse sagt:

[...]
Er hat, besitzt aber nicht,
handelt, erwartet aber nicht.

> Wenn sein Werk getan ist, vergisst er es.
> Eben darum währt es ewig.
>
> *Tao Te King, 2*

Es kommt nicht auf das vordergründige Bemühen und öffentlichen Glanz, sondern auf das Werk an. Im nächsten Weisheitsspruch setzt Laotse fort:

> Verehrt man die Großen zu sehr,
> werden die Menschen kraftlos.
> Steht Besitz zu hoch im Kurs,
> beginnen die Menschen zu stehlen.
> Hat man zu viele Wünsche,
> verirrt sich das Herz.
>
> Der Meister lenkt,
> indem er den Geist der Menschen leert
> und ihr Innerstes füllt,
> indem er ihren Ehrgeiz schwächt
> und ihre Entschlossenheit stärkt.
> Er hilft den Menschen, alles loszuwerden,
> was sie wissen und was sie begehren,
> und sorgt für Verwirrung
> bei jenen, die sich für Wissende halten.
>
> Übe dich im Nichttun,
> und alles fügt sich zum Guten.
>
> *Tao Te King, 3*

Mit dem Thema Bescheidenheit sind wir bei einem Kerngedanken Laotses. Der Meister nimmt sich zurück, hält nicht an Besitz und scheinbar sicherem Wissen fest, um den Blick auf den Lauf der Dinge nicht zu verlieren. Wenn sich die Menschen unter seiner Führung ebenso daran halten, wird sich alles zum Guten fügen.

Der Manager, der alles zu wissen meint, ist unbescheiden. Der Manager, der für andere wenig Zeit hat, ist unbescheiden. Der Manager, der nicht zuhört, ist unbescheiden. Der Manager, der sich für die Probleme seiner Leute nicht interessiert, ist unbescheiden. Bescheidenheit hat viele Ausprägungen. Und es gibt sehr viele Manager, die in der einen oder anderen genannten Kategorie unbescheiden sind. Meistens fällt ihnen dies gar nicht auf, entrüstet würden sie den Vorwurf zurückweisen.

Der Manager ist aufgefordert, sich selbst zu überprüfen: Verfolge ich unbarmherzig meine eigenen selbstsüchtigen Ambitionen, setze ich meine Ellenbogen ein, stoße ich andere weg oder ignoriere ich sie, lasse ich sie nicht an die Spitze kommen, weil sie mir Konkurrenz machen könnten? Unbescheiden ist der Manager, der zulasten anderer führt. Ein guter Manager, der bescheiden ist, achtet auf seine Mitarbeiter, fördert sie. Er besitzt die Bescheidenheit, von seinen Mitarbeitern zu lernen, weil er so weise ist anzuerkennen, dass er nicht auf alles eine Antwort weiß. Bescheidenheit heißt zu akzeptieren, dass man selbst zahlreiche Schwächen hat, und anzuerkennen, dass andere beträchtliche Stärken besitzen.

Bescheidenheit ist und bleibt eine Voraussetzung für ein zufriedenes und glückliches Leben und für ein erfolgreiches Arbeiten. Dies verlangt Maßhalten ebenso wie den Mut zum Verzicht. Doch bei mir muss es beginnen!

Wenn ein Land große Macht erlangt,
wird es wie das Meer:
Alle Flüsse fließen stromabwärts hinein.
Je mächtiger es wird,
desto dringender ist Bescheidenheit geboten.
Bescheidenheit bedeutet, dem *Tao* zu vertrauen
und sich deshalb nicht verteidigen zu müssen.

Ein großer Staat gleicht einem großen Menschen:
Wenn der einen Fehler begeht, erkennt er ihn.

> Nachdem er ihn erkannt hat, gibt er ihn zu.
> Nachdem er ihn zugegeben hat, berichtigt er ihn.
> Er betrachtet diejenigen, die seine Fehler aufzeigen,
> als seine wohlwollendsten Lehrer.
>
> *Tao Te King, 61*

Laotse hat die Bescheidenheit, die wir heute in den Unternehmen benötigen, bestens beschrieben. Je mächtiger ein Manager wird, desto eher muss er auf seine Bescheidenheit achten. Das ist nicht einfach, denn Macht und Bescheidenheit widersprechen sich. Bescheidenheit lässt sich am besten am Umgang mit Fehlern erkennen. Wenn man für seine Fehler einsteht, wenn man die ehrt, die einen auf Fehler aufmerksam gemacht haben, dann zeigt man Bescheidenheit.

Bescheidenheit ist eine wichtige Voraussetzung, um als Manager die Bodenhaftung zu behalten und als Mensch keinen Schaden zu nehmen. Sie ist also kein Hindernis für den Erfolg, sondern das Überlebenselixier in einer jeden Art von Karriere.

## Mit Bodenhaftung und Verantwortung führen

Ludwig XIV., der Sonnenkönig, trumpfte einst selbstherrlich auf: »Der Staat bin ich.« Ein Ausspruch, der noch heute Manager zur Adaption anregt. Selbst wenn der Manager gleichzeitig der Eigentümer ist, bleibt fraglich, ob eine solche Aussage klug ist. Noch berechtigter ist dieser Zweifel, wenn der Manager nur angestellt ist.

Ohne ihn, so scheint mancher Chef zu glauben, geht gar nichts. So warb der DaimlerChrysler-Chef Dieter Zetsche zum Beispiel gleich selbst drei Monate lang als »Dr. Z.« in launigen Fernsehspots in den USA für Großraumlimousinen. Womöglich sollte mit dieser Werbung unterstrichen werden, dass der Chef persönlich für seine Produkte geradesteht, was ja durchaus nicht unüblich ist.

Allerdings suggeriert eine solche Überbetonung der Führungsperson auch immer eine besondere Macht und Fähigkeit: dies ist der Chef, der wird's »schon richten«. Dass hinter ihm noch einige 100 000 Mitarbeiter stehen, die das Produkt erst zum Erfolg bringen, scheint in dieser Werbung nicht zu zählen.

Stärker als je zuvor verkörpern Vorstandsvorsitzende großer Aktiengesellschaften ihre Marke, das Unternehmen und dessen Erfolg höchstpersönlich. Dies erfolgt nicht immer aus Geltungsbedürfnis. In der Wirtschaft hat sich ein Trend etabliert, der in der Politik schon lange gängig ist. Viele Aktionäre, Analysten und Investoren und die Medien wünschen sich für das Unternehmen ein Gesicht. Bereitwillig feiern die Öffentlichkeitsarbeiter den Chef bei jeder sich bietenden Gelegenheit als starken Mann am richtigen Platz. Das mag eine gewisse Zeit auch gutgehen. Früher oder später laufen aber selbst besonnene Naturen Gefahr, bei so viel Personenkult auf den Egotrip zu geraten. Sie glauben schließlich wirklich, dass sie das Unternehmen sind und dass sie sich entsprechend selbstherrlich benehmen können.

Selbstverständlich gibt es große Unterschiede im Auftreten der Spitzenmanager in deutschen Landen. Manche Manager scheinen da besonders anfällig zu sein, andere zeichnen sich durch große Zurückhaltung aus, so zum Beispiel ThyssenKrupp-Chef Ekkehard Schulz.

Viele Manager leben ihre Eitelkeit, ihr Bedürfnis nach Macht, Prestige und Glanz aus. Wenn sich der eine oder andere gern mit Herr Professor anreden lässt, besonders wenn er diesen Titel ehrenhalber trägt, kann man dies für eine Marotte halten und großzügig darüber hinwegsehen. Wenn jedoch die Eitelkeit zu teilweise unüberlegten Unternehmenskäufen führt, nur damit der Herrscher über ein noch größeres Konglomerat gebieten kann, wird diese Eitelkeit selbst für große Unternehmen bedenklich.

Gefährlich wird es, wenn selbstherrliche Manager, Vorstände oder auch Politiker im Alleingang über Projekte und Offensiven entscheiden. Diese haben mitunter derart die Bodenhaftung verloren, dass ihre Direktiven nicht mehr diskutierbar oder hinterfragbar sind. Die Egotrips ihrer Vorstände können die Mitarbeiter nur mit Kopfschütteln zur Kenntnis nehmen.

Im Allgemeinen zieht niemand die Manager für Alleingänge zur Rechenschaft, solange sie Erfolg haben. Die Aktionäre und Investoren kassieren bereitwillig, die Mitarbeiter arbeiten gerne in einem florierenden Unternehmen. Unter Druck geraten sie jedoch, wenn die Ergebnisse ausbleiben. In vielen Fällen verfügen diese Manager nicht mehr über Vertraute in ihrem Entscheidungsbereich, sodass sie gar nicht mehr wissen, welche Probleme und Möglichkeiten ihr Unternehmen hat. Die Manager sind einsam geworden und müssen die notwendigen Entscheidungen nun allein treffen. Solche Manager treten besonders selbstbewusst auf, wirken auf viele unnahbar und erscheinen arrogant. Der Mitarbeiterstab hat sich angewöhnt, keine offenen Rückmeldungen aus der Mitarbeiterschaft an ihn herankommen zu lassen.

Wie könnte man diesem Prozess entgegenwirken? Gesucht sind Manager, die persönliche Bescheidenheit mit professioneller Durchsetzungskraft verbinden. Das sind Menschen mit einem natürlichen Ego, meistens auch mit einem intakten Umfeld (Familie, Freunde). Das sind Menschen, die sich auch ihren Urlaub gönnen und dabei sogar abschalten und entspannen können. Das sind Menschen, die Interesse an ihren Mitarbeitern haben, die nicht drohen, sondern fordern und fördern. Das sind Menschen, die bereit sind, mit Kritik konstruktiv umzugehen. Laotse kann sich das so vorstellen:

Der Meister hat kein eigenes Denken und Empfinden.
Er arbeitet mit dem Denken und Empfinden der Mitmenschen.

Er ist gut zu Menschen, die gut sind.
Er ist auch gut zu Menschen, die nicht gut sind.
Das ist wahre Güte.

Er vertraut Menschen, die vertrauenswürdig sind.
Er vertraut auch Menschen, die nicht vertrauenswürdig sind.
Das ist wahres Vertrauen.

Das Denken und Empfinden des Meisters gleicht dem Raum.
Die Mitmenschen verstehen ihn nicht.
Sie blicken zu ihm hin und warten.
Er behandelt sie wie seine eigenen Kinder.

*Tao Te King, 49*

Was kann der Manager mit diesen Empfehlungen anfangen?

Der Manager muss offen für andere sein. Er kann sich auf das Denken und Empfinden der anderen einstellen und mit ihm arbeiten, er ist also empathisch. Laotse als Manager geht mit einer positiven Grundstimmung auf seine Mitarbeiter zu. Er ist bereit, ihnen zu vertrauen. Er ist bereit, auch denen zu vertrauen, die ihm gegenüber sehr kritisch sind. Er ist sich darüber im Klaren, dass er nur durch seine Offenheit alle relevanten Informationen bekommt, die ihn zu begründeten Entscheidungen befähigen. Sein Denken und Empfinden ist weit und großzügig wie der Raum. Daher verstehen seine Mitarbeiter seine Entscheidungen manchmal nicht. Aber sie vertrauen und warten auf die Erklärung, die er ihnen nicht verweigert. Er betrachtet Mitarbeiterführung als eine wichtige Aufgabe, die er – der altchinesischen Gesellschaft sicher angemessen – väterlich-fürsorglich wahrnimmt. Mit dieser Methode wird der Manager Laotse nie in eine Situation kommen, in der er die Bodenhaftung verliert und realitätsferne Entscheidungen trifft.

*Der Vorstandsvorsitzende der Fahrradfabrik AG ist ein Manager mit Charisma. Er hat eine beispiellose Karriere hinter sich. Ohne Studium, nur mit einer Lehre als Industriekaufmann schaffte er es bis ganz nach oben in die Konzernspitze. Er hat die Fahrradfabrik AG auf die innovativen Wachstumsmärkte konzentriert.*

*Mitarbeiter schildern ihn als geduldigen Gesprächspartner, als jemanden, der gut zuhört, doch dann schnell und konsequent handelt. Analysten schätzen ihn als geradlinigen und zielgerichteten Manager, der »seinen Laden gut im Griff hat«. Gerade hat er einen seiner Konkurrenten aufgekauft. Diesen muss er nun integrieren. Das ist nicht einfach. Er macht dies mit viel Fingerspitzengefühl, will die Kompetenz der Mitarbeiter halten, wenn es irgendwie geht.*

*Er arbeitet gerne im Team, lässt sich besonders eng beraten von seinem Personalchef und von seinem Strategieverantwortlichen.*

*Gut aufgehoben fühlt er sich in seiner Familie. Er hat mit seiner Frau drei Kinder. Den Sonntag hat er für sich und die Familie reserviert. An diesem Tag möchte er sich nicht um das Unternehmen kümmern. Daher schaltet er auch sein Handy ab.*

*Und außerdem begeistert er sich für Fußball. Er ist häufig dabei, wenn sein Verein spielt und außerdem unterstützt er ihn auch finanziell.*

## Mitarbeitern vertrauen und Aufgaben delegieren

Es gibt eine ganze Reihe von Managern, die in aller Unbescheidenheit davon überzeugt sind, dass nur sie eine Arbeitsaufgabe ausführen können. Verfügt ein Vorgesetzter über das nötige Maß an Bescheidenheit und bringt seinen Mitarbeitern Vertrauen entgegen, kann er loslassen, einen Schritt zurücktreten und Aufgaben an Mitarbeiter delegieren.

Viele Manager delegieren nicht gerne und können es dann folgerichtig auch nicht. Die einen scheuen den Zeitaufwand und machen es lieber selbst. Die anderen bieten nur grobe Impulse und hoffen darauf, dass die Mitarbeiter alles richtig machen. Ist die eine Einstellung zu engstirnig, so ist die andere unverhältnismäßig weitmaschig. Dabei ist Delegation die ideale Methode, sich selbst zu entlasten und die Mitarbeiter zu fördern. Die Vorteile der Delegationen befinden sich also auf beiden Seiten. Der Manager schafft sich so den notwendigen Spielraum für andere wichtige Aufgaben. Die Delegation fördert andererseits die Selbstständigkeit und Kompetenz der Mitarbeiter und trägt nicht unwesentlich zur Zufriedenheit und damit zur Motivation dieser Mitarbeiter bei. Erfolgreiches Delegieren setzt allerdings zwei Dinge voraus: Der Manager muss bereit sein zu delegieren, und er muss auch dazu in der Lage sein.

Im eigenen Interesse lernt ein Manager im Laufe seiner Entwicklung, dass er nicht alle Aufgaben selbst erledigen kann. Manchmal führt nur der schmerzhafte Weg zur Einsicht. Der Manager übernimmt sich so lange, bis er die Aufgaben gar nicht mehr bewältigen kann. Wenn er Glück hat, wird er noch vor einem Herzinfarkt bemerken, dass es gut und sinnvoll ist, Hilfe in Anspruch zu nehmen, dann wird er vielleicht auch lernen zu delegieren.

Heute gilt Delegation als selbstverständliches Führungsinstrument, und jeder gute Manager ist davon schnell zu überzeugen. Er kann sich damit selbst zu entlasten und nutzt die Delegationen als ein Mittel, um die Mitarbeiter zu fördern.

Eigentlich kann man fast alles delegieren. Lediglich Aufgaben, die ausdrücklich an die Person des Managers geknüpft sind, können nicht delegiert werden.

Die erste und wichtigste Voraussetzung ist, dass der Manager Mitarbeiter hat, welche die notwendigen Qualifikationen und Fähigkeiten besitzen. Natürlich muss der Manager das Qualifikationsprofil seiner Mitarbeit in seinen Überlegungen berücksichtigen.

Wenn er den geeigneten Mitarbeiter auserkoren hat, muss er ihn ausreichend informieren. Der Mitarbeiter muss genau wissen, um welche Aufgabe es sich handelt. Welche Erwartungen hat der Auftraggeber? Wie genau sind die Ziele und erwarteten Ergebnisse beschrieben? In welcher Zeitspanne muss die Aufgabe abgearbeitet sein? Welche Ressourcen sind notwendig und welche Ressourcen stehen zur Verfügung?

Welche Parameter hat eine Delegation?

- Was soll sie/er tun? (Inhalt)
- Warum soll sie/er es tun? (Motivation, Ziel)
- Wofür soll sie/er es tun? (Hintergrund, Situation, Bedarf)
- Wie soll sie/er es tun? (Umfang, Details)
- Wann soll es erledigt sein? (Termin)

Es ist wichtig, die Aufgabe so transparent wie möglich zu gestalten. Dazu sollte man sich so viel Zeit wie nötig nehmen. Es verbietet sich also, dem Mitarbeiter einen Ordner in die Hand zu drücken mit der lapidaren Aufforderung, »das zu erledigen«. Je transparenter die Aufgabe gestellt worden ist und je klarer die Erwartungen formuliert sind, desto besser werden die Ergebnisse sein. Delegationen scheitern oft daran, dass sie fachlich und sachlich nicht erfüllbar sind. Entweder der Mitarbeiter hat nicht die Fähigkeiten, die Aufgabe auszuführen, oder es werden ihm nicht die Ressourcen zugeteilt, die er für die Durchführung der Aufgabe benötigen würde. Dies sind jedoch nicht seine Fehler, sondern die des Auftraggebers.

Während der Lösung der Aufgabe sollte der Auftraggeber für Unterstützung und Rat zur Verfügung stehen. Somit kann er noch einen gewissen Einfluss auf die Ausführung nehmen, zum anderen aber rechtzeitig Hilfestellung leisten und dafür sorgen, dass der Auftrag erfolgreich erledigt wird.

Wichtig ist weiterhin: Wurde ein delegierter Auftrag gut erledigt, so sollte ein erkennbares Lob nicht ausbleiben. Müssen die Arbeitsergebnisse vor einem Gremium präsentiert werden, so sollte man dem Mitarbeiter die Chance geben, sich vor diesem Zuhörerkreis zu profilieren. Der Vorgesetzte hat zurückzutreten und das Forum seinem Mitarbeiter zu überlassen. Wer die Arbeit gemacht hat, soll auch das Lob bekommen.

## Inspirationen und Denkanstöße zum Thema Bescheidenheit

> Sorge dich um den Beifall der Leute,
> und du wirst ihr Gefangener sein.
>
> Verrichte dein Werk, tritt dann zurück.
> Das ist der Weg zur Gelassenheit.
>
> *Tao Te King, 9*

Wer sich vom Beifall anderer abhängig macht, wird schwerlich seinen eigenen Weg finden. Wer selbstbewusst seine Aufgaben erfüllt, wird Erfolg haben.

Lässt sich die eigene Profilierung mit bescheidenem Auftreten verbinden?

Welche Rolle spielen Anerkennung und Geld in Ihrem Leben?

Lassen Sie Ihren Mitarbeitern den Vortritt, wenn es zum Beispiel um Präsentationen geht?

> Er betrachtet diejenigen, die seine Fehler aufzeigen,
> als seine wohlwollendsten Lehrer.
>
> *Tao Te King, 61*

Der Manager sollte sich um Bodenhaftung bemühen. Nur so kann er die Situation und seine Leistung realistisch einschätzen.

Wie gehen Sie mit Ihren eigenen Fehlern um? Wie reagieren Ihre Mitarbeiter darauf?

Haben Sie Vertraute, die Ihnen jederzeit kritische Themen vortragen dürfen?

Hören Sie Mitarbeitern zu, wenn sie Ihnen schwierige und kontroverse Themen berichten?

Erinnern Sie sich an eine Situation, in der Sie etwas Wichtiges von einem Ihrer Mitarbeiter gelernt haben?

Er ist gut zu Menschen, die gut sind.
Er ist auch gut zu Menschen, die nicht gut sind.

*Tao Te King, 49*

Er hat keine Vorurteile. Er ist gerecht. Er stellt sich auf den Menschen ein. Er behandelt alle Menschen als gleichwertig.

Sie sind nie enttäuscht;
deshalb altert ihr inneres Feuer nie.

*Tao Te King, 55*

Die Meister nehmen hin, was geschieht. Da sie ohne Erwartungen an die Aufgaben gehen, werden sie nie enttäuscht und können die Chancen nutzen, die sich ihnen bieten.

Das *Tao* ergreift nicht Partei;
es bringt sowohl das Gute als auch das Böse hervor.
Die Meister ergreifen nicht Partei;
ihnen sind sowohl Heilige wie auch Sünder willkommen.

*Tao Te King, 5*

Zum Leben gehören Licht und Schatten, Positives und Negatives. Der Meister beurteilt nicht. Er geht ohne Vorurteil auf Menschen zu. Menschenführung betrachtet er als seine wichtigste Aufgabe.

Die Meister können dauernd geben,
weil ihr Reichtum niemals versiegt.
Sie handeln ohne Erwartung,
haben Erfolg, ohne Anerkennung für sich zu beanspruchen,
und halten sich nicht für besser
als sonst jemanden.

*Tao Te King, 77*

Gibt es Aufgaben, bei denen Sie sich für unentbehrlich halten?

Welche Aufgaben delegieren Sie? Was kann man Ihrer Meinung nach nicht delegieren?

Sind Ihre Mitarbeiter in der Lage, die delegierten Arbeiten zu erledigen?

Was hilft Ihnen dabei, das Potenzial Ihrer Mitarbeiter einzuschätzen?

# 9

# Das Vorbild bewirkt mehr als jeder Zwang

Wird ein Land mit Duldsamkeit regiert,
dann fühlt das Volk sich wohl und ist redlich.
Wird ein Land mit Unterdrückung regiert,
dann ist das Volk bedrückt und verschlagen.
[...]
Demgemäß begnügen sich die Meister damit,
als Vorbild zu dienen,
ohne ihren Willen aufzuzwingen.
Sie sind unmissverständlich, ohne zu verletzen,
freimütig, ohne zu drängen,
strahlend, ohne zu blenden.

*Tao Te King, 58*

Mein chinesischer Freund sagt, in China gehe man ganz selbstverständlich davon aus, dass das Oberhaupt gleichzeitig ein Vorbild ist. »So soll der CEO eines Unternehmens ein Vorbild sein. Aber auch in China gibt es natürlich nicht nur gute Vorbilder.«

Mein Freund ist CEO. Wie ist es also bei ihm?

»Ja, ich habe diese Aufgabe für mich angenommen. Ich versuche, mich als Vorbild zu verhalten. Deshalb tue ich manche Dinge ganz bewusst, andere unterlasse ich ganz bewusst. Aber meist verhalte ich mich einfach ganz authentisch, ohne viel darüber nachzudenken.«

Nach einer Pause fügt er noch hinzu: »Ich weiß gar nicht, warum es so schwer sein soll, Vorbild zu sein. Das sind wir doch auch, wenn wir unsere Kinder erziehen. Wir sind für unsere Kinder Vorbilder. Oder ist das bei euch in Deutschland anders?«

## Der Manager geht mit gutem Beispiel voran

[...]
Die Meister, die im *Tao* wohnen,
gehen allen Wesen mit gutem Beispiel voran.
Weil sie sich nicht zeigen,
können alle ihr Licht sehen.
Weil sie nichts zu beweisen brauchen,
können alle ihren Worten vertrauen.
Weil sie nicht wissen, wer sie sind,
können alle sich in ihnen wiedererkennen.
Weil sie kein Ziel im Sinn haben,
glückt alles, was sie tun.
[...]

*Tao Te King, 22*

Ein Vorbild ist eine Person, die andere Personen zum Nachahmen motiviert. Ein Vorbild ist natürlich zunächst wertneutral. Es gibt sowohl gute wie auch schlechte Vorbilder. Es geht also nicht darum, dass etwas nachgeahmt wird, sondern es geht um den Inhalt: Was wird nachgeahmt?

Sigmund Freud sah in der Identifizierung mit einem Vorbild einen psychodynamischen Prozess mit dem Ziel, das eigene Ich an das Vorbild anzugleichen. Im Rahmen dieses Prozesses benimmt sich das Ich wie das Vorbild, ahmt es nach. Der Mensch hat im Laufe seiner Entwicklung diverse Vorbilder. Das beginnt meist bei den Eltern, setzt sich fort mit Freunden oder Lehrern; bei Jugendlichen vielfach mit Prominenten, Stars, Sportlern, Schauspielern.

Nach aktuellen Jugendstudien haben über 60 Prozent aller Jugendlichen Vorbilder.[1]

Mit zunehmender Reife wählen wir uns unsere Vorbilder bewusster aus, allerdings nach sehr individuellen Kriterien. Können Manager Vorbilder sein? Selbstverständlich. Jeder Manager sollte Wert darauf legen, als Vorbild akzeptiert zu werden, wobei er sich im Klaren sein muss, dass dies auch eine große Verpflichtung ist.

Aber wie sieht die Wirklichkeit aus? Korruptionsskandale der jüngeren Zeit wie bei Siemens oder bei VW oder Massenentlassungen bei gleichzeitiger saftiger Erhöhung der eigenen Bezüge, exorbitante Managergehälter und Abfindungen, Bilanzfälschungen und so manche andere Skandale liefern eher abschreckende Beispiele. Das Vertrauen der Mitarbeiter und der Bevölkerung in die Wirtschaftselite ist tief erschüttert. Dabei muss man aber auch konstatieren, dass es sich um einige wenige und besonders drastische Fälle handelt, die eine gewisse Öffentlichkeit erreicht haben und die man sicher nicht generalisieren darf.

Suchen wir nach Vorbildern unter den deutschen Managern, dann sollte unser Blick nicht gerade auf die Top-Etage fallen. Gesucht sind die Manager auf der Arbeitsebene, mit denen sich die Mitarbeiter identifizieren können und die somit das natürliche Potenzial als Vorbilder haben.

Es ist in Zeiten der Globalisierung für jeden Mitarbeiter schwierig, eindeutige und positive Positionen zu beziehen. Die ersten spürbaren Auswirkungen der Globalisierung haben große Teile der Bevölkerung verängstigt. Die Manager werden als ein Teil dieser als bedrohlich empfundenen Entwicklung gesehen. Die Vorbildfunktion eines Managers beginnt damit, diese Prozesse ausführlich zu erläutern. Das Wissen darüber bringt das Verständnis für Zusammenhänge und auch für schmerzhaft empfundene Maßnahmen. Daraus abgeleitet ist es oberste Pflicht der Manager, volkswirtschaftliche und betriebswirtschaftliche Zusammenhänge so zu erläutern, dass sie die Herzen der Menschen erreichen. Viele Manager sind wahrscheinlich unfähig, diese Aufgabe zu erfüllen.

Sie geben lieber Unsummen für Berater aus, welche die notwendigen Maßnahmen »neutralisieren«. Die Manager können sich auf die Empfehlungen der Berater berufen und sich bei negativen Konsequenzen entsprechend distanzieren. Damit nehmen sie aber ihre Vorbildfunktion nicht wahr.

Gefragt sind Managervorbilder, die bescheiden und wirksam arbeiten, durch ihr Handeln überzeugen und offen kommunizieren.

Laotse hat so etwas wie eine Checkliste entwickelt, mit deren Hilfe ein Manager überprüfen kann, inwieweit er als Vorbild gelten kann:

> Kannst du deinen Geist von seinem Herumwandern abbringen
> und am ursprünglichen Einssein festhalten?
> Kannst du deinen Körper so geschmeidig werden lassen,
> dass er dem eines neugeborenen Kindes gleicht?
> Kannst du deine innere Sehkraft reinigen,
> bis du nur noch das Licht siehst?
> Kannst du Menschen lieben und sie führen,
> ohne ihnen deinen Willen aufzuzwingen?
> Kannst du die wichtigsten Angelegenheiten bewältigen,
> indem du den Ereignisse freien Lauf lässt?
> Kannst du von deinem eigenen Geist Abstand nehmen
> und so alle Dinge begreifen?
> […]
>
> *Tao Te King, 10*

Wir machen den Versuch einer Interpretation:

- Kannst du deine Gedanken so fassen, dass sie einen klaren Kern haben? Kannst du damit deine Strategien und Maßnahmen so formulieren, dass aus ihnen eine Richtung erkennbar ist? Sind deine Anweisungen in diesem Sinne klar?

- Kannst du dich anpassen an die Erfordernisse, welche die Umwelt, aber auch die Mitarbeiter an dich stellen?
- Kannst du deine Mitarbeiter aus vollem Herzen annehmen, sie motivieren und führen und ihnen dennoch einen großen Freiraum schaffen, den sie gestalten können?
- Kannst du Probleme lösen, indem du die Rahmenbedingungen aufnimmst und sie in den Lösungsprozess integrierst?
- Kannst du dich selbst zurücknehmen, um die Zusammenhänge zu begreifen, aber um auch anderen Entwicklungsmöglichkeiten zu geben?

Laotse fügt in demselben Weisheitsspruch noch hinzu, wie er sich einen Manager vorstellt, was für ihn die höchste Tugend ist:

> [...]
> Hervorbringen und nähren,
> haben, ohne zu besitzen,
> handeln ohne Erwartungen,
> führen, ohne zu herrschen:
> Das ist die höchste Tugend.
>
> *Tao Te King, 10*

Ein Vorbild wird immer verglichen – nicht mit weit entfernten Personen, sondern mit den Menschen, die man in nächster Umgebung beobachten kann oder mit einem selbst. Die Frau an der Supermarktkasse vergleicht einen deutschen Manager nicht mit dem aus Asien oder den USA. Sie vergleicht ihn mit ihresgleichen. Dies zeigt sich deutlich an der emotional geführten Debatte um exorbitant hohe Vorstandsgehälter. Einige Manager rechtfertigen ihre Millionengagen mit dem Verweis auf international übliche Standards. Dieses Argument kommt bei den Menschen nicht an. Sie vergleichen eher mit dem eigenen Einkommen. Dies müssen sich Vorbilder gefallen lassen, damit müssen sie rechnen. Es ist ethisch zumindest zweifelhaft, wenn sich eine relative kleine Gruppe von Menschen immense Gelder und einflussreiche Posten gegenseitig zuschiebt.

*In der Fahrradfabrik AG gibt es einen Meister, der sich außerordentlich um seine Mitarbeiter kümmert. Er macht ihnen die Arbeitsaufgabe klar, vergewissert sich, dass die Mitarbeiter ihn verstanden haben. Er steht bei Problemen jederzeit zur Verfügung, und er ist auch bereit, ein persönliches Gespräch mit Mitarbeitern zu führen, wenn es notwendig ist. Einen langjährigen Mitarbeiter konnte er zum Beispiel unterstützen, seine Suchtprobleme zu bewältigen, bevor er die Stelle verlor. Viele andere Auswirkungen sind ihm gar nicht bewusst.*

*Nun hat die Unternehmensleitung einen Wettbewerb gestartet: »Wir suchen das beste Vorbild.« Jeder Mitarbeiter konnte eine Person benennen. Der genannte Meister gewann den ersten Platz.*

## Wer in sich ruht, hat die nötige Ausstrahlung

Welche Rolle spielt das Charisma einer Führungskraft für deren Wirksamkeit?

Eigentlich bezeichnet Charisma ganz allgemein die Gaben, die Gott dem Menschen zukommen ließ. Alltagssprachlich versteht man heute darunter die besondere Ausstrahlungskraft eines Menschen, seine Wirkung auf andere. Zweifelsohne spielt Charisma eine gewisse Rolle, wenn es um den beruflichen Erfolg geht. Charisma in diesem Sinne kann man natürlich auch missbrauchen. Manchmal erschwert das Charisma auch nur den Blick auf die wesentlichen Eigenschaften.

Das Charisma einer Führungspersönlichkeit sollte sich mit Intelligenz, Integrität und Authentizität verbinden. Ein solches Charisma kann man als junger Mensch nicht besitzen. Es gehört eine gehörige Portion Erfahrung dazu.

Bringt man einem Manager Vertrauen entgegen, wird man als Mitarbeiter gerne seinen Anordnungen Folge leisten. Mit Glaubwürdigkeit kann man leichter überzeugen. Dies ist für die Aufgaben des Managers unerlässlich. Führungspersönlichkeiten müssen ihren Mitarbeitern zum Beispiel begreiflich machen, warum Veränderungen ständig notwendig sind. Da ist ihre Leidenschaft gefragt, wenn sie den Mitarbeitern erklären, was solche Wechsel dem Unternehmen und dem Einzelnen bringen. Ein Manager mit großer persönlicher Ausstrahlungskraft kann seine Mitarbeiter nicht nur kompetent informieren und überzeugen, sondern auch begeistern. Er spricht seine Mitarbeiter sowohl auf der Gefühls- als auch auf der Verstandesebene an.

Grundsätzlich kann man davon ausgehen, dass jeder Manager, der Vorbild ist, auch über ein gewisses Charisma verfügt.

Wie macht ein Manager seinen Einfluss im täglichen Leben geltend? Laotse hat dies so beschrieben:

> Das Sanfteste auf der Welt
> überwindet das Härteste auf der Welt.
> Was keine Substanz hat,
> dringt ein, wo kein Zwischenraum ist.
> Dies zeigt den Wert des Nichthandelns.
>
> Belehren ohne Worte,
> vollbringen, ohne zu handeln: So gehen die Meister vor.
>
> *Tao Te King, 43*

Es ist wichtig, nicht die Nähe zur Mannschaft zu verlieren.

> Willst du das Volk regieren,
> dann musst du dich unter es stellen.
>
> *Tao Te King, 66*

Ein Manager ist gut beraten, wenn er Teil der Mannschaft wird. Zum einen ist es gut, wenn ein Manager etwas von den Arbeiten versteht, die er zu managen hat. Ein Werkstattleiter hat es zum Beispiel einfacher, wenn er schweißen kann. Natürlich muss er nicht alle Tätigkeiten beherrschen, und er muss auch nicht überall selbst der beste Facharbeiter sein. Aber eine gewisse Kenntnis über die Tätigkeiten erleichtert seine Managementaufgabe. Man erwartet von einem Manager nicht, dass er Briefe schreibt, programmiert oder Paletten hebt. Aber er muss immer wieder mittendrin im Geschehen sein. Er setzt sich nicht ab, ist sich nicht zu gut, auch einmal seine Hände schmutzig zu machen. Und bei der Weihnachtsfeier in der Werkstatt ist er natürlich auch dabei.

Ein guter Manager wirkt vor allem durch Sicherheit und Gelassenheit. Wie schon Laotse lehrt, ist es wichtig, in sich zu ruhen. Ich muss mir meiner Person, meines Könnens, meiner Ziele und Vorstellungen sicher sein. Erst daraus gewinnt man die Ausstrahlungskraft. Dann ist man in der Lage, auch in heiklen Situationen angemessen zu reagieren.

Aber wie entsteht diese Gelassenheit?

Verstopfst du deinen Geist mit Beurteilungen
und treibst du Handel mit Begierden,
wird dein Herz voll quälender Unruhe sein.
Hältst du deinen Geist vom Beurteilen ab
und lässt du dich nicht von den Sinnen leiten,
wird dein Herz Frieden erlangen.

Dem Dunkel auf den Grund zu gehen bedeutet Klarheit.
Nachgeben zu können bedeutet Stärke.
Benutze dein eigenes Licht
und kehre zur Klarheit zurück.
Das nennt man: die Ewigkeit einüben.

*Tao Te King, 52*

Die Ausgewogenheit zwischen Beruflichem und Privatem, zwischen Arbeit und Erholung in unserem Leben ist eine Voraussetzung für die Gelassenheit. Wenn jemand bis zehn oder elf Uhr abends im Büro verbringt und morgens schon früh wieder anfängt, so herrscht ein bedenkliches Ungleichgewicht. Er läuft Gefahr, irgendwann an Burnout zu erkranken. Ein erstes Zeichen der Unausgewogenheit ist aggressives und jähzorniges Verhalten. Dies ist der Zeitpunkt, an dem man schnellstens über sich nachdenken sollte. Vielfach werden Mitarbeiter heute gefordert, bis an ihre Belastungsgrenzen zu gehen. Dies kann man über einen gewissen Zeitraum mit Sicherheit machen. Manchmal ist eine solche Aufgabe auch interessant und herausfordernd. Aber diese Situation darf sich nicht als Normalzustand einbürgern. Es wird in den seltensten Fällen honoriert, wenn man über seine körperlichen und mentalen Grenzen geht. In dieser Situation ist man selbst gefordert, korrigierend einzugreifen, insbesondere als Manager. Wer Verantwortung für andere übernehmen will, muss zunächst einmal Verantwortung für sich selbst übernehmen und sich selbst managen. Anders ausgedrückt: Jeder muss sein Leben so verantwortlich wie möglich gestalten, statt sich von äußeren Einflüssen treiben zu lassen.

Lange Arbeitszeiten können ein Zeichen dafür sein, dass man seine Arbeit nicht ausreichend gut organisiert, dass man unter Umständen auch einfach zu wenig Bearbeitungskapazität hat. Unternehmen, in denen eine lange Arbeitszeit sozusagen Kultur ist, gehören sicherlich nicht zu den erfolgreichsten in ihrer Branche. Manager, die den ganzen Tag von einer Besprechung zur anderen eilen und erst nach acht Uhr abends dazu kommen, ihre eigentlichen Aufgaben zu erledigen, sind meistens schlecht organisiert und sollten über die eigene Effizienz nachdenken. Ein Vorbildmanager erkennt dies und kümmert sich dann um sich und um seine Mitarbeiter, wenn auch diese darunter leiden. Was für den Manager gilt, gilt selbstverständlich auch für die Mitarbeiter.

In manchen Unternehmen ist es üblich, dass man rund um die Uhr ansprechbar ist. So hat man auch am Sonntag von zu Hause aus eine Standleitung ins Büro, kann Mails bearbeiten und auf die Server zugreifen. So passiert es, dass plötzlich am Sonntagnachmittag heftiger E-Mail-Verkehr zwischen Mitarbeitern ausbricht. In den allermeisten Fällen hätte dies durchaus bis Montag Zeit. Viele Mitarbeiter halten sich sogar für besonders wichtig, wenn sie auch am Sonntag gefragt sind. Das ist für Notfälle sicherlich legitim, aber der Vorgesetzte hat dafür zu sorgen, dass das nicht zum Normalzustand wird.

Eine gelungene Work-Life-Balance besteht für Manager wie für Mitarbeiter in der Mischung von einer interessanten, herausfordernden Tätigkeit und der Unbeschwertheit und dem Genuss von Erholungsphasen. Der eine treibt Sport, der andere legt sich in die Badewanne und wieder ein anderer bevorzugt eine interessante Diskussion. In allen Fällen ist es wichtig, dass man die Seele baumeln lässt. Nur eine entsprechende Ausgeglichenheit von Arbeit und Erholung garantiert eine nachhaltig hohe Effizienz.

*Den Vorbildwettbewerb der Fahrradfabrik AG hat ein Meister gewonnen. Er sei das beste Vorbild. Hat er auch Charisma? Zweifelsohne. Er kann seine Mitarbeiter begeistern. Er kann ihnen Zusammenhänge leicht klarmachen. Er nimmt ihre Bedenken ernst und er kann sie gleichzeitig beruhigen. Er ist einfach natürlich. Das macht wahrscheinlich sein Charisma aus. Er hat auch Spaß an der Arbeit. Und wenn er nach Hause kommt, hat er auch Spaß mit seiner Familie. Am Sonntag geht er in die Kirche und manchmal ist er auf dem Fußballplatz. Er beteiligt sich. Er ist bei allem, was er tut, mit seiner ganzen Person dabei. Sein Lieblingszitat kommt von einem französischen Dichter. »Wenn du ein Schiff bauen willst, so trommle nicht Männer zusammen, um Holz zu beschaffen, Werkzeuge vorzubereiten, Aufgaben zu vergeben und die Arbeit einzuteilen, sondern lehre die Männer die Sehnsucht nach dem weiten endlosen Meer.« (Antoine de Saint-Exupéry) Das wünscht er sich auch. So eine Begeisterung möchte er gerne entfachen.*

## Ist Autorität heute noch gefragt?

Charisma und Autorität haben manches gemeinsam. Während Charisma eher eine bestimmte Art des Auftretens beschreibt, bedeutet Autorität, dass wir bereit sind, uns einer Führungsperson unterzuordnen. Bedingung hierfür ist, dass wir dieser Person Vertrauen entgegenbringen. Autorität beruht in den meisten Fällen auf einer persönlichen Beziehung.

Das Vertrauen besteht aus zwei Aspekten. Den ersten Aspekt bildet die Tatsache, dass wir dem Manager zutrauen, dass er schwierige Aufgaben kompetent bewältigen kann. Dieses Vertrauen entwickelt sich, wenn der Manager Kompetenz und Selbstbewusstsein ausstrahlt und wir die Erfahrung gemacht haben, dass er seine Versprechungen erfüllt. Umgekehrt muss man erkennen, dass ein Manager, der unsicher erscheint und dem seine Mitarbeiter die Lösung der gestellten Aufgabe nicht zutrauen, wenig bis gar kein Vertrauen erfährt. Der zweite Aspekt kommt hinzu, wenn wir dem Manager gute Absichten unterstellen oder wenn wir von der Lauterkeit seiner Motive überzeugt sind.

Im Normalfall könnte man davon ausgehen, dass die beiden Aspekte gleich wichtig sind. Anscheinend hat aber besonders in schwierigen Zeiten das Vertrauen in die Lösungskompetenz einen höheren Stellenwert. Mitarbeiter folgen leichter und häufiger dem starken Führer als dem integren, aber schwachen Führer. Dies dürfte auch der Grund dafür sein, das es immer wieder Zeiten gab, in denen sich die Menschen einem starken Führer unterordneten. Hierzu gehören viele Diktatoren, aber natürlich auch autokratische Unternehmensführer, die mit ihrer Stärke einen Mangel an Menschenfreundlichkeit überspielten. Hier kommt wieder das Charisma ins Spiel, denn mit Charisma bezeichnet man auch die Kraft, die andere Menschen verleitet, einem Führer zu folgen. Charisma kann man als eine Art Schmieröl bezeichnen, das es dem Führer einfacher macht, sich zu positionieren und sich durchzusetzen.

In einer hierarchischen Umgebung, in der die meisten Manager zu Hause sind, wird deren Führungsanspruch zunächst durch ihre formale Autorität begründet. Persönliche Autorität ist dagegen in diesen Strukturen nicht notwendigerweise vorhanden. Doch sie macht das Führen nicht nur wesentlich einfacher, sondern allein auf Dauer erfolgreich. Für Laotse steht die persönliche Autorität im Vordergrund. Sie ergibt sich, wenn der Manager in sich ruht und den Weisungen des *Tao* folgt. Die formale Autorität ist eigentlich nicht notwendig. Sie stört aber auch nicht, wenn die persönliche Autorität den Maßstab setzt.

Erfolgreiche Führung hat viele Dimensionen. Sie kann sich zum Teil mitunter aus einer erfolgreichen Abwehr von Angst erklären. Mitarbeiter vertrauen und folgen demjenigen, von dem sie sich Unterstützung bei der Bewältigung ihrer Ängste versprechen.

Was bedeutet dies für den Manager? Der Manager kann, muss aber keinesfalls, mit folgenden Ängsten bei seinen Mitarbeitern konfrontiert sein:

- *Angst vor mangelnder Anerkennung.* Wohl jeder Mitarbeiter hat eine gewisse Angst vor mangelnder Anerkennung. Für den Mitarbeiter ergibt sich die Möglichkeit, unter der Führung des Managers eine gewisse Anerkennung zu erhalten.
- *Angst, unbedeutend zu sein.* Jeder Mitarbeiter hat wohl den Grundwunsch und die Grundsehnsucht, im Arbeitsprozess eine gewisse Rolle zu spielen. Ein Manager, der seinen Mitarbeitern klarmachen kann, welche Rolle sie spielen und welche Bedeutung diese Rolle hat, wird das Vertrauen dieser Mitarbeiter gewinnen und gleichzeitig ihr Potenzial einsetzen können.
- *Angst vor Einsamkeit.* Manche Mitarbeiter fühlen sich überfordert, glauben alleine mit ihrer Arbeitsaufgabe nicht zurechtzukommen. Je mehr Hilfe, Rat, Moderation der Manager geben kann, desto leichter wird der Mitarbeiter ihm folgen.

- *Angst vor einem Verlust an Sicherheit.* Dies ist in Zeiten schneller Veränderungen und Unsicherheiten eine sehr verbreitete Angst. Für viele Mitarbeiter ist ihre Entwicklung nicht mehr planbar. Sie können viele neue Orientierungen nicht einordnen, da sie nicht genügend Informationen und Begründungen haben. Ein Manager, der hier Weitsicht ausstrahlen kann, wird an Autorität gewinnen.

Ein Manager sollte die Ängste seiner Mitarbeiter kennen und in seinem Handeln berücksichtigen. Damit aktiviert er Kraft und Energie.

Charismatische Führungskräfte können ihre Fähigkeiten natürlich auch manipulativ einsetzen. Sie positionieren sich einerseits als Nothelfer, andererseits als Macher, welche die Geschicke in die Hand nehmen. Somit ist es durchaus verständlich, dass manche Menschen charismatischen Führern folgen, auch wenn diese nicht so integer sind, wie man sich wünschen würde. Umgekehrt werden Mitarbeiter, die selbstsicher sind, die weniger Ängste haben, zumindest nicht ungeprüft und unkritisch folgen.

Persönliche Autorität, verbunden mit Charisma, ist eine große Begabung und als solche sehr positiv zu sehen. Dazu gehören Authentizität, Begeisterungsfähigkeit, Überzeugungsfähigkeit, Selbstsicherheit und rhetorische Fähigkeiten. Daneben muss man aber auch ganz klar sagen, dass sehr starke Führungskräfte häufig polarisieren. Es gibt zahlreiche Anhänger und gleichzeitig eine große Anzahl von Kritikern. Bei besonders führungsstarken Persönlichkeiten besteht immer die Gefahr der Manipulation, so kann man vom Geführten zum Verführten werden. Außerdem bewegen sich viele charismatische Führungskräfte am Rande des Narzissmus. Wenn sie diese Grenze überschreiten, stellen sie eine Gefahr für das Unternehmen dar.

Holen wir uns hierzu noch eine Unterstützung von Laotse. Er meint, dass Führungskräfte ihre Kraft vor allem in ihrem Inneren finden, in ihrer Intuition. So kommen sie zu Entscheidungen, ohne sich auf altes Wissen zu berufen und ohne in hektische Betriebsamkeit zu verfallen.

> [...]
> Willst du das Volk regieren,
> dann musst du dich unter es stellen.
> Willst du das Volk führen,
> dann musst du lernen, ihm zu folgen.
>
> Die Meister stehen über dem Volk,
> und niemand fühlt sich unterdrückt.
> Sie gehen dem Volk voran,
> und niemand fühlt sich manipuliert.
> Die ganze Welt ist ihnen dankbar.
> Da sie mit niemandem in Wettstreit treten,
> kann niemand mit ihnen wettstreiten.
>
> *Tao Te King, 66*

## Persönliche Integrität ist unabdingbar

Manager sollen ein Unternehmen erfolgreich führen. Dabei müssen sie die Interessen von Aktionären, Gesellschaftern, Kunden und Mitarbeitern berücksichtigen. Dies stellt hohe Anforderungen an ihre Soft Skills.

Gleichzeitig sollen Manager Vorbilder für ihre Mitarbeiter sein. Nicht immer gelingt es ihnen, diese Rolle auszufüllen. Das ist nicht einfach, weil Manager in Deutschland seit einigen Jahren kein hohes Ansehen genießen. Vielen gelten sie als überbezahlte und abgebrühte Typen, die mit der linken Hand Standorte einstampfen, Arbeitsplätze streichen und mit der rechten Hand immer höhere Vergünstigungen einstecken.

So allmählich meint man bei Unternehmen eine sensiblere Reaktion festzustellen. Es ist nicht mehr alles erlaubt; längst dürfen auch die Spitzenleute sich nicht mehr alle Eskapaden leisten. Manche, die es übertrieben haben, müssen gehen. Einige Personalentscheidungen gingen auch durch die Presse: In den USA reichte die Affäre mit einer Mitarbeiterin des Unternehmens für den ungeplanten Abgang, wie im Fall von Boeing-Chef Harry Stonecipher; der gefallene Aktienkurs hatte angeblich nichts damit zu tun. Einen besonders tiefen Fall erlebte VW-Personalvorstand Peter Hartz. Er trat nach einer Affäre um Lustreisen und Tarnfirmen zurück und wurde im Januar 2007 verurteilt, wenn auch nur zur Bewährung. Ratiopharm-Vorstandschef Claudio Albrecht ging, nachdem Gerüchte über aggressive Vertriebspraktiken aufkamen. Korruptionsvorwürfe bedeuteten das Aus für Infineon-Manager Andreas von Zitzewitz.

Gleichzeitig entwickelte sich ein höherer moralischer Anspruch an Führungskräfte in der Öffentlichkeit. Es reicht allerdings nicht, dass in den Leitlinien der meisten Unternehmen inzwischen Ziele wie Offenheit, Kundenorientierung, Qualität, Nachhaltigkeit oder Integrität zu finden sind.

Manager müssen sich in einem Werteviereck bewähren, das folgende Wertebereiche umfasst:

- Leistung
- Kooperation
- Kommunikation
- Moral

## Leistung

Natürlich muss nach wie vor Leistung erbracht werden. In diesem Sinne sind Rentabilitätsqualität und Innovation wichtig. Rentabilitätsqualität drückt aus, dass Kunden, Lieferanten und Mitarbeiter berücksichtigt werden. Es geht um eine Netzwerkgesellschaft, in der alle zum Zuge kommen. Der häufig missbrauchte Begriff von Win-win könnte neue Bedeutung erlangen. Leistung ist aber nicht das einzige Kriterium, daher kann nicht alles der Leistung untergeordnet werden.

### Kooperation

Dabei geht es um die Zusammenarbeit mit Kunden, Lieferanten und auch Mitarbeitern. Im idealen Netzwerk ist für jeden Einsatz auch Profit gegeben. Gute Kooperation ist für alle vorteilhaft.

### Kommunikation

Darunter versteht man die Fähigkeit des Managers, positiv zu kommunizieren und die Botschaft für alle Partner im Netzwerk in der richtigen Sprache zu formulieren. Anzustreben ist ein gewisses Gleichgewicht im Netzwerk.

### Moral

Neu ist wohl, dass moralische Werte verstärkt eine Bedeutung erlangen. Zu ihnen gehören Integrität, Ehrlichkeit und Authentizität. Weiterhin könnte man Bescheidenheit, Respekt vor dem Gegenüber und Verantwortungsgefühl aufzählen, um nur einige zu nennen. Dazu gehört auch, dass Korruption nicht mehr akzeptiert wird.

Es werden Manager gesucht, die unternehmerisch eingestellt und entscheidungsfreudig sind, die führen können, weil sie die Stimmungen von Umfeld (Kunden, Lieferanten und Politik), aber auch von ihren Mitarbeitern einschätzen können. Interkulturelle Kompetenz und ein respektvoller Umgang mit der Vielfalt in global agierenden Unternehmen haben größte Bedeutung. Manager rücken ab von der Einstellung, dass man einer Belegschaft neue Konzepte oder Änderungen aufzwingen kann. Sie wissen, wie man Mitarbeiter für Neues und Veränderungen gewinnt.

Die Anforderungen sind in vielen Bereichen für einen Einzelnen inzwischen zu komplex, deswegen werden weniger Einzelkämpfer gebraucht. Überlegungen gehen dahin, auch Führung im Team zu gestalten. Nicht ein Einzelner führt eine Abteilung, ein Unternehmen, sondern ein Team. Dies könnte immer wichtiger werden, da nicht mehr ausschließlich die Interessen der Aktionäre und Investoren im Vordergrund stehen, sondern auch das Zusammenspiel mit Kunden, Lieferanten und Mitarbeitern von Bedeutung ist. Manager sollen in der Lage sein, mit allen beteiligten Interessengruppen zusammenzuarbeiten. Führung im alten Verständnis könnte also eine geringere Bedeutung erhalten. Und das wiederum entspricht der Auffassung Laotses:

> [...]
> Lenk das Land im Einklang mit dem *Tao*,
> und das Böse wird keine Macht haben.
> Nicht, dass es nicht vorhanden ist,
> aber man wird ihm aus dem Weg gehen können.

*Tao Te King, 60*

Laotses Begriff *Tao* könnte in diesem Fall den anerkannten ethischen Werten des Unternehmens entsprechen. Der Manager ist verantwortlich für die Übereinstimmung von ideellen Werten mit der tatsächlichen Lebenspraxis. Laotse ist in diesem Sinne der Meinung, dass ein Manager, der sein Unternehmen mit Integrität leitet, für Harmonie sorgt.

Zu den erforderlichen Persönlichkeitseigenschaften des Managers gehören Aufrichtigkeit, Gerechtigkeitsstreben und Vertrauenswürdigkeit. Es kommt aber noch Zivilcourage dazu, mit der er seine persönlichen Überzeugungen auch offenbart und umsetzt.

Folgt er diesen positiven Werten, wird er sich nicht korrumpieren lassen. Darunter versteht man in diesem Zusammenhang, dass sich der Manager nicht von Drohungen und Verlockungen, vielleicht auch von der Einfachheit von Lösungen motivieren lässt. Dazu gehört auch, nicht allen Schwierigkeiten aus dem Weg zu gehen und nur dem Weg des geringsten Widerstands zu folgen.

Ein deutliches Beispiel für Korrumpierbarkeit ist das System VW, verbunden mit dem Namen des Personalchefs Peter Hartz. Wie kann es angehen, dass in einem angesehenen Unternehmen Betriebsräte mit Bordellbesuchen gelockt werden, dass der Personalchef firmeninterne Lustreisen organisiert? Der Zweck heiligt eben nicht die Mittel. Wo bleibt die Integrität gegenüber den Mitarbeitern des Konzerns, gegenüber den Menschen in der Bundesrepublik, denen der Begriff Hartz noch in einer ganz anderen Variante in Erinnerung ist?

In dem Werte-Katalog der Firma Saint-Globain (Herstellung von Glas, Hochleistungswerkstoffen und Bauprodukten) steht: »Integrität verlangt von jedem absolute Rechtschaffenheit in der Ausübung seiner beruflichen Tätigkeit. Unabhängig von den lokalen Gepflogenheiten sind die persönlichen Interessen von den Interessen, die man aufgrund seiner beruflichen Aufgaben zu vertreten hat, strikt zu trennen. Dies gilt sowohl innerhalb der Gruppe als auch im Rahmen der Zusammenarbeit mit externen Partnern.«

Laotse beschreibt, wie mangelnde Integrität zum Chaos führt:

Der große Weg ist leicht zu gehen,
doch die Menschen bevorzugen die Seitenpfade.
Erkenn es, wenn die Dinge aus dem Gleichgewicht sind.
Bleib zentriert im *Tao*.

Wenn reiche Spekulanten Erfolg haben,
während Bauern ihr Land verlieren;
wenn die Regierung Geld ausgibt

für Waffen statt für Hilfsprogramme;
wenn die Oberen verschwenderisch
und verantwortungslos sind,
während die Armen immer ärmer werden –
all dies ist Raub und Chaos.
Es stimmt nicht mit dem *Tao* überein.

*Tao Te King, 53*

Ein Manager, der mit Integrität wirkt, wird erfolgreich sein.

## Inspirationen und Denkanstöße zum Thema Vorbild

Demgemäß begnügen sich die Meister damit,
als Vorbild zu dienen,
ohne ihren Willen aufzuzwingen.

*Tao Te King, 58*

[…]
führen ohne zu herrschen:
Das ist die höchste Tugend.

*Tao Te King, 10*

Wer andere führen will, muss sich selbst vorbildlich verhalten. Er führt durch Vorbild und Persönlichkeit. Die Menschen orientieren sich an ihm.

Haben Sie selbst Vorbilder? Wodurch zeichnen diese sich aus?

Sind Ihnen Ihre Vorgesetzten Vorbilder? Wodurch?

Haben Sie den Eindruck, dass Sie für Ihre Mitarbeiter ein gutes Vorbild abgeben?

Verlangen Sie von Ihren Mitarbeitern nur, was Sie selbst auch zu leisten bereit sind?

Erinnern Sie sich an eine Situation, in der Sie kein gutes Vorbild waren?

Wer zu glänzen versucht,
verdunkelt sein eigenes Licht.

*Tao Te King, 24*

Der Manager versucht vor allem, seine Aufgabe gut zu erledigen, statt am eigenen Ruhm zu arbeiten.

Wie stehen Sie selbst zu charismatischen Führungspersönlichkeiten?

Belehren ohne Worte,
vollbringen ohne zu handeln:
So geht der Meister vor.

*Tao Te King, 43*

Vertraust du den Leuten nicht,
machst du selbst sie nicht vertrauenswürdig.

*Tao Te King, 17*

Der Manager ist anwesend und tritt zurück, wenn alles gut läuft. Im Idealfall muss er selbst gar nicht handeln. Die Mitarbeiter wissen, wie und wo sie sich einzusetzen haben.

Vertrauen Sie Ihren Mitarbeitern? Gibt es Situationen, in denen Sie noch zu schnell selbst eingreifen?

Können Sie Ihren Mitarbeitern eine gewisse Begeisterung für eine Arbeitsaufgabe vermitteln?

Willst du das Volk regieren,
dann musst du dich unter es stellen.
Willst du das Volk führen,
dann musst du lernen, ihm zu folgen.

*Tao Te King, 66*

Haben Sie eine gute Nähe zu Ihrer Mannschaft? Können Sie sich als Teil dieser Mannschaft fühlen?

Haben Ihre Mitarbeiter zu Ihnen Vertrauen? Worin äußert sich dies?

Demgemäß ist der Meister den ganzen Tag unterwegs,
ohne aus dem Haus zu gehen.
Wie großartig die Ansichten auch sein mögen –
er weilt gelassen in sich selbst.

*Tao Te King, 26*

Auch ein Manager muss nicht überall dabei sein. Er sorgt dafür, dass er ausgeglichen ist und nicht den Kontakt zu sich selbst verliert.

# 10

# Mit Gelassenheit kommt man weiter

Wahre Vollkommenheit scheint unvollkommen zu sein,
doch sie ist vollkommen sie selbst.
[…]
Die Meister lassen die Dinge ruhig geschehen.
Sie formen die Ereignisse, während sie auftreten.
Sie weichen aus
und lassen das *Tao* selbst sprechen.

*Tao Te King, 45*

## In der Ruhe liegt die Kraft

»Wenn mich jemand fragt, wie ich meine Ziele erreiche, so antworte ich: mit Ruhe und Beharrlichkeit. Beides ist mir gleich wichtig. Ruhe heißt, dass ich mir die nötige Zeit nehme, ohne Stress zu entscheiden.« So klärt mich mein chinesischer Freund auf. Man sollte als Manager versuchen, sich vom Zeitdruck so weit wie möglich zu befreien. Schließlich sei Stress eines der größten Gesundheitsrisiken der Arbeitswelt, nicht nur für Manager.

Es ist heute üblich, dass Manager unter Zeitdruck entscheiden. Manchmal hat man den Eindruck, dass der Zeitdruck selbstgemacht und gewollt ist. Er gibt dem Manager das Gefühl, wichtig zu sein. Wenn der Manager einen übervollen Terminplan hat, so unterstreicht das seine Bedeutung im Unternehmen. Welcher Manager würde schon zugeben, dass er Zeit hat? Sogar manche Sekretärin scheint stolz darauf zu sein, wenn ihr Chef viele Termine hat. »Nein heute hat der Chef keine Zeit. Er hat Termin auf Termin.« Was ist die Botschaft? Mein Chef ist wichtig, ich verwalte diese Bedeutung. Nicht jeder Chef ist also so schlimm, wie ihn seine Sekretärin erscheinen lässt.

Wie kann man als Manager gegensteuern? Zunächst einmal, indem man Aufgaben delegiert. Aber man kann sich auch mit organisatorischen Maßnahmen Freiräume schaffen. Man vereinbart mit der Sekretärin, dass sie vor 9 Uhr oder nach 18 Uhr keine Termine vergibt. Diese Zeit nutzt man, sich auf den Tag, auf den nächsten Tag, auf die Woche vorzubereiten. Oder man verordnet sich vor jeder Besprechung eine Auszeit von 15 Minuten, um sich dann jeweils auf das nächste Thema einzustellen. Bei einer gewissen Konsequenz gibt es viele Möglichkeiten, den Zeitdruck zu reduzieren und damit Zeit für die Vorbereitung zu gewinnen.

Ich selbst habe solche Phasen des Zeitdrucks in meinem Berufsleben häufiger erlebt. Ich habe dies immer dann geändert, wenn ich merkte: Ich gehe in Besprechungen, auf die ich mich nicht mehr vorbereiten kann. Und ich habe keine Zeit, das Ergebnis dieser Besprechung festzuhalten. Plötzlich registriert man, dass alle diese unzähligen Besprechungen nichts als verlorene Zeit darstellen. Man selbst kann kaum noch etwas einbringen und auch nichts mitnehmen. Andere treiben, und der Manager wird plötzlich zum Gejagten. In dieser Situation muss man eine Entscheidung treffen: Man besucht nur noch Sitzungen, auf die man sich auch wirklich vorbereiten kann. Und hinterher gönnt man sich eine Viertelstunde, um das niederzuschreiben, was vereinbart worden ist. Man wird voller Erstaunen feststellen, dass man an weniger Sitzungen teilnimmt, diese weniger Zeit in Anspruch nehmen und man sogar eine schöne Aufstellung über Beschlüsse, Maßnahmen und Meilensteine erhält, um alle Folgeaktivitäten begleiten zu können. Der Manager gewinnt unübersehbar an Arbeitseffizienz.

Obwohl ich diese Zeitfalle aus Erfahrung kenne, tappe ich immer wieder hinein. Lange Zeit kämpfe ich, versuche ich alle Termine wahrzunehmen. Schließlich werden auch die Wochenenden ausgeplant. Auch ich bemerke den Zustand immer erst spät: wenn die Familie protestiert, wenn der Körper sich meldet … Spätestens dann ist es Zeit, etwas zu ändern.

In der täglichen Arbeitspraxis erfahren wir, dass der Zeitdruck und die daraus resultierende Hektik viele Manager beeinträchtigen. Darunter leidet die Qualität der Arbeit. Manager entscheiden vielfach auf der Grundlage von unzureichenden Fakten.

*In der Fahrradfabrik AG gab es einen jungen, tüchtigen Mitarbeiter, der als technischer Leiter nächtelang in der Firma saß, fast jede Woche für das Unternehmen irgendwo auf der Welt unterwegs war, der eigentlich nur noch aus dem Koffer lebte und im Schnitt 60 Stunden die Woche arbeitete. Am Ende war der Mitarbeiter körperlich und seelisch völlig erschöpft. Er hatte fast bis zur Selbstaufgabe gearbeitet, der Lohn für ihn: ein dickes Bankkonto, lukrative Aktienoptionen, aber auch die Erkenntnis, dass er nichts vom Leben hatte, kaum noch Freunde, keinen Spaß; am Ende konnte er vor Stress kaum noch schlafen.*

*Als er die Situation erkannt hatte, begann er sie zu verändern. Er wechselte den Job, ließ sich sogar zurückstufen. Heute ist er »einfacher« Angestellter mit 40-Stunden-Woche und findet Zeit für Familie und Privatleben. Sein Job macht ihm trotzdem Spaß, und er bekommt viel positives Feedback von seinen Vorgesetzten. Zugegeben, er verdient nicht mehr so viel wie früher. Aber er hat erkannt, dass er früher nur in der Zukunft gelebt und alle Wünsche und Hoffnungen auf später verschoben hatte. Nun erfüllt er sich seine Wünsche im Jetzt.*

Die meisten Manager, die unter Zeitmangel leiden, haben zusätzlich noch ein schlechtes Gewissen, weil sie es nicht schaffen, sich mehr Zeit für die Gesundheit, den Partner, den Sport, die Familie oder die Weiterbildung zu nehmen.

In Seminaren für Zeit- und Selbstmanagement versuchen sie zu lernen, wie man effizienter arbeitet, wieder Spaß am Job findet, Freizeit gewinnt und wie man schließlich gesünder lebt.

Auch immer mehr Unternehmen haben das Problem erkannt und reagieren mit verschiedenen Programmen. Das können flexible Arbeitszeitmodelle sein, Gesundheitschecks, kostenlose Entspannungsprogramme und Fitnesskurse, aber auch längere Auszeiten – sogenannte Sabbaticals – vom Job.

Welchen Kommentar können wir uns von Laotse dazu holen?

> [...]
> Die Meister lassen die Dinge ruhig geschehen.
> Sie formen die Ereignisse, während sie auftreten.
> [...]
>
> *Tao Te King, 45*

> Für die Führung eines Landes
> gibt es nichts Besseres als die Mäßigung.
> [...]
>
> *Tao Te King, 59*

Von Laotse erhalten wir also vor allem die Empfehlung, uns zurückzunehmen, nicht für so wichtig zu halten. Die Empfehlung der Mäßigung meint, »das richtige Maß« zu halten, ganz einfach ausgewogen zu sein. Wenn ein Manager ausgewogen sein Unternehmen führt, dann bedeutet das auch, dass die Mitarbeiter eine gewisse Stabilität erfahren. Man kann sich darauf verlassen.

## Beharrlichkeit und Flexibilität auf dem Weg

Wichtiger als sich hektisch um alle Details zu kümmern ist es, die wesentlichen Ziele mit Beharrlichkeit zu verfolgen. Erst die Beharrlichkeit garantiert den Erfolg. Unter Beharrlichkeit versteht man die Ausdauer im Ertragen und Überwinden von Schwierigkeiten. Sie gibt die Kraft, alle möglichen Beschwerlichkeiten zu ertragen. Viele Strategien benötigen Manager mit großer Beharrlichkeit, damit sie überhaupt umgesetzt werden können.

Ein schönes Bild zur Beharrlichkeit ist das sogenannte Stehaufmännchen. Dieses Männchen steht immer wieder auf, sooft es auch niedergeworfen wird. Es hat Ausdauer und Nehmerqualitäten.

Es gibt eine Geschichte, die Ausdauer gut erläutern kann. Ich will sie hier erzählen:

*Die Geschichte von der Ausdauer*

Bernd Meier hat Franz Huber etwas Wichtiges mitzuteilen. Daher ruft Bernd Meier an. Er erreicht aber nur die Mailbox von Franz Huber und hinterlässt eine Nachricht. Franz Huber hört jedoch seine Mailbox nicht ab, so kann er auch nicht reagieren. Ein paar Tage später ruft Bernd Meier abermals an, aber Franz Huber ist nicht im Büro. Er hinterlässt bei einem Kollegen eine Nachricht.

Franz Huber findet in den nächsten Tagen diese Nachricht auf seinem Schreibtisch und will auch in der Tat zurückrufen. Aber er wird durch alle möglichen Kleinigkeiten abgelenkt. Auf dem Schreibtisch landen noch zahllose andere Papiere, und irgendwann ist der Zettel verschwunden. Franz Huber vergisst, dass er zurückrufen sollte.

Bernd Meier schreibt nun eine E-Mail und teilt mit, dass er versucht habe, Franz Huber anzurufen, aber dabei erfolglos gewesen sei. Als die Mail bei Franz Huber ankommt, ist dieser gerade für fünf Tage auf einem Kongress. Als er zurückkommt, stellt er fest, dass er so viele Mails bekommen hat, dass er sie nicht alle bearbeiten kann. Also kümmert er sich konsequenterweise gar nicht darum.

Bernd Meier ruft erneut an und spricht mit jemandem im Büro und bittet die Person, unbedingt Herrn Huber zu informieren, da er ihm etwas Wichtiges mitzuteilen habe. Der Kollege klopft an die Tür von Franz Huber und sagt, dass Bernd Meier am Telefon sei. Nun klappt es. Franz Huber übernimmt das Telefon, und die beiden können sich besprechen. Weil es für beide in der Tat ein wichtiges Thema war, sind beide zufrieden über den Erfolg. Dieser Erfolg ist aber nur der Beharrlichkeit von Bernd Meier zu verdanken.

Diese Geschichte ist plakativ, darüber hinaus aber eine häufig erlebte Realität. Das Ergebnis kann nur dann realisiert werden, wenn einer ein hohes Maß an Beharrlichkeit zeigt. Hat jemand zu früh aufgegeben, dann gibt es unter Umständen gar kein Ergebnis.

Um erfolgreich zu sein, muss der Manager ein gewisses Maß an Beharrlichkeit in der Verfolgung eines Ziels an den Tag legen. Allerdings ist das sture Festhalten am einmal gewählten Weg dabei nicht immer die beste Lösung. Man denke an den Brummer, der immer wieder mit aller Kraft gegen die Fensterscheibe prallt, weil er beharrlich versucht, auf diesem Weg in die Freiheit zu gelangen. Manchmal ist es erfolgversprechender, auszuweichen und einen anderen Weg zu nehmen.

Die Menschen kommen weich und geschmeidig zur Welt;
tot sind sie steif und starr.
Die Pflanzen kommen zart und biegsam zur Welt;
tot sind sie spröde und dürr.

Demgemäß gilt:
Wer steif und starr ist,
ist ein Schüler des Todes.
Wer weich und nachgiebig ist,
ist ein Schüler des Lebens.

Das Starre und Steife wird zerbrechen.
Das Weiche und Geschmeidige wird sich durchsetzen.

*Tao Te King, 76*

## Nur der Wandel ist von Dauer

Wer stets an seinen Gewohnheiten, Strategien und Zielen festhält, kann dem Wandel nicht folgen; aber nur der Wandel ist von Dauer. Also ist es besser, mit dem Fluss zu schwimmen und dessen Energie zu nutzen, als das Wasser aufhalten zu wollen.

Laotse sagt:

Erkennst du klar, dass sich alle Dinge verändern,
dann wirst du an nichts festhalten wollen.
[…]
Der Versuch, die Zukunft zu kontrollieren,
gleicht dem Versuch, an die Stelle des Zimmermanns zu treten.
Wenn du mit den Werkzeugen des Zimmermanns hantierst,
wirst du dir wahrscheinlich die Hand verletzen.

*Tao Te King, 74*

Wenn man erkennt, dass Veränderung des Umfeldes auch eigene Veränderungen nötig machen, sollte man die Veränderung akzeptieren und die Chancen auf dem Weg flexibel ergreifen. Was zum Beispiel nützt es, die Globalisierung insgesamt zu verteufeln und sich ihr entgegenzustemmen, statt nach Möglichkeiten zu suchen, sie für sich und das Unternehmen mitzugestalten?

Zwei Faktoren haben zentralen Einfluss auf jede Veränderung in einem Unternehmen: die Veränderungsbereitschaft und die Veränderungsfähigkeit eines Unternehmens. Obwohl das zwei grundverschiedene Dinge sind, sind sie in der Praxis nicht leicht zu unterscheiden. Denn mangelnde Veränderungsfähigkeit geht sehr häufig mit geringer Veränderungsbereitschaft einher. Notwendig ist, dass man selbst und die Mitarbeiter die Bereitschaft und den Willen zur Veränderung mitbringen und durch Beharrlichkeit fördern.

Es macht einen großen Unterschied, ob die Betroffenen die Veränderung unterstützen, nur erdulden oder sogar bekämpfen. Wenn es wichtig ist, dass die Mitarbeiter und Führungskräfte die stattfindenden Veränderungen mittragen, stellt sich natürlich die Frage, weshalb sie dies eigentlich tun sollten, die Frage nach der Veränderungsmotivation also. Diese muss in einem Unternehmen eindeutig und klar dargelegt werden. In jüngster Zeit tauchen immer mehr Studien auf, wonach die Mitarbeiter vieler Unternehmen der ständigen Veränderungen überdrüssig sind und darauf mit wachsender Frustration, Demotivation und abbröckelnder Identifikation reagieren. Die Frage ist nur, welche Schlussfolgerungen daraus abzuleiten sind. Denn entscheidend ist ja nicht, ob die Mitarbeiter Lust auf Veränderung haben, sondern ob es sich das Unternehmen leisten kann, eine Veränderungspause einzulegen. Vielfach ist es eine Tatsache, dass man auf Veränderungen nicht verzichten kann. Dann muss man Veränderungen gründlich planen und die Mitarbeiter von Anfang an einbeziehen. Eine Strategie kann nicht besser sein als die Diagnose. Je sauberer die Ausgangsbedingungen des Veränderungsvorhabens analysiert sind, desto besser ist die Grundlage für die Entwicklung einer erfolgversprechenden Veränderungsstrategie. Sie beginnt damit, dass die Veränderungsziele konkretisiert werden. Anschließend geht es darum, wie erreicht wird, dass die gefundenen Lösungen von den betroffenen Mitarbeitern angenommen und umgesetzt werden.

Gelassenheit und Beharrlichkeit führen zum Erfolg. Gelassenheit als selbstbewusste Grundhaltung ermöglicht uns, den Entwicklungen unvoreingenommen zu begegnen. Nur dann kann man die Ereignisse formen, während sie auftreten. Veränderungen werden immer wieder unser berufliches Leben bestimmen. Die Aufgaben lassen sich nicht durch stures Festhalten am Gewordenen und einmal formulierten Strategien lösen, sondern nur mit Beharrlichkeit und Flexibilität. Wer akzeptiert, dass nur der Wandel von Dauer ist, kann die Chancen auf dem Weg nutzen.

## Inspirationen und Denkanstöße zum Thema Gelassenheit

> Lebe gelassen dein Leben,
> erkenne nur klar, wo du herkommst:
> Das ist die Essenz der Weisheit.
>
> *Tao Te King, 14*

> Die Meister streben nicht nach Erfüllung.
> Ohne Streben, ohne Erwartung
> sind sie immer bereit und heißen alle Dinge willkommen.
>
> *Tao Te King, 15*

Die eigene Sicherheit und Gelassenheit benötigt eine feste Basis. Dann kann man allem Neuen mit Neugier begegnen. Die Pläne für die Zukunft sollten nicht den Blick für Chancen verstellen, die sich unvorhergesehen ergeben.

Manchmal kommt man langsamer besser ans Ziel. Gelassenheit stärkt und gibt gleichzeitig einen höheren Wirkungsgrad.

> Ins Wunder des *Tao* versenkt,
> kannst du alles bewältigen, was das Leben dir bringt,
> und wenn der Tod kommt, bist du bereit.
>
> *Tao Te King, 16*

In Einklang mit dem *Tao*
ist der Himmel klar und weit,
ist die Erde fest und voll,
gedeihen alle Geschöpfe zugleich,
zufrieden mit ihrem Sosein,
in endloser Selbstwiederholung,
endlos erneuert.

Wenn der Mensch das *Tao* stört,
verkommt der Himmel,
verödet die Erde,
zerfällt das Gleichgewicht,
sterben die Geschöpfe aus.

Die Meister betrachten die Teile voller Mitgefühl,
weil sie das Ganze begreifen.
Ständig üben sie Bescheidenheit.
Sie funkeln nicht wie ein Juwel,
sondern lassen sich vom *Tao* formen,
so derb und alltäglich wie ein Stein.

*Tao Te King, 39*

# Fazit:
# Zehn Lehren der Weisheit nach Laotse

In zehn Kapiteln des Buches haben wir versucht, die Weisheitssprüche des *Tao Te King* von Laotse zehn Schwerpunkten zuzuordnen, die uns für den Manager von heute wichtig erschienen. So entstanden die zehn Lehren der Weisheit, die unsere Interpretation wiedergeben. Sie sollen hier noch einmal knapp zusammengefasst werden.

## 1. Die größte Kraft ruht im Menschen selbst

Der Taoismus beschreibt diese innere Kraft als das *Tao*. Wer Kontakt zu dieser inneren Kraft hat, kann nach außen wirken. Je unabhängiger der Manager ist, umso eher kann er einer Strategie des Ausgleichs folgen. Er übt sich in Einfachheit, Nachsicht und Mitgefühl. Er löst die Aufgaben, die auf ihn zukommen, und lässt dann wieder los. So lebt und handelt er aus der eigenen Mitte heraus. Daraus leiten sich seine Reaktionen ab, sodass auch das Auftreten stets authentisch bleibt.

## 2. Die eigene Souveränität ist die Basis für den Erfolg

Selbsterkenntnis ist die Voraussetzung für den Erfolg. Der Manager übernimmt die Verantwortung für seine Entwicklung und sucht keine Schuldigen. Er kennt seine Möglichkeiten und Grenzen und akzeptiert sie. Souverän und mit Selbstdisziplin widmet er sich den Aufgaben, die auf ihn zukommen. Er führt, ohne zu herrschen. Wenn er Veränderungen für notwendig hält, beginnt er bei sich selbst.

## 3. Die Freiheit des Geistes schafft den Überblick

Frei von Vorurteilen sieht der Manager die Dinge, wie sie sind. Offenheit ist ein wichtiges Kennzeichen der Kommunikation mit den Mitarbeitern. Ein gewisses Maß an Vertrauen ist die Voraussetzung für die gegenseitige Offenheit zwischen Mitarbeitern und dem Manager. Freiräume für die Mitarbeiter fördern Selbstvertrauen und Kreativität. Jede Einmischung in Zusammenhänge, die funktionieren, will gut bedacht sein. Manchmal ist es besser abzuwarten.

## 4. Aus dem Selbstverständnis ergibt sich das Handeln

Ohne Handeln geht es nicht. Der Manager handelt zur rechten Zeit und ohne große Worte, solange ein Problem noch klein ist. Er ist nicht auf Beifall angewiesen, sondern folgt seinem inneren Antrieb. Er handelt besonnen und in Übereinstimmung mit dem Fluss der Ereignisse, ohne Kontrolle auszuüben. Weil er Mitarbeitern vertraut, werden sie auch vertrauenswürdig sein. Der Manager findet seinen Weg wie das Wasser, beweglich und doch kraftvoll.

## 5. Die wahre Größe bedarf keiner Darstellung

Der selbstbewusste Manager strebt nicht nach Macht und kurzfristigem Erfolg. Er ist realistisch und gelassen, weil es ihm gelingt, Arbeit und Privatleben in eine Balance zu bringen. Er sieht Mitarbeiterführung und Mitarbeiterentwicklung als vordringliche Aufgabe an. So wächst das Vertrauen unter den Mitarbeitern, und Veränderungen können bewältigt werden. Wer den ständigen Wechsel akzeptiert und sich ihm nicht widersetzt, kann mit weniger Angst leben.

### 6. Aus Weisheit und Erfahrung kultiviert man die Stärken

Begierden und Bedürfnisse sind starke Antriebe. Nehmen sie überhand, führen sie zu steter Unzufriedenheit in der Gegenwart und zu Unfrieden. Aggressive Auseinandersetzungen mit Konkurrenten und auch Mitarbeitern verursachen hohe Kosten auf beiden Seiten. Es ist deshalb besser, Weisheit und Erfahrung für ein langsames, aber nachhaltiges Unternehmenswachstum einzusetzen. Wenn man seine Stärken erkennt, kann man harmonisches Wachstum erreichen, an dem alle partizipieren.

### 7. Die Erkenntnis des Wesentlichen ist der Schlüssel zum Erfolg

Lebensziele und Erfolg werden individuell bestimmt. Mit unseren Einstellungen und unseren Handlungen können wir gelingendes und zufriedenes Leben fördern, indem wir uns auf das Wesentliche konzentrieren. Im Sinne Laotses ist für die Zufriedenheit des Managers die Entwicklung der eigenen Persönlichkeit von größerer Bedeutung als materieller Erfolg. Für den Erfolg von Unternehmen ist eine Strategie der langfristigen Konzentration auf den Engpass (Nischenstrategie) sinnvoll. Der wichtigste Erfolgsfaktor sind auch dabei die Persönlichkeiten der Mitarbeiter.

### 8. Verantwortungsvolles Handeln setzt Bescheidenheit voraus

Der Sinn für das rechte Maß ist die Voraussetzung dafür, dass Erfolge von dauerhaftem und damit echtem Wert sind, nicht nur für den Manager, sondern auch für die Mitarbeiter. Bescheidenheit ist die Bedingung für jede Gemeinschaft und für einen Manager, der nicht in die Isolation geraten will. Bei der Förderung der eigenen Karriere ist ein Mittelweg zwischen Bescheidenheit und selbstbewusster Profilierung erfolgversprechend. Bescheidenheit drückt sich aus im kritischen Umgang mit eigenen Fehlern und in der Anerkennung und Förderung der Fähigkeiten der Mitarbeiter.

### 9. Das Vorbild bewirkt mehr als jeder Zwang

Die Vorstellungen von einem vorbildlichen Manager haben sich in den letzten Jahren gewandelt und die Anforderungen sind klarer geworden. Dennoch ist auch weiterhin ein großer Handlungsbedarf zu sehen. Wichtig ist die Nachhaltigkeit von ethisch-moralisch motiviertem Management. Oft wird behauptet, dass das mit kurzfristigen Arbeitsverträgen und hohem Ergebnisdruck nicht zu vereinbaren sei. Wichtig ist, dass die Werte als Teil der Kultur eines Unternehmens selbstverständlich werden und dass klar ist, was sie im Arbeitsalltag bedeuten.

### 10. Mit Gelassenheit kommt man weiter

Gelassenheit und Beharrlichkeit führen zum Erfolg. Gelassenheit als selbstbewusste Grundhaltung ermöglicht es dem Manager, den Entwicklungen unvoreingenommen zu begegnen. Nur dann kann er die Ereignisse formen, während sie auftreten. Veränderungen werden immer wieder unser berufliches Leben bestimmen. Die Aufgaben lassen sich nicht durch stures Festhalten am Gewordenen und an einmal formulierten Strategien lösen, sondern nur mit Beharrlichkeit und Flexibilität. Wer akzeptiert, dass nur der Wandel von Dauer ist, kann die Chancen auf dem Weg nutzen.

## Schlusswort: Was Laotse von seiner eigenen Rede hielt

Der Leser hat im Laufe dieses Buches viel über Laotse erfahren. Ich bin der festen Überzeugung, dass Laotses Ratschläge für viele Manager Anregungen bieten können. Vielleicht wird man an der einen oder anderen Stelle umdenken.

Für mich war vor allem auch die Bescheidenheit Laotses eindrücklich. Diese Bescheidenheit zeigt sich noch einmal besonders deutlich in den abschließenden Versen, in denen er die Wirkung seiner Lehre relativiert. Diesen Weisheitsspruch möchte ich gern auch auf mein Buch beziehen und daher auf ein eigenes Schlusswort verzichten.

Das Schlusswort hat daher Laotse:

Manche sagen, meine Lehre sei Unsinn.
Andere nennen sie: erhaben, aber nicht praktikabel.
Aber für jene, die ihr Innerstes ergründet haben,
ergibt dieser Unsinn durchaus Sinn.
Und für jene, die sie in die Praxis umsetzen,
hat diese Erhabenheit tief reichende Wurzeln.

Ich habe bloß drei Dinge zu lehren:
Einfachheit, Nachsicht und Mitgefühl.
Diese drei sind deine größten Schätze.
Sei einfach im Handeln und Denken –
und du kehrst zur Quelle des Seins zurück.
Sei nachsichtig gegen Freunde und Feinde –
und du stimmst mit der Natur der Dinge überein.
Sei mitfühlend gegenüber dir selbst –
und du bringst alle Wesen auf der Welt in Einklang.

*Tao Te King, 67*

# Anmerkungen

## *Vorwort*

1 Nähere Informationen zur Entstehung, Zusammensetzung und Auftritten des Orpheus Chamber Orchestras unter: www.orpheusnyc.org

## *Eine Annäherung*

1 Vgl. BrightStar, »Taoisten in Deutschland?«, in: *Tao-Freunde-Forum*, 24. 1. 2005, auf: http://taowelt.info
2 Vgl. Matthias Claus, »Die chinesische Legende«, in: *Laotse und der Taoismus*, auf: www.das-klassische-china.de
3 Vgl. Matthias Claus, »Die wahre Geschichte über Laotse und das *Tao Te King*«, in: *Laotse und der Taoismus*, auf: www.das-klassische-china.de
4 Die spannende Geschichte der Forschung lässt sich nachlesen unter Matthias Claus: »Die wahre Geschichte über Laotse und das Tao Te King«, in: *Laotse und der Taoismus,* auf: www.das-klassische-china.de
5 Dschuang Dsï, *Das wahre Buch vom südlichen Blütenland*. Aus dem Chinesischen von Richard Wilhelm, Jena: Diederichs 1912.
6 Theo Fischer, *Lass dich vom Tao leben. Wu Wei in der Praxis*, Reinbek: Rowohlt 2000
7 Vgl. Erich Reimann, »Schleudersitz Chefsessel«, in: *manager magazin*, 21. 12. 2006, auf: www.manager-magazin.de
8 Ebd.
9 Ebd.
10 *Lunyu* 6.18, in der Übersetzung von Erling Weinreich, auf: www.konfuzius.net

## *1. Die größte Kraft ruht im Menschen selbst*

1 Einen Kurzüberblick gibt der folgende Artikel: Jochen Eversmeier, Klaus Werle, »Sind Sie ein Machiavelli?«, in: *manager magazin*, 27. 10. 2005, auf: www.manager-magazin.de
2 Matthäus 6, 25–34
3 Zitiert nach: *Der chinesische Steinmetz*, auf: www.1000-maerchen.de

### *2. Die eigene Souveränität ist die Basis für den Erfolg*

1 Vgl. Cornelia Geißler, »Frustfaktor Job«, in: *manager magazin*, 9/2006
2 Vgl. The Gallup Organization, *Engagement-Index 2005*, Potsdam 2005
3 Vgl. Geißler, »Frustfaktor Job«

### *3. Die Freiheit des Geistes schafft den Überblick*

1 Vgl. »Kein Feedback vom Chef«, in: *Focus Online*, 28.11.2006, auf: www.focus.de

### *5. Die wahre Größe bedarf keiner Darstellung*

1 Lukas 14, 1

### *6. Aus Weisheit und Erfahrung kultiviert man die Stärken*

1 Matthäus 16, 24
2 Vgl. Ulf Sommer, »Wer zu viel wagt, verliert«, in: *Der Tagesspiegel*, 18.12.2006
3 Ebd.

### *7. Die Erkenntnis des Wesentlichen ist der Schlüssel zum Erfolg*

1 Vgl. Wolfgang Mewes, *Die Engpasskonzentrierte Verhaltens- und Führungsstrategie (EKS®)*, auf: www.wolfgangmewes.de
2 Ebd.

### *8. Verantwortungsvolles Handeln setzt Bescheidenheit voraus*

1 Zitiert nach: *Wikipedia. Die freie Enzyklopädie*, auf: http://de.wikipedia.org
2 Ebd.

### *9. Das Vorbild bewirkt mehr als jeder Zwang*

1 Vgl. hierzu vor allem: Jürgen Zinnecker, Imke Behnken, Sabine Maschke, Ludwig Stecher, *Null zoff & voll busy. Die erste Jugendgeneration des neuen Jahrhunderts*, 2. Aufl. Opladen: Leske + Budrich 2003